深圳改革创新丛书·第四辑

杨新洪◎著

构建地方统计指标体系

中国社会科学出版社

图书在版编目（CIP）数据

构建地方统计指标体系／杨新洪著．—北京：中国社会科学出版社，2017.5
（深圳改革创新丛书．第四辑）
ISBN 978-7-5161-9856-8

Ⅰ.①构…　Ⅱ.①杨…　Ⅲ.①统计指标体系—研究—中国　Ⅳ.①C813

中国版本图书馆 CIP 数据核字 (2017) 第 031419 号

出 版 人　赵剑英
责任编辑　王　茵　马　明
责任校对　胡新芳
责任印制　王　超

出　　版　中国社会科学出版社
社　　址　北京鼓楼西大街甲 158 号
邮　　编　100720
网　　址　http://www.csspw.cn
发 行 部　010-84083685
门 市 部　010-84029450
经　　销　新华书店及其他书店

印　　刷　北京君升印刷有限公司
装　　订　廊坊市广阳区广增装订厂
版　　次　2017 年 5 月第 1 版
印　　次　2017 年 5 月第 1 次印刷

开　　本　710×1000　1/16
印　　张　26.75
插　　页　2
字　　数　381 千字
定　　价　99.00 元

总序：突出改革创新的时代精神

王京生[*]

在人类历史长河中，改革创新是社会发展和历史前进的一种基本方式，是一个国家和民族兴旺发达的决定性因素。古今中外，国运的兴衰、地域的起落，莫不与改革创新息息相关。无论是中国历史上的商鞅变法、王安石变法，还是西方历史上的文艺复兴、宗教改革，这些改革和创新都对当时的政治、经济、社会甚至人类文明产生了深远的影响。但在实际推进中，世界上各个国家和地区的改革创新都不是一帆风顺的，力量的博弈、利益的冲突、思想的碰撞往往伴随改革创新的始终。就当事者而言，对改革创新的正误判断并不像后人在历史分析中提出的因果关系那样确定无疑。因此，透过复杂的枝蔓，洞察必然的主流，坚定必胜的信念，对一个国家和民族的改革创新来说就显得极其重要和难能可贵。

改革创新，是深圳的城市标识，是深圳的生命动力，是深圳迎接挑战、突破困局、实现飞跃的基本途径。不改革创新就无路可走、就无以召唤。30多年来，深圳的使命就是作为改革开放的"试验田"，为改革开放探索道路。改革开放以来，历届市委、市政府以挺立潮头、敢为人先的勇气，进行了一系列大胆的探索、改革和创新，使深圳不仅占得了发展先机，而且获得了强大的发展后劲，为今后的发展奠定了坚实的基础。深圳的每一步发展都源于改革创新的推动；改革创新不仅创造了深圳经济社会和文化发展的奇迹，而且使深圳成为引领全国社会主义现代化建设的"排头兵"。

---

[*] 王京生，现任国务院参事。

　　从另一个角度来看，改革创新又是深圳矢志不渝、坚定不移的命运抉择。为什么一个最初基本以加工别人产品为生计的特区，变成了一个以高新技术产业安身立命的先锋城市？为什么一个最初大学稀缺、研究院所几乎是零的地方，因自主创新而名扬天下？原因很多，但极为重要的是深圳拥有以移民文化为基础，以制度文化为保障的优良文化生态，拥有崇尚改革创新的城市优良基因。来到这里的很多人，都有对过去的不满和对未来的梦想，他们骨子里流着创新的血液。许多个体汇聚起来，就会形成巨大的创新力量。可以说，深圳是一座以创新为灵魂的城市，正是移民文化造就了这座城市的创新基因。因此，在特区30多年发展历史上，创新无所不在，打破陈规司空见惯。例如，特区初建时缺乏建设资金，就通过改革开放引来了大量外资；发展中遇到瓶颈压力，就向改革创新要空间、要资源、要动力。再比如，深圳作为改革开放的探索者、先行者，在向前迈出的每一步都面临着处于十字路口的选择，不创新不突破就会迷失方向。从特区酝酿时的"建"与"不建"，到特区快速发展中的姓"社"姓"资"，从特区跨越中的"存"与"废"，到新世纪初的"特"与"不特"，每一次挑战都考验着深圳改革开放的成败进退，每一次挑战都把深圳改革创新的招牌擦得更亮。因此，多元包容的现代移民文化和敢闯敢试的城市创新氛围，成就了深圳改革开放以来最为独特的发展优势。

　　30多年来，深圳正是凭着坚持改革创新的赤胆忠心，在汹涌澎湃的历史潮头上劈波斩浪、勇往直前，经受住了各种风浪的袭扰和摔打，闯过了一个又一个关口，成为锲而不舍地走向社会主义市场经济和中国特色社会主义的"闯将"。从这个意义上说，深圳的价值和生命就是改革创新，改革创新是深圳的根、深圳的魂，铸造了经济特区的品格秉性、价值内涵和运动程式，成为深圳成长和发展的常态。深圳特色的"创新型文化"，让创新成为城市生命力和活力的源泉。

　　2013年召开的党的十八届三中全会，是我们党在新的历史起点上全面深化改革做出的新的战略决策和重要部署，必将对推动中国特色社会主义事业发展、实现民族伟大复兴的中国梦产生重大而深远的影响。深圳面临着改革创新的新使命和新征程，市委市政府打出全面深化改革组合拳，肩负起全面深化改革的历史重任。

如果说深圳前30年的创新，主要立足于"破"，可以视为打破旧规矩、挣脱旧藩篱，以破为先、破多于立，"摸着石头过河"，勇于冲破计划经济体制等束缚；那么今后深圳的改革创新，更应当着眼于"立"，"立"字为先、立法立规、守法守规，弘扬法治理念，发挥制度优势，通过立规矩、建制度，不断完善社会主义市场经济制度，推动全面深化改革，创造新的竞争优势。特别是在党的十八届三中全会后，深圳明确了以实施"三化一平台"（市场化、法治化、国际化和前海合作区战略平台）重点攻坚来牵引和带动全局改革，推动新时期的全面深化改革，实现重点领域和关键环节的率先突破；强调坚持"质量引领、创新驱动"，聚焦湾区经济，加快转型升级，打造好"深圳质量"，推动深圳在新一轮改革开放中继续干在实处、走在前列，加快建设现代化国际化先进城市。

如今，新时期的全面深化改革既展示了我们的理论自信、制度自信、道路自信，又要求我们承担起巨大的改革勇气、智慧和决心。在新的形势下，深圳如何通过改革创新实现更好更快的发展，继续当好全面深化改革的排头兵，为全国提供更多更有意义的示范和借鉴，为中国特色社会主义事业和实现民族伟大复兴的中国梦做出更大贡献，这是深圳当前和今后一段时期面临的重大理论和现实问题，需要各行业、各领域着眼于深圳全面深化改革的探索和实践，加大理论研究，强化改革思考，总结实践经验，作出科学回答，以进一步加强创新文化建设，唤起全社会推进改革的勇气、弘扬创新的精神和实现梦想的激情，形成深圳率先改革、主动改革的强大理论共识。比如，近些年深圳各行业、各领域应有什么重要的战略调整？各区、各单位在改革创新上取得什么样的成就？这些成就如何在理论上加以总结？形成怎样的制度成果？如何为未来提供一个更为明晰的思路和路径指引？等等，这些颇具现实意义的问题都需要在实践基础上进一步梳理和概括。

为了总结和推广深圳当前的重要改革创新探索成果，深圳社科理论界组织出版了《深圳改革创新丛书》，通过汇集深圳市直部门和各区（新区）、社会各行业和领域推动改革创新探索的最新总结成果，希图助力推动深圳全面深化改革事业的新发展。其编撰要求主要包括：

首先，立足于创新实践。丛书的内容主要着眼于新近的改革思维与创新实践，既突出时代色彩，侧重于眼前的实践、当下的总结，同时也兼顾基于实践的推广性以及对未来的展望与构想。那些已经产生重要影响并广为人知的经验，不再作为深入研究的对象。这并不是说那些历史经验不值得再提，而是说那些经验已经沉淀，已经得到文化形态和实践成果的转化。比如说，某些观念已经转化成某种习惯和城市文化常识，成为深圳城市气质的内容，这些内容就可不必重复阐述。因此，这套丛书更注重的是目前行业一线的创新探索，或者过去未被发现、未充分发掘但有价值的创新实践。

其次，专注于前沿探讨。丛书的选题应当来自改革实践最前沿，不是纯粹的学理探讨。作者并不限于从事社科理论研究的专家学者，还包括各行业、各领域的实际工作者。撰文要求以事实为基础，以改革创新成果为主要内容，以平实说理为叙述风格。丛书的视野甚至还包括为改革创新做出了重要贡献的一些个人，集中展示和汇集他们对于前沿探索的思想创新和理念创新成果。

最后，着眼于解决问题。这套丛书虽然以实践为基础，但应当注重经验的总结和理论的提炼。入选的书稿要有基本的学术要求和深入的理论思考，而非一般性的工作总结、经验汇编和材料汇集。学术研究须强调问题意识。这套丛书的选择要求针对当前面临的较为急迫的现实问题，着眼于那些来自于经济社会发展第一线的群众关心关注或深入贯彻落实科学发展观的瓶颈问题的有效解决。

事实上，古今中外有不少来源于实践的著作，为后世提供着持久的思想能量。撰著《旧时代与大革命》的法国思想家托克维尔，正是基于其深入考察美国的民主制度的实践之后，写成名著《论美国的民主》，这可视为从实践到学术的一个范例。托克维尔不是美国民主制度设计的参与者，而是旁观者，但就是这样一位旁观者，为西方政治思想留下了一份经典文献。马克思的《法兰西内战》，也是一部来源于革命实践的作品，它基于巴黎公社革命的经验，既是那个时代的见证，也是马克思主义的重要文献。这些经典著作都是我们总结和提升实践经验的可资参照的榜样。

那些关注实践的大时代的大著作，至少可以给我们这样的启示：哪怕面对的是具体的问题，也不妨拥有大视野，从具体而微的实践探索中展现宏阔远大的社会背景，并形成进一步推进实践发展的真知灼见。《深圳改革创新丛书》虽然主要还是探讨本市的政治、经济、社会、文化、生态文明建设和党的建设各个方面的实际问题，但其所体现的创新性、先进性与理论性，也能够充分反映深圳的主流价值观和城市文化精神，从而促进形成一种创新的时代气质。

科学度量（序言）

罙充十[*]

那天收到《构建地方统计指标体系》纳入《深圳改革创新丛书》，蛮为欢喜，小有高兴。

因为得到这一消息时，中国统计首长宁吉喆同志正在深圳调研当前经济形势和先由地方推开统计方法制度创新，他对全国赋予深圳的 9 项统计改革创新试点一一点评，其中说到用总指数形式构建统计评价指标体系，很开阔眼界、很有开拓创新意义，走在全国前面。

正因如此，他又赋予了 500 万元以下固定资产投资、"五证合一""四上"名录库等一连串深圳统计改革试点新任务。

厚积终薄发。

之前一点点的"效益深圳"与"民生净福利"指标体系均因根植于深圳这片肥沃的改革土壤，而闻名于中国。

多少辛劳，引向多少统计人之梦。

在如何科学度量这列统计快车上，又让人平添了新经济新常态之动力。

新产业、新业态、新商业模式+新技术……，新旧动能转化，深圳新经济在供给侧生产端先于全国发力，无疑又引领统计进入真实反映、描述评价、导向决策无人区。

如何科学度量？

因任重道远，更要脚踏实地。

---

* 罙充十，本书作者杨新洪的笔名。

深圳统计的"十三五""1169"目标，自立自强，创新创建，先行行试，引领引导。

老实说，英文的原剧名 *Fleabag* 和中文译名《伦敦生活》，Sir 觉得都不错，都很贴切。

flea 是跳蚤。fleabag，则有脏兮兮的睡袋、廉价小旅馆、蓬头垢面的人等含义。这个比喻不止一人会联想到张爱玲——生命是一袭华丽的袍子，里面爬满了虱子。放大了看，中文名中的"伦敦"，指的既是伦敦，又不仅是伦敦。这个伦敦，更像是一种年轻人生存的城市象限。

多少创新留住，就有多少科学存在。

日子在乘坐地铁中，惊生统计科学。有一刻，突然看见地铁上所有人，都魔幻起来。前一秒还跟着地铁晃荡，若无其事。后一秒竟然又哭又笑，还撕心裂肺地喊叫。

科学元素便产生了。而这时，每个人都外表很得体地过着心灵很 dirty 的生活。

人与人之间的距离感属于英国文化中礼貌的那一部分。也正是这种礼貌，写起来很有意思——礼貌下面，总是藏着一股消极的挑衅。这种礼貌的"装"，是伦敦独有吗？咱中国人不也擅长表面功夫。每个人都摆出一副谦恭的样子，却无意深交。说白了，在看似无节操的约炮、讽刺和挑衅中，《伦敦生活》向现实划开了一道道豁口，指向这个有病的时代，周围让我们觉得有病的那些人和我们自己。其实，我们本可以多了解一下对方，倾听不同的人生经历和故事，对彼此做过的蠢事和打过的小算盘给予理解。

而准确、及时、科学描述当下发生的一切，这个就是度量者的使命与责任。

今天有了深圳解决方案出现，明天便会更具中国特色。

深圳不断着力构建体现地方改革创新特色的统计指标体系，一步一叩首地去虔诚破茧而出新探索，正在诉说一曲曲深圳统计人的故事。

毛主席是非常注意工作效率的，要求身边的工作人员一专多能。有一次主席看完电影后很高兴，看见其管家吴连登和周洪斌就问：

"这个电影是你们放的吗?"吴连登说:"主席,我们不会。"主席说:"噢,你不会啊,那我以后就不看了。"所以吴连登他们就赶快学习掌握放电影,后来给主席放了几百场电影,类似放电影这样的事情很多。

我对深圳统计人的创新速度与质量,也有类似要求。

之后有了越来越多的人加入深圳统计专业(咨询)委员会来,进行"扁平、平等、等效"最具核心价值活动。起初个别同事不以为然,后来看到行效,亦入行中国改革创新之深圳方案了。

主席吃饭有很多很多故事,毛主席不像咱们中国人平常的习惯,中午12点午饭,晚6点晚饭,毛主席吃饭没有点。毛主席说了他的作息是美国人的时间,确实这样。这个习惯是战争年代养成的,他是上午睡觉。中国人是早晨七八点钟吃早饭开始上班,这个时候毛主席才吃晚饭,吃完了睡觉,睡三四个小时,中午起来开始工作,一直工作到第二天早晨,每天就是这样通宵达旦工作。毛主席的一天不是工作八个小时,一般是二十个小时左右,常常不是二十四个小时,而是三十几个小时、四十几个小时。为什么呀,主席的精力呀确实过人。吴连登说,我们那时年轻,熬夜呀熬得提溜啷当都不行了。主席却没有倦意,那时候还常常要开会,有时要找文件,有时要找报纸杂志等等,他那时真的不容易啊。

深圳的统计人也如是说他们的领队人。深圳改革创新方案的制定和实施亦非易事,也是从吃"小灶"中过招,一步一个脚印强势推进。

今天的事明天就是往事,今年的事明年就是故事,今生的事来生就是传说。

因创述,且自序。

2016 年 11 月 16 日

前　言

地方统计体系的建设是一个长期实践、不断摸索、不断创新的过程。统计工作最重要的就是要对当前的经济发展现状进行监测、分析与评价，在中国经济新常态下，统计体系也需要刬新。

深圳市委、市政府提出科学构建地方统计指标评价体系，要求在新常态下围绕促进产业转型升级和经济结构调整、提升经济质量、强化创新驱动、发展绿色经济等方面构建更加科学的统计体系，更好地发挥统计的信息、咨询和监督职能，使深圳市统计工作在推动产业转型升级与经济结构调整中发挥更大作用。

本书从统计数据的专业角度，在现有统计制度方法基础上，围绕推动"产业转型升级与经济结构调整"这一中心主题，全面反映深圳新常态下的发展现状和问题，特别是围绕提升经济质量、产业转型升级、经济结构优化、强化创新驱动上构建更符合新常态要求的统计体系。

本书以横向和纵向评价为重点，辅以经济运行分析与专项调查，构建科学的监测和评价指标体系，立足转型发展中的重点、热点、难点问题开展分析。本书内容包括四大部分：一是统计监测指标体系；二是统计评价指标体系；三是经济运行分析体系；四是统计专项调查体系。具体内容为：

（1）统计监测指标体系，提出了基本监测、转型调整监测和综合监测三大类指标体系共 121 个指标，其中基本监测包括供给与需求、战略性新兴产业与支柱产业、工业效益与经济活力、资源利用与生态环境、基础设施与民生条件五个方面的指标；转型调整监测包括经济结构优化、产业转型升级、创新驱动三大方面的指标；综合监测包括区域综合、国内综合、国际综合三个方面的指标。研究报告以深圳现有统计为基础，收集整理了这些监测指标历史数据，并对这些指标进行了梳理和分析，探讨了这些监测指标的作用和特点，基于深圳季度和月度数据对部分指标做了季节调整和特征方面的分析，对部分监测指标的变动规律与相互关系做了进一步探讨。

（2）统计评价指标体系，提出了从经济增长、结构优化、产业升级、创新驱动、环境可持续、民生改善六大功能方面共 30 个指标对产业转型升级和经济结构调整展开综合评价。研究报告收集和整理了 2008 年以来深圳的指标数据和 2013 年北京、上海、广州、天津、苏州的指标数据，运用熵值综合评价方法，开展纵向和横行分析评价。结果表明，2008 年以来，深圳产业转型发展水平（综合指数）逐年提高，按对综合指数的影响程度从大到小排序，依次为民生改善、环境可持续、创新驱动、产业升级、结构优化、经济增长因素；针对六大城市的横向评价比较结果表明，2013 年产业转型发展综合水平指数按大小排序为北京、深圳、上海、广州、苏州、天津；具体到六大功能方面，深圳在产业转型升级方面已经走在这些大城市的前列，无论是金融业还是各大战略性新兴产业都有长足的发展，这也为深圳产业转型升级在资本及技术上积累了较大的优势；在创新驱动方面，深圳仅次于北京，在这些大城市中处于较高水平；同时，在环境可持续方面，深圳也具有绝对优势，在污水治理、废物处理和空气质量方面均排名第一，表现突出。

（3）经济运行分析体系，提出了包括基本情况分析、转型调整分析、综合问题分析三大部分构成的分析体系，其中转型调整分析包括新常态下经济运行特点的分析、产业转型升级重点领域的分析、创新驱动措施及其效果的分析。针对 2008 年以来深圳的经济运行现状，从效益、结构、产业链、企业转型和产业预警预测等角度，通过整理各种调查分析报告和汇总各方面的资料，比较系统地开展了分析探讨，并结合案例对深圳企业、行业和经济中的亮点、重点做了初步分析。同时，构建了"效益深圳"、民生净福利指标体系、社会建设考核指标体系、"三新"经济统计指标体系等，以更加准确全面反映深圳新经济变化。

（4）统计专项调查体系，构建了包括基本调查补充、转型调整专项调查、重点企业和行业的专项调查、区域及综合问题专项调查的统计体系，结合深圳产业转型升级和经济结构调整现实，提出从结构优化、技术创新、产业转移、载体建设、高端重大项目、区域融合、企业迁移和 iGDP 相关统计指标核算以及从未来趋势角度开展专项调查，并结合深圳企业和行业开展针对性调查的案例分析和专项调查方案的设计。

本书围绕推动深圳产业转型升级和经济结构调整主题构建统计体系，可看成是深圳统计制度方法体系的一个组成部分，也可看作是对现有统计制度方法体系的一个观察视角，是对构建科学统计体系的一个有益尝试。本书通过构建相对系统完整的指标体系，丰富了统计体系的内容，统计系统框架比较完整，具有一定的创新意义；通过收集整理深圳的各项指标数据，与理论相结合，用翔实的数据案例，分析深圳转型调整的现实状况，切中深圳经济与统计工作的重点。同时，本书立足统计工作的现实需要，在监测指标体系和评价指标体系构建上具有可操作性，在运行分析和专项调查体系上的构建扎实可行，对进一步完善统计工作和统计体系具有较好的参考作用。然而，本书所构建的由监测、评价、分析和专项调查四大部分组成的"统计体系"仍有其局限性，并未涵盖现有统计体制中的制度建设、方法体系、管理体系、人才队伍建设等方面，还有待将来不断充实完善。

目 录

导　言

统计若山，是青黛；指标如水，却温柔。

当你手捧一册《构建地方统计指标体系》，很美。素洁的装帧，只在封面的左上角有几枝花朵，像桃又像樱。

统计指标向我们走来，穿越了时空和汨罗。

去国怀乡，革鼎故新，这是怎样的一种态度。

作为在深圳这片热土上的一名统计人，可脚踏实地的云梦泽畔，亦可衣衫褴褛，他本无自身利益，问答渔父。虽划一叶扁舟孤独游走，却不忧伤，折芳馨兮遗所思。

"若有人兮山之阿，被薜荔兮带女萝。"这是统计人最喜的"山鬼"形象；"袅袅兮秋风，洞庭波兮木叶下"，这是湘夫人的出场；"操吴戈兮披犀甲，车错毂兮短兵接"，这是古代战场英武的将士；"长太息以掩涕兮，哀民生之多艰"，这是对民生苦难的哀叹；"高余冠之岌岌兮，长余佩之陆离"，这是风神潇洒的屈原。"路漫漫其修远兮，吾将上下而求索"则不知激励了多少炎黄子孙。在统计人身上，一直散发着由地方统计指标体系采集出数据的悲天悯人光辉。

"制芰荷以为衣兮，集芙蓉以为裳"，统计人毕生求实求真，唯大美。

在深圳10多年的地方统计指标体系里，统计人像一棵月中孤独的桂树，高傲清香，挺拔俊美。

若统计指标越走越远，"号脉经济"的心会越来越哀伤。

统计人听樵夫野唱，与渔父问答，看耕夫劳作。他们坚持真理，坚持理想。但是，不久，统计人发现了自己的孤独，开始仔细地观察天空和大地，不厌其烦地看着他的花草，重复写着他的花草，他在花草中得到心灵的慰藉。

"上下未形，何由考之？"统计人开始对天发问，开始远游，颜色憔悴、形容枯槁行走世俗间，却一点不染尘土。

按理说，统计人亦可大隐。可是，他们不愿意隐。

"举世皆浊我独清，众人皆醉我独醒。"茫茫天地间，统计人像一个行走着流放的诗人，像一只仙鹤一般的卓尔不群。他和渔父巧妙对话之间，渔父终是大彻悟的人，莞尔而去，歌曰："沧浪之水清兮，可以濯吾缨；沧浪之水浊兮，可以濯吾足。"武汉的东湖，有"惟楚有才"园，有纪念屈原的"行吟阁"，屈子塑像就在行吟阁前，峨冠博带，衣袂飘飘，是世人仰慕已久的"高余冠之岌岌兮，长余佩之陆离"的高大形象。"后皇嘉树，橘徕服兮"。

有一次，我在行吟阁旁行走，有橘颂之声传来，夕阳西下的时候，我才离开东湖，回望屈原的影子，拖得很长很长。我曾经在湘江边上感受楚风之韵，那也是一个夏天的夜晚，我深情地呼吸着楚地的空气，耳畔传来《越人歌》，"山有木兮木有枝，心悦君兮君不知，今夕是何夕？"这是楚辞的前身，空气中有楚辞的味道，陌生又亲切。

构建地方统计指标体系，不为别，只为特别记刻，用数据说话如歌如泣。此时此刻读《离骚》，尤其让人想象屈原那身材高大、相貌峻朗、浪漫飘逸的样子，还有那一直映入脑际的"芰荷为衣，芙蓉为裳"，汩罗江畔那孤独清高的、以芳草美人为伴的身影。

原来理学的统计，却有诗一般的跨界与通往感性的情怀。

一年一载，在深圳历经全国"一经普、二经普、三经普"、全国"六人普"与全国"二农普、三农普"。人生一晃数十年过去，可是，统计青黛，指标温柔，数据如唔。

在这样静静的夜晚，谁手捧一册《构建地方统计指标体系》，谁就在温暖着如歌岁月人生了。

人生创新经济，统计号脉经济，多人政商过客，多少风雨指标，一直走在改革创新路上。

第一章

背景与现状

第一节　背景

经过 30 多年的改革开放，经济高速增长对资源环境的巨大需求，制约了未来经济的可持续性发展；资本、土地等要素供给下降，资源环境约束强化，要素投入和能耗污染较少的服务业脱颖而出；要素价格上涨、储蓄率下降，出口和投资增速放缓，消费需求持续较快增长；城镇化提速、产业转移，城乡一体化与区域发展战略进一步强化；经济发展从高速增长转为中高速增长，宏观调控将转方式、调结构放在更加突出的位置，从重视 GDP 转向重视环境、民生发展和社会建设，提升中国经济发展从速度转型为质量发展的"新常态"。

新常态下，我国人均收入还处于世界中游水平，在满足数量需要的基础上，提高生活质量成为人们追求的目标；市场竞争日益激烈，经济增长需要新动力，创新的紧迫性尤为突出，对人力资本提出更高的要求；收入分配不公、区域差距以及城乡差别成为未来经济社会发展的大问题；经济发展中不确定因素增多，经济运行受国际因素影响越来越大，经济稳定健康发展面临更多不确定性；新常态给未来经济发展提出新的要求，许多结构性问题需要治理，提质增效成为主攻方向，产业需要转型升级和经济结构需要调整，对调控能力的要求更高。

早在党的十七大报告时就已提出加快转变经济发展方式的要求，促进经济增长，在需求结构上由主要依靠投资、出口拉动向依靠消费、投资、出口协调拉动转变；在产业结构上由主要依靠第二产业带动向依靠第一、第二、第三产业协同带动转变；在要素投入上由主要依靠增加物质资源消耗向主要依靠科技进步、劳动者素质提高、管理创新转变。2014年5月习近平总书记提出："推动中国制造向中国创造转变、中国速度向中国质量转变、中国产品向中国品牌转变。"为新常态下的经济转型发展提出更为明确的要求，为产业转型升级和经济结构调整指明了方向。

第二节　深圳发展现状

深圳经济30多年的高速增长，经历了一系列的产业转型升级，经济结构也发生了很大变化。近十年，深圳加强经济与高科技的融合，使部分低端产业逐步迁移出去，部分传统产业转型升级，高新技术产业迅速崛起，战略性新兴产业成为新的经济增长点，带动了第三产业的蓬勃发展。

近来，深圳坚持现代服务业和先进制造业"双轮驱动"，以创新驱动引领深圳质量；坚定不移地走"质量引领、创新驱动、内生增长"的发展道路，确立了以高新技术为先导，先进工业为基础，第三产业为支柱的经济发展战略。推动经济建设由数量型、资源消耗型的粗放经营方式向质量型、效益型、集约化经营转变。以深化改革、结构调整、自主创新、作风提升来激发新的发展活力，走技术先进和内涵发展的道路，促进经济提质增效，不断推进产业结构的升级换代。

深圳第二产业积极发展高新技术，加大技术改造力度，提高企业装备水平和产品技术含量，已经形成了计算机及其软件、通信、微电子等高新技术产业群，并在周边地区形成了很强的产业配套纵深优势，高新技术产业成长为深圳产业结构中的主导产业和支柱产业。第三产业以高新技术和信息产业为后盾，推动全市第三产业上规模、上档次、新型化和高附加值的发展，金融、信息、旅游、商贸、房地产、仓储、运输等新兴行业已发展成为深圳的优势产业。

第一产业上注重扶持"三高"农业、创汇农业，促进农业生产规模化、产业化。

截至 2015 年底，本地国民生产总值达 17502.99 亿元，第三产业增加值 10291.80 亿元，占 GDP 比重达 58.8%；全市规模以上工业增加值 6785.01 亿元，其中先进制造业增加值 5165.57 亿元，占比达 76.1%；全市固定资产投资额 3298.31 亿元，全市社会消费品零售总额 5017.84 亿元，全市进出口总额 4425.58 亿美元。

全市高新技术产业产值 1.7 万亿元，战略性新兴产业增加值达 7003.48 亿元，占全市 GDP 比重达 40.0%，增速比全市经济平均增速高 7.2 个百分点。经济快速增长的同时，能源资源消耗持续下降，万元 GDP 能耗比上年下降 3.26%，万元 GDP 水耗降至 11.37 立方米。

全市一般公共预算收入达 2727.06 亿元；规模以上工业企业利税总额和利润总额分别增长 12.3% 和 9.6%；单位 GDP 电耗比上年下降 5.01%；居民消费价格总水平比上年上升 2.2%；全年工业生产者购进价格指数为 96.5%；工业生产者出厂价格指数为 97.6%；年末城镇登记失业率为 2.34%。

迄今为止，金融业、现代物流业、文化以及高新技术产业成为深圳的四大支柱产业；信息技术、互联网、新能源、新材料、生物、文化创意和节能环保成为深圳的七大战略性新兴产业；生命健康、海洋以及机器人、可穿戴设备和智能装备成为深圳的四大未来产业。深圳经济呈现出有质量、可持续发展的态势，经济结构持续优化、经济质量显著提升、资源能源消耗继续降低，率先走出一条质量型发展新路。

近年来，深圳市委、市政府坚持改革开放创新，鲜明地提出从"深圳速度"向"深圳质量"转变，牢固树立质量第一的理念，着力强化以质取胜的实践，坚定不移地走质量引领、创新驱动之路，努力争当总书记提出的推动"三个转变"的排头兵。以先进标准引领和推动经济、社会、文化、城市建设、生态文明、政府服务质量和水平全面提升，支撑有质量的稳定增长和可持续的全面发展，提升城市长远竞争力，为全国全面推进大质量、大标准体系建设探索经验、做出示范。

第三节　科学统计体系

速度终有上限，质量和创新永无止境。必须看到，深圳经济和社会各项事业还有较大的发展空间，深圳经济社会发展面临着向国外发达国家标杆城市学习的国际化战略，深圳在与北京、上海、广州、天津、苏州等城市的经济发展上相互比较，面临着国内各城市创新驱动与超赶战略的激烈竞争，面临着自身资源、环境和制度等方面的制约。具体到统计工作，在新常态下需要创新，需要为转型发展做出自己应有的贡献，统计体系的构建应该为产业转型升级和经济结构调整提供更加科学的信息、咨询和决策依据。

对国民经济和社会发展情况进行统计调查、统计分析和施行统计监督，为政府和社会提供统计资料和统计咨询意见是统计工作的基本任务。统计体系不是一成不变的，其建设是一个长期实践、不断摸索、不断创新的过程。随着经济、社会、技术、环境条件的快速变化，受国际国内形势变化的影响以及区域经济社会发展进入一个新的阶段，统计体系也需要"转型升级"。

不同发展阶段统计的特点和要求不同，经济的国际化发展，经济结构日趋复杂化，统计对象也日趋庞杂。统计工作最重要的就是要对当前的经济发展现状进行监测、分析与评价，在中国经济新常态下，面对经济发展的新情况，统计监测、分析、预测、决策方法需要创新。

在这一背景下，深圳市委、市政府提出开展科学统计体系行动计划，要求构建更加科学的统计体系，使深圳市统计工作在推动产业转型升级与经济结构调整中发挥更大作用。

通过构建科学的统计体系，全面反映深圳新常态下的发展现状和问题，特别是围绕提升经济质量，产业转型升级，促使经济结构调整，打造深圳标准、强化创新驱动、发展绿色经济上构建更符合新常态要求的统计体系，更好地发挥统计的信息、咨询和监督职能。

统计体系一词涵盖范围极为广泛，有的是围绕统计工作的任务，构建统计制度、统计管理方法等方面形成的体系；有的是从统计方法角度，对国民经济开展核算的方法体系；有的是从政府行政主管部门统计工作流程角度，将与其有关的统计数据信息采集、加工、应用、发布，并通过一个统计信息系统加以实现的体系；也有从统计工作的职能角度，构建统计监测、评价、分析咨询及调查构成的体系。本书所指的统计体系特指后者，且是在现有统计制度方法基础上，围绕推动"产业转型升级与经济结构调整"这一中心主题，以统计指标体系为核心内容的符合当前经济"新常态"下的科学统计体系。

第二章

深圳市统计体系的内涵、研究思路与构建原则

第一节　构建统计体系的内涵

　　产业转型升级与经济结构调整是构建持续发展能力和竞争优势的必然要求，早已成为深圳市经济发展的重大战略。在国家统计体制下，深圳统计工作完成了大量常规统计所要求的内容，已经建立了比较完整的统计体系。如今，统计工作面临着新形势下的新任务，需要对转型发展中的经济、科技、环境、能源、社会等方面的规模、结构、效益开展定性和定量分析研究，也是深化统计制度方法改革的一项重要内容。

　　以深圳产业转型升级监测为主体，以经济运行动态监测为重点，构建科学的监测评价体系，立足民生重点、热点、难点问题开展专项调查，全面、准确、及时地掌握各方面的统计资料，立足本地实际，对深圳各政府部门掌握经济转型发展现状、制定转型发展调控政策和发展规划、实施经济转型发展具有重要的参考意义。对深圳市委、市政府统领经济发展方向，实施宏观调控，调整优化产业结构，引导经济健康发展具有重要指导意义。

　　转型升级过程中，需要各种统计指标、统计分析和统计调查来展示其特征和变动规律，但是现有统计体系不够全面、不够灵敏，在推动"转型升级"上的作用有限，在一定程度上影响整个统计体系的完整性，影响了人们对统计体系的认识，降低了统计工作的作用。例如，很多经济（金融）危机常常是事后才公布出各种指标来

说明发生的原因，统计工作在发挥其信息职能方面缺乏必要的信息，咨询职能也不能充分发挥出来，监督职能不强，等等。

新常态下，不仅要对目前已有的统计指标体系进行梳理，精简那些过时、过细、实际意义不大、调查成本过高且难以取得准确完整数据的指标或调查内容，还要不断补充反映社会经济发展新情况、新问题、新成果的统计指标或调查内容。例如，随着现代服务业的迅猛发展，服务业在国民经济中所占的份额不断加大，出现了互联网金融、电子商务、现代物流、文化科技、会展、旅游、社区服务等新业态。再如，作为技术密集型产业的高技术服务业，研究、发展和创新是其重要特征，应成为统计的重要内容。然而，高技术服务业统计目前尚不能满足高技术产业管理的需求，现有的统计方法缺乏对经济转型发展中出现的新情况和热点、亮点等问题的调查与分析，缺乏相应的指标体系展开监测与评价，无法满足政府和社会对全面统计的需要。

由于各地经济发展阶段的不同，统计体系的建设除了要兼顾国家现行的统计制度规范外，还需要构建符合自身需要的统计体系。例如，深圳的支柱产业包括高新技术、金融、物流和文化产业，而上海的支柱产业为信息、金融、商贸、汽车、成套设备等领域。在区域经济发展中，各地在不断推进产业的转型升级，也在打造各自战略性新兴产业，相应地，各地的统计工作和具体统计调查项目有差别，统计工作必须追踪各自经济转型发展的现实情况，推进统计体系的不断完善。

深圳统计部门，在深圳转型发展过程中，为了满足深圳政府和社会的需要，也开展了符合深圳自身现实情况的统计工作，特别是高科技统计、战略性新兴产业的统计、现代服务业的统计，公布了不少的指标，发挥了统计工作的作用。然而，在针对产业转型升级与经济结构调整方面，系统地归集和梳理各类指标形成一条完善的统计体系，略显不足，无法满足全面统计、监测的要求。围绕产业转型升级与经济结构调整主题，从统计角度梳理各种反映产业转型升级与经济结构调整的指标，完善和构建反映产业转型升级与经济结构调整的统计体系，健全统计监测与评价体系，充实统计调查和经济运行分析方法，弥补现有统计体系的不足，进一步发挥统计工作的作用，提升统计工作质量是本项研究的重要任务。

第二节　产业转型升级与经济结构调整

正确理解产业转型升级和经济结构调整的概念、基本特征是构建统计体系的重要前提。转型是发展方式的转变，经济增长是转型发展的基础，升级是由低端向高端升级。经济发展到一定阶段后，必须通过转型升级，经济增长才可持续，经济发展才更加健康；转型发展的目的就是要实现民生的改善和有更好的生活环境。转型发展更多是通过产业转型升级这一核心来实现的，同时也通过经济结构的优化来推动产业转型升级。

经济结构调整主要包括产业结构、投资消费结构、收入分配结构和空间结构调整等方面。调整经济结构既是着眼于解决经济运行中的深层次矛盾，也是为了拓展发展空间，增强经济发展的长期动力，使经济发展建立在结构优化的基础之上。经济结构优化调整应抓住产业转型升级这一主线，积极发展高新技术产业，尤其是发展新能源、节能环保、新一代信息技术、生物产业、高端装备制造、新材料、新能源汽车等战略性新兴产业；投资消费结构的优化调整应坚持促进消费导向，完善社会保障体系，改善消费环境，提高消费对区域经济增长的贡献；收入分配结构的优化调整应坚持人本导向，深化收入分配制度改革，健全收入分配调节机制；经济空间结构的优化调整应坚持协调发展导向，优化产业空间布局，加强区域经济合作，推动区域经济协调发展。

我国各级政府对产业转型升级都非常重视，依据各地阶段性特点推动经济的转型。在产业转型升级中坚持合理化与高级化导向，大力发展战略性新兴产业与生产性服务业；促进内部"产学研"合作，构建区域创新体系，加大区域创新基础设施投资力度；鼓励企业加大研发投入力度，提高自主创新和原始创新能力；加快实施重大科技专项，大力培育新兴战略性产业；以关键技术突破、科技金融支持、高端人才集聚推动战略性新兴产业发展壮大。产业转型升级更多地表现为企业行为，目前，依靠新技术、新产品、新业态、新模式取得成功的企业在各行业不断涌现，使其成为推动经济转型、结构优化的中坚力量。

产业转型升级过程中，创新驱动是核心，是经济新增长点的动力来源。创新驱动就是利用知识、技术、企业组织制度和商业模式等创新要素对现有的资本、劳动力、物质资源等有形要素进行重新组合，以创新的知识和技术改造物质资本、提高劳动者素质和科学管理水平。政府部门应在技术创新、产业变革、发展民营经济、淘汰落后产业上，在寻找新的增长动力、盈利模式、商业模式上继续发挥引导作用，主动出击。各地需结合区域优势，选择高新技术产业主攻方向，给予高新技术企业，尤其是具有良好成长前景的小微高新技术企业在资金、技术、人才上大力支持；推动企业推广使用新的生产技术和工艺流程，用新技术改造提升传统产业，推动产业结构升级和"产业漂移"，淘汰部分低附加值、高能耗高污染、粗放型企业，增强产业整体实力和竞争力。

从需求结构看，外需对经济增长的贡献在逐步下降，消费逐步成为拉动经济增长的主要力量。通过改善消费环境，完善社会保障体系，可使居民消费更加便捷舒适，提高消费对经济增长的贡献。消费环境既包括交通、通信、能源等基础设施建设，为消费提供基本的硬环境保障，也包括更新消费观念、提供消费信贷、出台刺激消费的优惠政策等软环境建设，还需促进商品流通，建立覆盖面广、网点布局合理的商品流通体系，加强市场监管，稳定物价，提高商品与服务质量。

优化产业空间布局，加强区域经济合作，推动区域经济协调发展要本着因地制宜的原则，根据各地区经济发展的阶段、产业集聚程度等情况，制定适宜的产业空间结构调整策略，以提高空间利用效率，发挥产业集聚对区域经济增长的促进作用。

产业转型升级的同时也在推动社会的转型，包括社会结构的转换、体制机制的转轨、各方利益的调整和行为观念的转变，人们的价值体系、生活方式、行为方式必将发生明显的变化。人们更加关注社会和谐、关注民生幸福、关注公平正义、关注生态环境。社会的转型归根结底是人的转型，其结果也在影响未来经济的发展方向，进而影响产业转型升级和经济结构调整的进程。

第三节　研究思路

在围绕深圳产业转型升级与经济结构调整的统计体系构建这一中心主题方面，要重视经济结构的合理化，包括产业结构、投资与消费结构、收入分配结构、空间结构等，特别是对三次产业结构的水平、结构、质量等方面展开系统研究；要重视创新驱动和经济运行质量提升，把握创新驱动的动力和方向，从创新成果、节能减排、经济效益、居民收入、就业等方面考察经济运行质量；要重视社会生态环境的优化，从生态环境、社会环境、文化素质、民生福利及社会和谐等方面观察经济转型升级的效果。

深圳现有的统计体系中，已经包含了许多反映深圳经济特点，特别是深圳支柱产业及战略性新兴产业的统计指标，在统计体系方面已紧密地结合了深圳现实情况。然而，在这一转型时期，对于快速变化的经济形势，需要人们提供更及时、更有效、更丰富的统计信息；需要通过统计监测开展预警、预测分析工作；需要通过各种综合指标开展对比分析和因素分析工作；需要通过对专门领域的运行分析更好地掌握经济的动态；并需要通过专项调查补充和完善现有统计体系。

因此，本书构建的统计体系的基本框架，是基于现有统计制度方法，包括统计监测指标体系、统计评价指标体系、经济运行分析体系、统计专项调查体系四大部分。其主要内容是针对经济体的基本情况、转型升级和综合经济问题开展统计监测，针对经济的基本运行状况、转型升级的进展和产生的新情况新问题进行分析，针对产业转型升级和经济结构调整的效果开展综合评价，并通过统计专项调查进一步完善现有的统计制度方法体系。

统计监测方面，包括以下三个方面的内容：（1）经济运行基本状况的监测，主要通过一般性的监测指标体系实现；（2）产业转型升级和经济结构调整的监测，可通过构建专题指标体系实现；（3）通过各种综合指标开展综合监测工作。统计监测在实施上对指标数据的时效性要求比较高，主要通过月度数据、季度数据以及最新的年度数据开展监测工作。监测指标体系常常因及时性要求使数据的准确性难以达到高标准，监测指标及其收集整理工作要求更广泛，不仅包括来自深圳市的统计调查资料，还应包括周边地区、广东省及相关地区的资料整理，也包括与深圳市发展水平相似或更高水平城市的资料的归集整理，同时还有国家政策变动和国际环境变化的资料整理。

统计评价方面，是建立在年度数据基础上的评价，包括两大方面，一是纵向评价比较，对自 2008 年以来的深圳发展，特别是基于产业转型升级和经济结构调整的综合发展情况进行评价，分析深圳在产业转型升级和经济结构调整上的变动特点；二是横向评价比较，结合我国北京、上海、广州、天津、苏州相似规模特征城市的实际情况，构建指标体系开展综合评价，明确深圳与这些城市的优势和差距，为进一步推动深圳产业转型升级和经济结构调整提供政策指引。在构建综合评价指标体系方面，可以从经济增长、结构优化、产业升级、创新驱动、环境美化、民生福利六大方面构建评价指标体系。

经济运行分析方面，包括以下三个方面的内容：（1）经济运行基本情况分析，包括工业、服务业、固定资产投资、消费市场、就业、进出口等常规指标的分析；（2）针对转型发展的分析，特别是创新驱动措施、传统产业转型升级、新兴产业发展、重点行业发展动态、重点企业改革实效、优化环境节能减排、民生福利改善等领域的分析；（3）近期热点、亮点和问题专题分析以及可持续发展相关的综合分析，包括往年历史资料的分析与发展规律的探讨、可持续发展问题的分析、区域合作与对外交往战略分析、政府重大政策执行情况的分析、产业园区和重点发展区域的分析、制造业与服务业融合发展问题的分析等。

统计专项调查方面，着重于调查现有统计制度下没有涉及的专门领域，包括构建的统计监测指标体系、评价指标体系、经济分析运行体系中常规统计调查不能取得资料的专项调查，调查的内容更倾向于经济发展中的新特征和新亮点、迫切需要解决的关键问题、产业转型升级的重点行业和企业、经济结构调整中的变动方向和效率等方面，专项调查重点在深层次上和细节上下功夫。

第四节　统计体系的构建原则

统计体系的构建最终要落实到统计指标上。构建统计体系要吸收各政府部门统计工作的成果，将各部门反映比较突出的指标纳入体系中。在构建统计体系时，应注意不同地区在国家发展战略中所处的地位不同，在经济发展上处于不同的阶段，产业发展的重点有差别，转型升级的目标要求不同。同时，不同地区统计工作的环境条件不同，统计工作的重心不同，统计监测的指标体系有区别，统计评价的目的也不同。因此，统计体系构建须基于以下原则：

（1）着重研究经济运行质量的提升，经济发展的可持续性，经济体的竞争力提高，以推动创新和转型发展、产业结构的转型升级、经济结构的优化调整。

（2）保持现有统计制度基础上，结合当前重点及满足长远需要，体系的构建要符合深圳现实与目标定位，还要有一定的超前意识和引领作用。

（3）基于深圳现状，发现并分析经济中的新亮点，同时要兼顾到能与深圳大致相似的城市进行对比。

（4）重点围绕统计指标与指标体系，包括监测指标、评价指标，并通过运行分析体系及专项调查体系进一步完善统计体系。

（5）梳理国内外和各地区在监测、评价、分析和调查中的普遍做法，尝试从深圳实际出发反映产业转型升级与经济结构调整角度构建统计体系。

（6）推动产业转型升级的目的是实现社会生态环境的优化、民生福利的改善，统计体系应反映转型升级的动力、过程与效果。

　　构建统计体系是一个有着广泛内容的系统工程，围绕全市经济转型调整发展，构建和优化统计监测指标体系，增加反映结构、质量、效益和可持续发展的指标，构建综合评价指标体系，完善统计分析和统计调查体系，是构建深圳产业转型升级和产业结构调整统计体系的突破口。

　　一个完整的统计体系，还应该包括统计管理方法体系、统计调查及质量控制体系、统计人才队伍的组织建设、现代信息技术与数据库的建设、统计数据平台与发布系统等统计制度方法的完善。这些内容在统计体系中应该有同样重要的作用，且对上述四大方面的体系建设有重要的影响，因篇幅和时间的原因，在本书中不纳入讨论，因此，对统计体系的构建肯定存在未能充分解释的地方，这有待将来做进一步研究和补充完善。

第三章

深圳市统计监测指标体系

第一节 构建统计监测指标体系的依据

一 统计监测指标体系的内涵与作用

一个国家和地区宏观经济的基本目标包括经济稳定增长、较少的失业、平稳的物价水平和平衡的外贸收支。相应地，对宏观经济状况的监测包括国民生产总值，就业、失业率，反映通货膨胀情况的物价指数和反映国际收支平衡的进出口总额以及汇率等指标。同时，按照国民经济核算要求，从产业到行业、从企业到区域，不同类别、不同性质、不同要求的统计主体都应该是统计监测的对象。相应地，监测指标非常多，以至于监测指标体系较为庞大，这样庞大的体系往往难以发挥统计工作的作用。

如今我国经济进入了"新常态"。所谓"新常态"，是指在我国新的发展阶段出现的新机遇、新条件、新平衡等，正逐渐成为经济发展中较长时期稳定存在的特征。这个"新常态"基本可以理解为以下特征：从速度层面看，经济增速换挡回落，从过去10%左右的高速增长转为7%左右的中高速增长；从结构层面看，经济结构不断优化升级，如文化科技相结合；从动力层面看，中国经济将从要素驱动、投资驱动转向创新驱动，如互联网创新；从风险层面看，新常态下面临新的挑战，一些不确定性风险显性化，如房地产风险。

在新常态下，深圳作为国内率先发展的地区，也较早地遇到了发展的瓶颈，各种矛盾问题交织汇集，资源环境压力日益凸显，适应科学发展的体制机制有待进一步改善。加快产业转型升级着力构建以"高、新、软、优"为特征的现代产业体系，进一步增强产业核心竞争力，是突破发展瓶颈、拓展产业空间的必然选择，是提升经济发展的质量和效益、创造"深圳质量"的迫切要求。

在这种情况下，就更迫切地需要更加系统化的监测指标体系。它既要能反映经济转型发展中的主要内容，又要能在及时性、完整性上发挥统计的作用。具体地讲，统计监测指标体系的主要作用应该包括以下几个方面：

（1）能比较全面科学地反映当前区域经济运行状态，监测区域转型发展的程度。

（2）能比较完整地判断不同区域宏观经济运行状况，进一步为区域经济转型发展提供必要信息。

（3）能比较准确地判断和预测区域经济未来发展的趋势。

（4）能比较及时地反映区域产业转型升级与经济结构调整的新情况和新特点。

（5）能比较科学地反映区域宏观经济调控的效果，并通过监测指标体系开展预警分析工作，为决策提供依据。

二　统计监测指标的特点

统计监测指标应具有如下特点：

（1）时效性。统计监测在实施上对指标数据的时效性要求比较高，主要通过月度数据、季度数据以及最新的年度数据开展监测工作。相应地，监测指标体系常常因及时性使数据的准确性难以达到较高要求。

（2）完整性。监测指标及其收集整理工作要求更广泛，不仅包括来自深圳市的统计调查资料，还应包括周边地区、广东省及相关地区的资料的整理，也包括与深圳市发展水平相似或更高水平城市的资料的整理，同时还有国家政策变动和国际环境变化的资料整理。

（3）多样性。监测体系是多样的，对应不一样的监测需求和监测目标，会有不一样的监测指标体系；同时，监测指标也是多样的，监测指标除了定量指标，还包括定性指标，一些指标甚至常常需要通过一系列的估算和专家评估方法推算出来。

（4）公开性。生成监测指标的基础数据均应纳入政府统计调查制度。并通过政府统计公开出版物，便于社会各界进行核实和索引。

（5）规范性。无论是从指标名称、统计口径，还是从计算方法上，都力求符合统计规范。

三 统计监测指标体系的设计原则

构建统计监测指标体系的主要原则包括以下几点：

（1）科学性原则：要紧紧围绕产业转型升级与经济结构调整这一核心，体现产业转型升级发展的规律，指标的选取和计算方法具有内在的经济学关系和合理的逻辑联系；要借鉴和吸收以往统计监测指标体系中的合理部分，在吸纳、完善、充实的基础上，融入到转型发展统计监测指标体系之中，既有创新又不全盘否定。

（2）实用性原则：既要使统计监测指标体系能客观反映转型发展的新情况、新问题和新特点，又要避免好高骛远，应该本着易获得、易处理、易推算的原则选取监测指标，从而提高其实用性。

（3）时代性原则：要立足于当前历史时期特点，兼顾不同层级区域的需求来构建和设计统计监测指标体系，切实反映"新常态"下的宏观经济运行状况和经济转型发展程度；要体现产业转型升级与经济结构调整的相互融合和互相促进，能真正地反映经济新常态下的发展趋势和变化规律。

（4）导向性原则：要充分发挥统计监测指标体系的导引和导向作用，使各地区正确认识和监测本地转型发展的现状和问题，激励各地区积极主动地抓好产业转型升级和经济结构优化调整。

四 统计监测指标体系的构建思路

改革开放以来，深圳产业发展的大方向一直都顺应经济发展规律、融入全球产业分工体系，不断推进产业转型升级，在 21 世纪初步构建起以高新技术产业、金融业、物流业、文化产业为支柱的现代产业体系。深圳逐渐步入新常态后，应该以科学发展观为主题，以加快转变经济发展方式为主线，围绕创造"深圳质量"，坚定信心，毫不动摇地按照转型发展、创新发展的要求，牢牢把握"市场主导，政府引导"的基本思路，以大企业大项目为抓手，以结构优化提升产业层级，以技术创新引领产业升级，以产业转移加快产业转型，以城市更新优化空间布局，以区域合作拓展发展空间，全面增加产业核心竞争力，提升深圳作为全国经济中心城市的辐射和带动能力。构建深圳"产业转型升级，经济结构调整"统计监测指标体系，应遵循体现"产业转型升级，经济结构调整"的特点：基于深圳实际兼顾区域比较；结合当前关键重点；着眼长远需要。

　　本书对国内外有关监测指标体系的研究成果进行了深入研究，特别是参考了国家统计局的《综合发展指数》《信息化发展指数》，经合组织（OECD）的《生活质量指数》，IMD 的国际竞争力评价体系，WEF 的国际竞争力评价体系，以及目前比较常用的制造业采购经理指数（PMI）、克强指数、国家信息中心先行指标指数等宏观经济指数的设计思路和指标构成，结合深圳目前已经运用的《2014 年度深圳质量评价考核指标体系》《深圳市民生净福利指标体系》《广东群众幸福感测评指标体系》《深圳市社会建设考核指标体系》等，在综合这些研究成果的基础上，提出了从以下三大方面展开监测和分析：

　　（1）基本监测，是对经济社会各基本状况进行的更系统、更精简的指标监测。主要从供给与需求、战略新兴产业与支柱产业、工业效率与经济活力、资源利用与生态环境、基础设施与民生条件等方面加以考察。

　　（2）转型调整监测，是围绕"产业转型升级和经济结构调整"这一主题，展开针对性的指标监测。主要从经济结构优化、产业转型升级、创新驱动等方面加以考察。

　　（3）综合监测，是能更好地研判区域内外与国内外经济形势和走势，展开综合性的指标监测。主要从本地综合形势、国内综合形势、国际综合形势等方面加以考察。

第二节　统计监测指标体系的具体设计

深圳"产业转型升级与经济结构调整"监测指标体系包括基本监测、转型调整监测、综合监测三个子指标体系。

一　基本监测指标体系及其构建依据

基本监测指标体系是对区域经济社会环境等基本面进行的基础性的监测。它将目前常规统计中被认为有代表性的指标系统化、条理化，同时围绕产业转型升级与经济结构调整主题精简地组合起来，不但对各基本面进行了监测，而且给专题监测和综合监测提供了基础性的支撑。因此，可以从以下方面开展：供给、需求、重点产业、工业效益、经济活力、资源利用、生态环境、基础设施、民生条件。

（一）供给与需求

供给是指一个国家或地区在一定时期内有社会生产活动实际可以提供给市场的可供最终使用的产品和劳务总量。其下设六个具体指标：地区生产总值（GDP）、第二产业增加值、第三产业增加值、规模以上工业总产值、出口总额、民营经济增加值。其中，GDP 能较好地衡量一定时期经济中社会生产的最终产品和劳务，即总供给；第二产业增加值和第三产业增加值提供了不同产业生产供给情况的信息；规模以上工业总产值和民营经济增加值反映了较大规模工业企业的生产供给情况和民营企业的生产供给情况。

需求是指一个国家或者地区在一定时期内对最终物品和劳务的需求的总和。一般来讲，需求可以分为消费需求、投资需求、政府支出、出口。因此，其下设四个监测指标：社会消费品零售总额、固定资产投资额、实际利用外资金额、进出口总额（见表 3—1）。社会消费品零售总额反映了消费需求；固定资产投资额和实际利用外资额反映了投资情况；进出口总额反映了出口方面的需求。

表 3—1　　　　　　　　　　基本监测指标体系之供给与需求指标

类别	指标名称	计量单位	指标来源	监测频率
供给	地区生产总值（GDP）	亿元	深圳市统计局	月度/季度/年度
	第二产业增加值	亿元	深圳市统计局	月度/季度/年度
	第三产业增加值	亿元	深圳市统计局	月度/季度/年度
	规模以上工业总产值	亿元	深圳市统计局	月度/季度/年度
	出口总额	亿美元	深圳市统计局	月度/季度/年度
	民营经济增加值	亿元	深圳市统计局	月度/季度/年度
需求	社会消费品零售总额	亿元	深圳市统计局	月度/季度/年度
	进出口总额	亿美元	深圳市统计局	月度/季度/年度
	固定资产投资额	亿元	深圳市统计局	月度/季度/年度
	实际利用外资金额	亿美元	深圳市统计局	月度/季度/年度

（二）战略性新兴产业与支柱产业

战略性新兴产业是以重大技术突破和重大发展需求为基础，对经济社会全局和长远发展具有重大引领带动作用，知识技术密集、物质资源消耗少、成长潜力大、综合效益好的产业。2010 年 9 月通过的《国务院关于加快培育和发展战略性新兴产业的决定》中，从我国国情和科技、产业基础出发，确定了战略性新兴产业发展的重点方向、主要任务和扶持政策。现阶段包括节能环保、新一代信息技术、生物、高端装备制造、新能源、新材料和新能源汽车七个产业。深圳自 2011 年起陆续确定的战略性新兴产业包括生物产业、互联网产业、新能源产业、新材料产业、文化创意产业及新一代信息技术、节能环保等产业。因此，战略性新兴产业下设七个具体监测指标：生物产业增加值、互联网产业增加值、新能源产业增加值、新材料产业增加值、新一代信息技术产业增加值、节能环保产业增加值、文化创意产业增加值。

支柱产业是指在经济中生产发展速度较快，对整个经济起引导和推动作用的先导性产业。支柱产业有较强的连锁效应，诱导新产业崛起，并对所处地区的经济结构和发展变化有深刻而广泛的影响。深圳有四大支柱产业：金融业、物流产业、文化产业、高新技术产业。因此，支柱产业下设四个具体监测指标：金融业增加值、物流产业增加值、文化产业增加值、高新技术产业增加值（见表3—2）。

　　需要说明的是，战略性新兴产业和支柱产业中的各指标不是简单相加关系，在统计口径和统计内容上有相互重叠的情况，考虑到政策和决策部门的需要，分别以统计指标方式加以监测。

表3—2　基本监测指标体系之战略性新兴产业与支柱产业指标

类别	指标名称	计量单位	指标来源	监测频率
战略性新兴产业	互联网产业增加值	亿元	深圳市统计局	月度/季度/年度
	生物产业增加值	亿元	深圳市统计局	月度/季度/年度
	新能源产业增加值	亿元	深圳市统计局	月度/季度/年度
	新材料产业增加值	亿元	深圳市统计局	月度/季度/年度
	新一代信息技术产业增加值	亿元	深圳市统计局	月度/季度/年度
	文化创意产业增加值	亿元	深圳市统计局	月度/季度/年度
	节能环保产业增加值	亿元	深圳市统计局	月度/季度/年度
支柱产业	金融业增加值	亿元	深圳市统计局	月度/季度/年度
	物流产业增加值	亿元	深圳市统计局	月度/季度/年度
	文化产业增加值	亿元	深圳市统计局	月度/季度/年度
	高新技术产业增加值	亿元	深圳市统计局	月度/季度/年度

　　（三）工业效益与经济活力

　　工业是经济转型升级的主体，规模以上工业企业统计报表体系比较成熟，可以通过对规模以上工业企业生产活动的投入与产出的比较构建工业效益指标，用来反映工业的运行质量。因此，工业效益下设三个具体监测指标：工业经济效益综合指数、工业产品销售率、规模以上工业企业利润总额增长率。其中，工业经济效益综合指数是综合衡量工业经济效益各方面总水平的一种相对数，能综合反映工业经济效益；规模以上工业企业利润总额增长率反映了工业企业资产的获利能力，是企业经营业绩和管理水平的集中体现；工业产品销售率和工业企业营业收入则反映了工业企业生产的产品的销售情况。

经济活力是指国家或者地区在经济发展过程中的能力和潜力。其下设九个具体指标：公共财政预算收入、税收收入、公共财政预算支出、金融机构人民币存款、金融机构人民币贷款、上市公司数量、港口集装箱吞吐量、货运量、新增就业人口数（见表3—3）。其中，财政预算收入和财政预算支出反映了政府为了完成各项职能提供的财力上的保证和支撑；税收收入反映了深圳财政活力；金融机构人民币存款和金融机构人民币贷款反映了金融运行活力；上市公司数量则反映了深圳企业利用资本市场融资能力和企业发展活力，也在一定程度上反映了地方产业发展水平；港口集装箱吞吐量和货运量反映了物流运行状况；新增就业人口数则反映了人力资源供给情况。

表 3—3　　基本监测指标体系之工业效益与经济活力指标

类别	指标名称	计量单位	指标来源	监测频率
工业效益	工业经济效益综合指数	—	深圳市统计局	月度/季度/年度
	工业产品销售率	%	深圳市统计局	月度/季度/年度
	规模以上工业企业利润总额增长率	%	深圳市统计局	月度/季度/年度
经济活力	公共财政预算收入	亿元	深圳市财政委	月度/季度/年度
	税收收入	亿元	深圳市财政委	月度/季度/年度
	公共财政预算支出	亿元	深圳市财政委	月度/季度/年度
	金融机构人民币存款	亿元	人民银行深圳分行	月度/季度/年度
	金融机构人民币贷款	亿元	人民银行深圳分行	月度/季度/年度
	上市公司数量	家	深交所	年度
	港口集装箱吞吐量	万 TEU	深圳市交通运输委	月度/季度/年度
	货运量	万吨	深圳市交通运输委	月度/季度/年度
	新增就业人口数	万人	深圳市人社局	季度/年度

（四）资源利用与生态环境

资源是指国家或者地区拥有的物力、财力、人力等物质要素的总称，而这里的资源利用主要针对自然资源，比如水、电、矿藏等。因此，资源利用下设三个具体监测指标：工业用电量、工业用水量、能源消耗量。其中，能源消耗量是一定时期内实际消费的各种能源的总和。

生态环境是指与人类密切相关且影响人类生活和生产活动的各种自然力量和物质，其中水和空气是必不可缺的。生态环境的监测主要从污染处理与空气质量两个方面来展开讨论。其下设六个具体指标：城市生活污水处理率、二氧化硫浓度、细颗粒物（PM2.5）浓度、工业固定废弃物综合利用率、空气质量平均优良天数、区域环境噪声平均值（见表3—4）。其中，城市生活污水处理率和工业固定废弃物综合利用率反映了对污染物的处理情况和效率；空气质量平均优良天数则反映了空气质量；区域环境噪声平均值则反映地区声环境质量。

表3—4　　　基本监测指标体系之资源利用与生态环境指标

类别	指标名称	计量单位	指标来源	监测频率
资源利用	工业用电量	万千瓦时	深圳市供电局	季度/年度
	工业用水量	万吨	深圳市水务局	季度/年度
	能源消耗量	吨标准煤	深圳市统计局	季度/年度
生态环境	城市生活污水处理率	%	深圳市人居环境委	年度
	二氧化硫浓度	微克/立方米	深圳市人居环境委	季度/年度
	细颗粒物（PM2.5）浓度	微克/立方米	深圳市人居环境委	季度/年度
	工业固定废弃物综合利用率	%	深圳市人居环境委	年度
	空气质量平均优良天数	天	深圳市人居环境委	年度
	区域环境噪声平均值	分贝	深圳市人居环境委	年度

（五）基础设施与民生条件

基础设施是指为社会生产和居民生活提供公共服务的物质工程设施，是用于保证国家或地区社会经济活动正常进行的公共服务系统。它是社会赖以生存发展的一般物质条件。基础设施包括交通、邮电、网络、文化教育、园林绿化、卫生事业等多个方面。因此，其下设六个具体指标：电信业务量、互联网宽带用户量、各类文化公共设施数、每万人拥有医院病床数、人均道路面积、绿化覆盖率。其中，电信业务量和互联网宽带用户量反映了社会通信设施的规模和状况；各类文化公共设施数反映了文化教育基础设施建设情况；每万人拥有医院病床数反映了卫生事业情况；人均道路面积反映了交通情况；绿化覆盖率反映了城市绿化情况。

民生条件主要是指民众的生存状态和生活水平，以及民众的基本发展机会、基本发展能力和基本权益保护状况等。其下设三个具体指标：城镇居民人均可支配收入、恩格尔系数、基本社会保障覆盖面（见表3—5）。其中，城镇居民人均可支配收入是指居民家庭在支付个人所得税、交纳的社会保障支出及调查户的记账补贴之后，所余下的可供居民家庭用来自由支配的收入，即用家庭总收入扣除交纳的个人所得税、个人交纳的社会保障支出以及调查户的记账补贴；恩格尔系数是食品支出总额占个人消费支出总额的比重。

表3—5　　基本监测指标体系之基础设施与民生条件指标

类别	指标名称	计量单位	指标来源	监测频率
基础设施	电信业务量	万元	深圳市经贸委	年度
	互联网宽带用户量	户	深圳市经贸委	年度
	各类文化公共设施数	个	深圳市统计局	年度
	每万人拥有医院病床数	张	深圳市卫生计生委	年度
	人均道路面积	平方米	深圳市交通运输委	年度
	绿化覆盖率	%	深圳市人居环境委	年度

类别	指标名称	计量单位	指标来源	监测频率
	城镇居民人均可支配收入	元/人	国家统计局深圳调查队	年度
民生条件	恩格尔系数	%	国家统计局深圳调查队	年度
	基本社会保障覆盖面	%	深圳市人社局	年度

注：本书所用人口数据除特别注明外均采用常住人口。

二　转型调整监测指标体系及其构建依据

合理的经济结构和产业结构能充分发挥经济优势，有利于国民经济各部门协调发展。加快经济结构调整，推进产业转型升级是保持深圳乃至我国可持续发展的必然要求，是深圳乃至我国当前所处的发展阶段的客观使然。

产业转型升级和经济结构调整必须把经济结构优化作为基础，产业转型升级作为核心，科技创新作为根本动力，进而推动社会转型发展。因此，可以从经济结构优化、产业转型升级、创新驱动三个方面构建。

（一）经济结构优化

经济结构是衡量国家和地区经济发展水平的重要尺度，不同的经济体制、不同经济发展趋向的国家和地区经济结构差异甚大。从国民经济各部门和社会再生产的各个方面的组成考察，经济结构主要可以分为产业结构、需求结构、进出口结构、劳动力结构、收入结构、空间结构、经济质量等方面。因此，对经济结构优化调整状况的监测从以下几个方面进行：

（1）产业结构。产业结构也叫国民经济的部门结构，是衡量国民经济各专业部门之间以及各产业部门内部的构成。其中，第二产业和第三产业的结构升级是重点，深圳四大支柱产业和七大战略新兴产业更是核心部分。因此，产业结构下设三个具体监测指标：第二产业增加值与第三产业增加值之比、四大支柱产业占 GDP 比重和七大战略新兴产业占 GDP 比重。

（2）需求结构。需求结构即购买力结构，是指社会总有效购买力在各产业中的分配情况，也是广义货币在各产业中的投入状况。消费和投资是需求结构的重要组成部分，而以互联网为媒介的消费作为新的消费方式值得监测，房地产状况作为老百姓关注的重点更是需要监测。因此，需求结构下设四个具体监测指标：消费率、投资率、房地产开发项目投资额占 GDP 比重、互联网实现的商品销售占商品零售总额比重（见表3—6）。

表3—6　　　　转型调整监测指标体系之经济结构优化指标

类别	指标名称	计量单位	指标来源	监测频率
产业结构	第二产业增加值与第三产业增加值之比	%	深圳市统计局	月度/季度/年度
	四大支柱产业占 GDP 比重	%	深圳市统计局	月度/季度/年度
	七大战略新兴产业占 GDP 比重	%	深圳市统计局	月度/季度/年度
需求结构	消费率（最终消费/GDP）	%	深圳市统计局	年度
	投资率（资本形成总额/GDP）	%	深圳市统计局	年度
	房地产开发项目投资额占 GDP 比重	%	深圳市统计局	月度/季度/年度
	互联网实现的商品销售占商品零售总额比重	%	深圳市统计局	月度/季度/年度
进出口结构	外贸依存度（进出口总额/GDP）	%	深圳市统计局	年度
	一般出口贸易额占总出口额的比重	%	深圳市统计局	年度
	高新产品出口额占总出口额的比重	%	深圳市统计局	年度

类别	指标名称	计量单位	指标来源	监测频率
劳动力结构	每万人专业技术人员	人	深圳市科创委	年度
	人均受教育程度	年	深圳市统计局	年度
	第二产业从业人员/第三产业从业人员	%	深圳市统计局	季度/年度
	城镇调查失业率	%	深圳市人社局	季度/年度
收入结构	劳动力报酬/GDP	%	深圳市统计局	年度
	在岗职工平均工资增长率	%	深圳市统计局	年度
	城镇居民人均可支配收入增长率	%	国家统计局深圳调查队	年度
空间结构（区域合作）	深圳出入境人数（一线）	亿人次/月	深圳市海关	月度/季度/年度
	前海深港现代服务业合作区新增注册企业数	个	深圳前海管理局	年度
	深圳异地工业园增加值	万元	深圳市经贸委	年度
经济质量	工业企业全员劳动生产率	万元	深圳市统计局	年度
	每平方公里 GDP 产出	万元/平方公里	深圳市统计局	年度
	万元 GDP 能耗	吨标准煤/万元	深圳市统计局	年度
	万元 GDP 电耗	千瓦时/万元	深圳市统计局	年度

（3）进出口结构。进出口结构主要指一定时期内贸易的各种商品劳务的构成情况。其下设三个具体监测指标：外贸依存度、一般出口贸易额占总出口额的比重、高新产品出口额占总出口额的比重。

（4）劳动力结构。劳动力结构主要是指劳动就业人口在不同产业的分布。其下设四个具体监测指标：每万人专业技术人员、人均受教育程度、第二产业从业人员/第三产业从业人员、城镇调查失业率。

（5）收入结构。收入结构一般是指国民收入在各部门、单位乃至个人中的分配。其下设三个具体监测指标：劳动力报酬/GDP、在岗职工平均工资增长率、城镇居民人均可支配收入增长率。

（6）空间结构。此处也指区域合作（即区域间的合作交流），深圳在这一历史时期的区域合作重点主要有前海深港现代服务业合作区合作发展、深莞惠区域一体化。因此，空间结构下设三个具体监测指标：深圳出入境人数（一线）、前海深港现代服务业合作区新增注册企业数、深圳异地工业园增加值。

（7）经济质量。经济质量即经济发展的效率，主要是指经济增长和发展过程的资源利用程度。因此，其下设四个具体监测指标：工业企业全员劳动生产率、每平方公里 GDP 产出、万元 GDP 电耗、万元 GDP 能耗。

（二）产业转型升级

产业转型升级主要是指产业结构的改善和产业素质与效率的提高。实施产业转型升级，必须协调各产业的发展、提升产业结构、充分发挥规模经济效益；不仅优化三次产业的结构，而且优化各产业内部的结构；转型升级要依据市场和技术等现实条件有所侧重。可从产业内优化、产业聚集、重点产业三个方面监测产业转型升级状况：

（1）产业内优化。产业内优化是指重点关注的产业的效率提升情况和结构内部优化进程，反映其变动情况。因此，其下设五个具体监测指标：规模以上工业企业万元工业增加值能耗降低率、先进制造业对制造业贡献率、现代服务业对服务业贡献率、生产性服务业对服务业贡献率、电子商务交易额占 GDP 比重。

（2）产业聚集。产业聚集是指产业在某特定地理区域或者在某些参与者中的要素集中程度，是产业转型升级的重要表现，能一定程度反映产业内的专业化程度和规模效益。因此，其下设三个具体监测指标：100 强企业产值占比、超千亿元的产业集群个数、总部企业数。

（3）重点产业。重点产业主要是指深圳的工业、七大战略性新

兴产业和四大支柱产业，是产业转型升级的监测重点。其下设三个
具体监测指标：工业对 GDP 贡献率、七大战略新兴产业对 GDP 贡献
率、四大支柱产业对 GDP 贡献率（见表 3—7）。这三个贡献率通过
将增加值与 GDP 对比来衡量这些重点产业的行业增长和经济总量的
增长关系，一定程度反映了这些重点产业在经济增长中的地位。

表 3—7　　　　　转型调整监测指标体系之产业转型升级指标

类别	指标名称	计量单位	指标来源	监测频率
产业内优化	规模以上工业企业万元工业增加值能耗降低率	%	深圳市统计局	年度
	先进制造业对制造业贡献率	%	深圳市统计局	年度
	现代服务业对服务业贡献率	%	深圳市统计局	年度
	生产性服务业对服务业贡献率	%	深圳市统计局	年度
	电子商务交易额占 GDP 比重	%	深圳市统计局	年度
产业聚集	100 强企业产值占比	%	深圳市统计局	年度
	超千亿元的产业集群个数	个	深圳市统计局	年度
	总部企业数	个	深圳市发改委	年度
重点产业	工业对 GDP 贡献率	%	深圳市统计局	年度
	七大战略新兴产业对 GDP 贡献率	%	深圳市统计局	年度
	四大支柱产业对 GDP 贡献率	%	深圳市统计局	年度

（三）创新驱动

创新驱动是加快转型发展的支撑，是推动经济发展的内生动力。
实施创新驱动战略，必须把科技作为创新的根本，加大创新投入，

加大创新成果的转化率，进而推动社会转型发展。可从创新投入、创新成果、创新效率三个方面监测创新驱动的力度：

（1）创新投入，是推行创新驱动的关键因素，可以分为资金投入、人才投入、载体投入。因此，其下设六个具体监测指标：研究开发经费支出占 GDP 比重、企业研发经费支出占全社会研发支出比重、每万人工业从业人员拥有的研发人员数、大中型企业研究开发人员数、创新平台数量、高等院校及科研机构数量。其中创新平台数量是指地区拥有的国家级和省市级的工程技术研究中心、重点实验室、工程实验室和企业技术中心数量。

（2）创新成果，是指创新活动取得的成果。它主要包括两层含义：一是创新活动所带来的新知识、新技术；二是新知识、新技术所带来的确实的经济效益。因此，其下设四个具体监测指标：每万人专利授权量、全年技术市场交易成交额、新产品产值率、工业高新技术产品产值占工业总产值比重。

（3）创新效率，是指创新活动过程的效率。它主要包括两层含义：一是创新活动投入转变为新知识、新技术的效率；二是新知识、新技术转变为确实经济效益的效率。因此，其下设发明专利申请授权量与研究开发经费之比一个指标（见表3—8）。

表 3—8　　　　转型调整监测指标体系之创新驱动指标

类别	指标名称	计量单位	指标来源	监测频率
创新投入	研究开发经费支出占 GDP 比重	%	深圳市统计局	年度
	企业研发经费支出占全社会研发支出比重	%	深圳市统计局	年度
	每万人工业从业人员拥有的研发人员数	人	深圳市统计局	年度
	大中型企业研究开发人员数	人	深圳市统计局	年度
	创新平台数量	个	深圳市科创委	年度
	高等院校及科研机构数量	个	深圳市科创委	年度

续表

类别	指标名称	计量单位	指标来源	监测频率
创新成果	每万人专利授权量	件/万人	深圳市统计局	年度
	全年技术市场交易成交额	万元	深圳市统计局	年度
	新产品产值率	%	深圳市统计局	年度
	工业高新技术产品产值占工业总产值比重	%	深圳市统计局	年度
创新效率	研究开发经费/发明专利申请授权量	%	深圳市统计局	年度

三　综合监测指标体系及其构建依据

综合监测是一种综合性的监测形式，它能提高对经济形势和走势的综合研判能力，从而为经济运行和政策制定提供更有力的指导。随着改革开放的不断深入，我国乃至国际的经济形势和走势都会对深圳的发展产生巨大的影响。因此，按照范围的大小，可以将影响本区域经济形势的综合因素划分为区域综合因素、国内综合因素和国际综合因素。综合监测指标体系的指标构建也可以通过这三个方面来进行。

（一）区域综合因素

区域综合因素是指能反映该区域综合经济形势的表现，而这种表现则通过指数或者指标呈现出来。这些指标可以划分为价格指数、景气指数、金融风险、市内权威评价指数、市外权威评价排名五个方面。

（1）价格指数，是反映不同时期商品或者服务价格水平变动方向、趋势和程度的经济指标。其下设三个具体监测指标：居民家庭消费价格指数（CPI）、住宅销售价格指数、工业生产者出厂价格总指数（PPI）。

（2）景气指数，是综合反映某一调查群体或某一社会经济现象所处的状态或发展趋势的一种指标。其下设两个具体监测指标：深圳企业景气指数、深房景气指数。

（3）金融风险，是指与金融有关的风险，如金融市场风险、金融产品风险、金融机构风险等。而金融业作为深圳四大支柱产业之一，具有相当重要的地位，金融体系运转失灵必然导致社会经济秩序的混乱，甚至引发严重的政治危机，因此对金融风险进行监测则显得十分必要。金融风险下设两个具体监测指标：不良贷款率、地方债务／地方公共财政预算收入。

（4）市内权威评价指数，是指广东省或者深圳市权威单位发布的综合评价指数。其下设三个具体监测指标：深圳市消费者信心指数、深圳市公共交通服务指数、深圳市社会建设实绩考核指标。

（5）市外权威评价排名，是指我国乃至国际权威部门发布的包括深圳在内的综合评价指数排名。其下设四个具体监测指数：全球城市指数、全球金融中心指数、中国城市竞争力排名、中国城市电子商务发展指数（见表3—9）。

表3—9　　　　　　综合监测指标体系之区域综合因素指标

类别	指标名称	计量单位	指标来源	监测频率
价格指数	居民家庭消费价格指数（CPI）	—	国家统计局深圳调查队	月度／季度／年度
	住宅销售价格指数	—	国家统计局深圳调查队	月度／季度／年度
	工业生产者出厂价格总指数（PPI）	—	国家统计局深圳调查队	月度／季度／年度
景气指数	深圳企业景气指数	—	深圳市统计局	季度／年度
	深房景气指数	—	深圳市统计局	季度／年度
金融风险	不良贷款率	%	人民银行深圳分行	年度
	地方债务／地方公共财政预算收入	%	深圳市财政委	年度

续表

类别	指标名称	计量单位	指标来源	监测频率
市内权威评价指数	深圳市消费者信心指数	—	深圳市统计局	季度/年度
	深圳市公共交通服务指数	—	深圳交通运输委员会	季度/年度
	深圳市社会建设实绩考核指标	—	深圳市委办公厅	年度
市外权威评价排名	全球城市指数	—	科尔尼管理咨询公司网站	年度
	全球金融中心指数	—	伦敦金融城网站	年度
	中国城市竞争力排名	—	中国社科院网站	年度
	中国城市电子商务发展指数	—	阿里研究院网站	季度/年度

（二）国内综合因素

国内综合因素是指能反映我国综合形势和走势的因素或者表现。其下设八个具体监测指标：工业增加值增长率、非制造业商务活动指数、中国制造业采购经理指数、克强指数、东证期货大宗商品期货价格综合指数（系列）、银行间同业拆借利率、国房景气指数、阿里（系列）指数。

（三）国际综合因素

国际综合因素是指能反映国际综合形势和走势的因素或者表现。其下设五个具体监测指标：国际原油油价、人民币对美元等货币的汇率（系列）、CRB 指数、OECD 综合领先指数、全球 PMI 指数（系列）（见表3—10）。

表 3—10　　　综合监测指标体系之国内与国际综合因素指标

类别	指标名称	计量单位	指标来源	监测频率
国内综合因素	工业增加值增长率	%	国家统计局网站	年度
	非制造业商务活动指数	—	国家统计局网站	月度/季度/年度
	中国制造业采购经理指数	—	国家统计局网站	月度/季度/年度
	克强指数	—	国家统计局网站	月度/季度/年度
	东证期货大宗商品期货价格综合指数（系列）	—	上海东证期货有限公司网站	月度/季度/年度
	银行间同业拆借利率	%	中国人民银行网站	月度/季度/年度
	国房景气指数	—	国家统计局网站	月度/季度/年度
	阿里（系列）指数	—	阿里研究院网站	月度/季度/年度
国际综合因素	国际原油油价	—	金投网网站	月度/季度/年度
	人民币对美元等货币的汇率（系列）	—	中国银行网站	月度/季度/年度
	CRB 指数	—	美国商品调查局网站	月度/季度/年度
	OECD 综合领先指数	—	经合组织网站	月度/季度/年度
	全球 PMI 指数（系列）	—	相关国家统计部门网站	月度/季度/年度

第三节　统计监测指标实证分析

根据前文构建的统计监测指标体系，收集整理深圳及相关指标的统计数据（2006—2015 年），开展监测分析。通过对所选监测指标的整理分析实现以下几个主要目的：一是监测深圳宏观经济运行状态；二是把握深圳产业结构升级和结构调整的进程；三是分析监测指标的特点及规律，并对现有统计监测指标体系进行评价。

一　基本监测指标实证分析[①]

（一）供给与需求

供给与需求监测部分下的指标除了民营经济增加值外，其他的指标都属于国民经济核算体系中的常规指标，稳定性好，时效性较强，具有月度、季度和年度数据。但按深圳市现行统计制度，月度GDP、第二产业增加值、第三产业增加值不对外公布，规模以上工业总产值、社会消费品零售总额、进出口总额、固定资产投资额、实际利用外资五个指标则对外公布月度数据。民营经济作为深圳经济增长中最具活力、最有创造力、最有竞争力的重要部分，不仅反映宏观经济运行状况，同时也反映经济体市场化程度。深圳市自2006年开始对民营经济进行统计核算，其中包括民营经济增加值的季度和年度数据，此数据暂未对外发布。

改革开放以来，深圳蓬勃发展，在开放初期，由于市场活力的焕发，经济增速保持在30%上下，波动性较为明显；1996年以来，深圳经济进入平稳发展阶段，年增速保持在10%—20%的水平，周期性明显。因此取1996—2015年的数据进行监测分析，以考察各指标与深圳经济运行状态的关系。

从供给监测指标来看（见图3—1），自1996年以来，深圳市经济总量快速提升，第二产业、第三产业也实现同步增长。从产业来看，1996—2002年，第二产业和第三产业在体量上相差不大，产业结构动态变化特征较为明显；2003—2007年，第二产业增加值持续超过第三产业，这期间，深圳市GDP虽保持高位增长，但增速波动较大且整体呈现放缓趋势；2008—2015年，深圳市产业转型升级与经济结构调整渐显成效，第三产业快速增长，与第二产业拉开距离，这期间，深圳市GDP保持平稳增长，经济运行良好。

[①]　除特别注明，本章分析所用数据均来自历年深圳市统计年鉴。

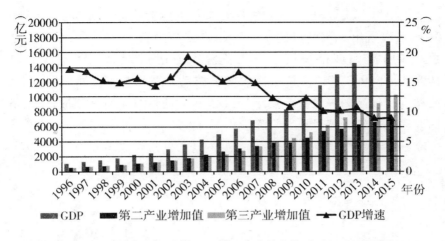

图 3—1　深圳市 GDP 和第二、第三产业的变化（1996—2015 年）

　　此外，观察深圳市经济的周期波动规律，以波峰—波峰周期测算方法可以识别出深圳经济从 2000 年以来，有 3 次短周期的波动，平均持续 4—5 年，转折点年份分别为 2000 年、2003 年、2006 年、2010 年（见图 3—2）。在深圳市经济处于周期性增长的过程中，第二产业和第三产业也表现出一致特征，尤其是第二产业增速的周期性波动基本与深圳市经济周期保持同步，这说明深圳市第二产业增加值和第三产业增加值这两个指标属于一致指标。

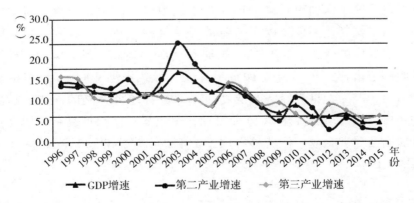

图 3—2　深圳市第二、第三产业和 GDP 增速对比图（1996—2015 年）

　　规模以上工业总产值反映的是工业生产的产品供给能力，从图3—3可以看出，深圳市的工业产品供给能力自1996年以来不断增强，2015年深圳市规模以上工业总产值达到25055.55亿元，是1996年的19.3倍。从该指标的增长波动来看，与深圳市GDP增长波动具有较高的一致性，属于一致指标，且相对于GDP增速，该指标波动幅度较大，且更为敏感。

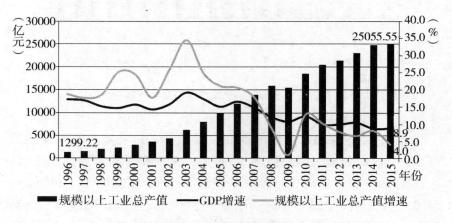

图3—3　深圳市规模以上工业总产值及GDP增速对比图（1996—2015年）

　　出口总额一方面反映了国外经济体对深圳市的消费需求，另一方面也反映了深圳市对外的产品供给能力以及国际市场参与度。深圳市出口额变化不仅反映了自身的经济进程，在一定程度上也反映了外部环境的变化。2001年中国加入WTO，借此东风，深圳对外出口额迅速增长；2008年金融危机爆发，导致深圳2009年出口额出现回落，但随着世界经济的恢复和深圳自身经济调整的深入，深圳对外出口恢复增长。从2014年开始，受世界经济环境复杂、国际竞争加剧及深圳企业产能转移等因素影响，出口额再次出现回落（见图3—4）。

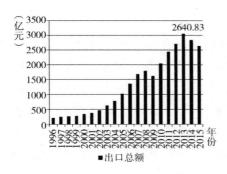 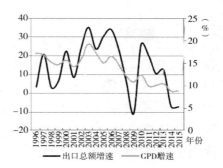

图 3—4　深圳市出口额与 GDP 波动（1996—2015 年）

注：出口增速左轴，GDP 增速右轴。

民营经济具有产权清晰、机制灵活、市场适应性和生命力较强的特点，反映经济体市场化程度。改革开放至今，民营经济已成为深圳市经济发展的增长点和生力军。自 2010 年以来，深圳市民营经济增加值都保持 10% 以上的速度增长。截至 2015 年，深圳市民营经济实现增加值 7488.61 亿元，占 GDP 比重提高至 42.8%（见图 3—5）。

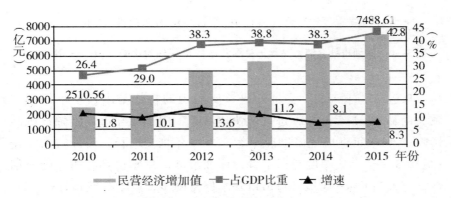

图 3—5　深圳市民营经济及增速变动图（2010—2015 年）

从需求方面来看，社会消费品零售总额和进口总额两个指标主要反映居民的消费需求，固定资产投资额和实际利用外资额则反映投资需求。

　　自 1996 年以来，深圳市消费需求始终保持旺盛，零售市场规模持续扩大。截至 2015 年，深圳市社会消费品零售总额达到 5017.84 亿元（见图 3—6）。从年度数据来看，社会消费品零售总额增速波动与 GDP 增速波动较为一致，这表明该指标为一致性指标；且自 2006 年以来，深圳市的社会消费品零售总额保持高于 GDP 增速的速度快速增长，深圳市经济增长逐渐趋向消费型驱动。2015 年社会消费品零售总额增速为 2.0%，主要影响因素为汽车限购，扣除汽车限购一次性政策因素后社会消费品零售总额增速为 9.7%。

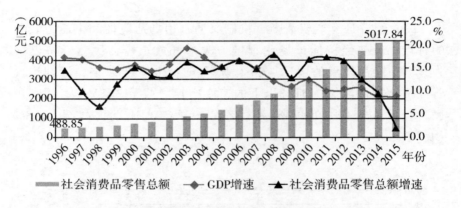

图 3—6　深圳市社会消费品零售总额及与 GDP 增速对比图（1996—2015 年）

　　从进口需求来看，深圳的进口所表现的特征与出口基本保持一致，即从 2001 年开始，进口额快速增长，由于国际市场金融危机的影响，2009 年进口规模出现回落，2010 年恢复增长，对外需求旺盛（见图 3—7）。从年度数据来看，深圳市进口总额也具有明显的周期性，周期时长 4—5 年，与出口基本保持同步，属于一致指标。

　　从投资需求来看，深圳市固定资产投资自 1996 年以来稳步增长，但投资增速出现下降趋势，这主要是因为深圳经济增长逐渐减弱对投资的依赖，由投资驱动转向消费驱动和创新驱动，朝向健康有序的方向发展。从投向来看，深圳固定资产投资主要投向房地产

业和制造业，且近年来物流业和设施投资比重有所上升。深圳固定
资产投资周期波动较大，且周期性比经济波动周期要长1年左右
（见图3—8）。由于固定资产投资政策性较强，整体来看，该指标属
于先行指标。

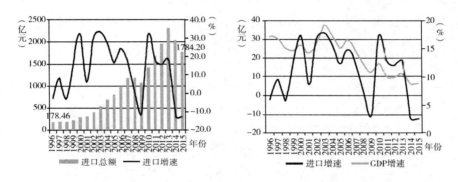

图3—7 深圳市进口总额及与 GDP 增速对比图（1996—2015 年）
注：进口增速左轴，GDP 增速右轴。

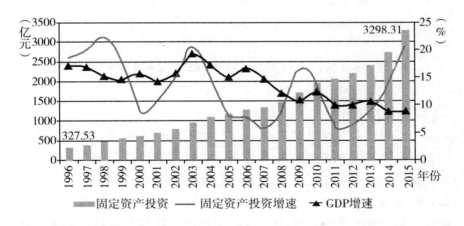

图3—8 深圳市固定资产投资额及与 GDP 增速对比图（1996—2015 年）

外商直接投资不仅影响国际资本配置，还会带来先进的生产技
术和管理技术。通过吸引外资发展和构建新技术产业，加快经济体
高、新、尖端技术的开发，促使经济发展模式从数量型向质量型的

转变，这已成为实现地区产业政策目的的重要手段。对于深圳而言，在吸引外资方面一直具有绝对优势，2015 年实际利用外商直接投资 64.97 亿美元（见图 3—9）。从资金来源看，深圳外资来源地主要是东南亚，尤以港澳地区为多；从外资结构看，近年来，深圳利用外资表现出新的特征，即外资投向仍以制造业为主，商业、住宿和餐饮业及新兴服务业，以及租赁和商务服务业、科技综合服务业和地质勘查业，吸引外资能力不断增强。

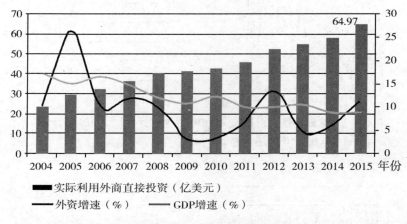

图 3—9　深圳市实际利用外资及与 GDP 增速对比图（2004—2015 年）

（二）战略新兴产业与支柱产业

深圳的产业发展以"三来一补"加工制造业起步，经历蛙跳式的演进，高新技术迅速崛起，经济与技术的结合持续加强，传统产业逐步转移或升级，第三产业蓬勃发展，制造业高端化、先进化特征日益明显，新的经济形态不断产生，现已构建起以高新技术、金融业、物流业、文化产业为支柱的现代产业体系。随着国家加快培育具有高附加值、高成长性、低消耗的战略性行业，2011 年，深圳也陆续确定了七大战略性新兴产业作为未来产业发展方向，积极推动产业转型向"高、新、软、优"的产业体系发展，新一轮的产业转型升级开启。

深圳市重点打造的七大战略性新兴产业分别为生物产业、新能源产业、互联网产业、新材料产业、新一代信息技术产业、文化创意产业及节能环保产业。目前，生物、新能源和互联网三大战略新兴产业统计体系在 2010 年初步建立，通过对有资质认定的企业定期统计报表，发布月度、季度和年度数据。但由于战略性产业内容多、涉及面广、政策性强、发展变化大，各地统计口径不一，深圳本身统计口径在统计期内也有改变，导致数据的连续性和可比性不强。从统计的内容来看，目前深圳对战略性新兴行业的统计覆盖范围较少，且集中于规模水平的统计，但作为深圳市产业转型升级的方向，对战略性新兴产业的统计应更广、更深入，以体现其行业特征，及时掌握行业发展动向。战略性新兴产业具有科技含量高、具备广阔产业化前景等知识密集型产业的特点，同时又是属于资金投入量大、投资回收期长、高利润、高风险的资本密集型行业，因此，在实际统计工作中，应加强对战略性新兴行业的产出效益和科技创新的统计。

此外，对于深圳而言，现阶段发展战略性新兴产业主要通过重点布局建设 12 个服务功能突出、产业特色鲜明的战略性新兴产业基地，加强战略性新兴产业基地或者园区的统计监测能更真实地把握行业的整体发展情况，进而掌握深圳产业转型升级的进程。

深圳市的战略性新兴产业确立于 2009 年，目前，仍处于培育阶段，产业规模较小，但已表现出高成长性特征。如图 3—10 所示，生物产业、互联网产业和新能源产业离千亿规模仍有较大差距，但增速自 2010 年开始就远高于 GDP 增速，其中，互联网产业表现出巨大的活力，增速保持不断提高趋势，至 2015 年互联网产业增速高达 19.3%，高于 GDP 增速 10.4 个百分点。2014 年，深圳市出台节能环保产业振兴规划，拟通过发展节能环保产业，积极促进深圳产业结构优化升级，并赢得节能减排的主动权。深圳节能环保产业已初具规模。

支柱产业具有经济规模大、技术密集度高、产业关联度强、经济效益相对显著的特征，对整个国民经济起支撑作用。深圳目前已形成了自主创新程度高的高新技术产业、层次完善的金融产业、连接国际辐射内陆的物流产业、与科技金融紧密结合的文化产业等四

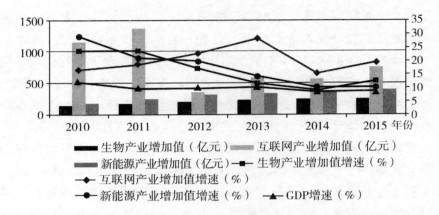

图3—10 深圳市战略性新兴产业规模及增速（2010 — 2015 年）

注：2012年互联网产业统计口径发生变更，数据来源于深圳市国民经济和社会发展公报。规模值左轴，增速右轴。

大支柱产业，在当前结构调整和产业升级转型中，四大支柱产业依然有很大的增长空间。

高新技术产业具有知识和技术密集度高、创新性、战略性和资源环境损耗少等优势，对于推动产业结构升级，提高劳动生产率和经济效益，具有不可替代的作用。深圳第一次产业转型和优化升级就是以打造电子信息产业为龙头的高新技术产业为开端，高新技术产业一直保持快速发展的良好态势，已成为深圳第一大支柱产业。深圳的高新技术产业特征鲜明，已建立起电子信息、生物医药、新材料、光机电一体化等四大领域的高新技术产业集群和企业集群，自主创新程度高，品牌效应好。2015 年，深圳市高新技术产业实现增加值 5848 亿元，增速 13.0%，高出 GDP 增速 4.1 个百分点（见图 3—11）。

深圳市对高新技术产业的统计核算是采用企业法和行业法两种方法，通过对认定企业的定期报表进行统计，包括高新技术产业规模统计、研发投入估计、效益统计、科研人才统计等。整体来说，产业基础统计较为完善。但高新技术产业是一个新兴产业部门，是一种知识密集、技术密集的经济实体，因此，对高新技术产业统计核算应加强知识投入、产出、效率方面的统计。此外，高新技术行

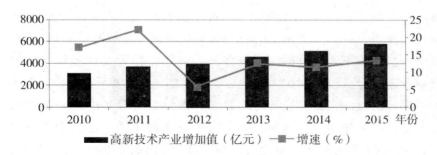

图 3—11　深圳市高新技术产业规模及增速（2010 — 2015 年）

业还是创新高发地，因此，对于行业内出现的新形态、新产品、新业态、新特征应加强监测分析，以便了解行业内部的趋势变化。

　　作为深圳重要支柱产业之一的金融业，具有占地少、消耗低、人均产值高的特征，是最能体现科学发展观和效益深圳要求及国家城市化特征的战略产业之一。目前，深圳金融业已基本建立起以银行、证券、保险机构为主体，其他多种类型金融机构并存，结构合理、功能完备的现代金融体系。金融业发展的根基是实体经济，实体经济繁荣，则金融业也蓬勃发展，反之亦然。金融业增加值反映的是国家或地区金融发展程度的重要指标，对其进行及时的监测也能在一定程度反映实体经济的运行情况。深圳对金融业增加值的统计是通过收入法进行核算，发布季度和年度数据，数据较为完整，除此之外，深圳每个季度还发布较为完善的金融市场统计数据及银行业、保险业、证券基金期货行业的相关数据，这些数据都有利于及时掌握金融业的运行动态。在深圳市全面加快经济发展方式转变和产业转型升级的背景下，深圳金融业也开启了新一轮的改革，在传统金融机构不断增强的同时，符合实体经济发展需要的新兴金融业态也不断成长，跨境金融、民营金融、创新金融和产业金融是深圳金融业改革的发展方向，现有的金融统计体系可能无法及时捕捉到这些变化，因此，在新的时期，深圳的统计工作也应加强对这五个方向的统计。

　　2015 年深圳金融业增加值突破 2500 亿元大关，增速达 15.9%，高于 GDP 增速 7 个百分点，支撑实体经济发展成效明显，支柱地位

进一步凸显。从图 3—12 可知，自改革开放以来，深圳金融业经历
两轮快速增长，第一次是 20 世纪 90 年代以来，改革开放初显成效，
市场经济活力不断释放，深圳经济开始腾飞，作为实体经济支撑的
金融业通过金融改革和扩大开放也迅猛发展，自 1995 年开始，迈入
新的发展阶段。在实体经济持续繁荣、深港金融合作的进一步深入
等因素的共同作用下，深圳金融业发展进入快车道，不到十年的时
间，从 2005 年的不足 500 亿元，到 2015 年突破 2500 亿元。此外，
从增速来看，自 2008 年以来，深圳金融业增速与 GDP 增速同步特
征较为显著，属一致指标。其中，2005—2008 年是高速增长期，
2008 年金融危机，国际金融形势恶化，深圳金融业因其内联外通的
特性受外部环境影响较大，金融业增速换挡，转入中高速增长期。

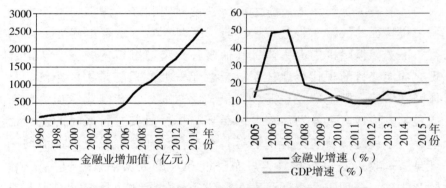

图 3—12　深圳市金融业规模及增速（1996—2015 年）

　　物流业作为具有广阔前景和增值功能的新兴服务业，是深圳产
业转型升级、发展高端服务业的方向之一。深圳作为集海陆空口岸
于一体的国际性港口城市，发展物流业具有无可比拟的优势，自 20
世纪 90 年代后期确定现代物流业为经济发展支柱产业以来，深圳物
流业从无到有，实现跨越式发展，已成为深圳经济发展的重要支柱
性产业，且已基本形成以第三方物流企业和供应链管理企业为主体
的现代物流体系。

　　物流业统计主要是为了衡量产业发展水平，其中物流业增加值
是物流业发展的核心指标。此外，衡量物流业活动的规模、经济效

益以及与国民经济的关系的指标还有社会物流总额、社会物流总费用、物流实物量、物流市场价格、物流投资以及物流企业效益指标。深圳市对物流业增加值的核算主要由市交委进行，更加侧重增加值统计和物流实物量统计，并发布月度、季度和年度数据。然而，在深圳市加快经济方式转变和产业结构升级优化的背景下，物流业本身也在不断进行结构调整和产业升级，行业效率逐步提高，新特征不断涌现，但深圳现有的物流规模统计并不能很好地反映这种变化，因此，在未来的统计工作中，应加强对物流效益和效率方面的统计。

　　作为连接国内国外两个市场、两种资源的支柱产业，深圳物流业发展取得显著成绩。自 2004 年以来，行业规模迅速扩大。十年时间，行业增加值从 308.30 亿元增长到 2015 年的 1782.70 亿元（见图 3—13），行业竞争力不断提高，有力地促进了生产要素及产品的高效流通，降低了相关行业发展的物流成本。由于深圳物流业国际性物流特征明显，在国际物流需求增长放缓的背景下，深圳物流业近几年也出现增长放缓的迹象。

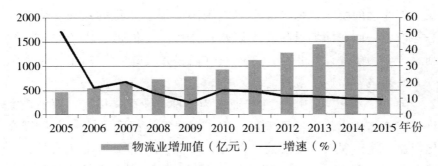

图 3—13　深圳市物流产业规模及增速（2005—2015 年）

　　文化产业也具有资源消耗低、环境污染少、乘数效立大的产业优势，被誉为"朝阳产业""绿色产业"；在转变经济发展方式，推动经济结构战略性调整和产业升级的过程中，文化产业表现出优结构、扩内需、增就业、促跨越、可持续的独特优势，具有巨大的市场潜力和发展前景。自 2003 年深圳提出"文化立市"以来，文化产业全面繁荣，取得长足进步，已成为深圳四大支柱产业之一。此外，文化产业还是深圳转变经济发展方式的重要着力点、产业结构转型升级的重要支点，而深圳正成为全国文化产业发展中的先锋城市。深圳市文化产业发展至今，已形成了以相关层为主题、核心层和外围层为新兴增长点的产业结构体系，涌现出"文化+科技""文化+旅游""文化+创意""文化+金融""文化+制造""文化+贸易"等产业发展新模式、新业态，产业规模化、集约化、高端化、国际化特征明显。

深圳文化产业是以国家统计局颁布的《文化及相关产业分类》为基准进行统计核算，发布月度、季度和年度数据。文化产业作为新兴产业具有点多面广、形式各异、与传统行业交叉的复杂性，国内外对其范围界定具有诸多争议，因此，造成目前各地区对于文化产业统计核算仍不够全面和完善。具体表现为，在文化统计指标设置中，均是反映量的变化，鲜有反映文化产业质的指标，无法反映出文化产业的多重作用。其次，2012 年国家统计局发布了《文化及相关产业分类（2012）》，对 2004 年制定的标准做了进一步修订，最值得注意的是在文化产业界定范围中增加了文化创意和文化新业态等内容，而在深圳目前的统计调查体系中，仍是文化产业和文化创意产业两条统计线并行，这样一方面是重复统计增加工作量，另一方面则是容易产生混淆。

自 2005 年提出打造文化产业成为支柱产业之一以来，深圳市文化实现跨越式发展，除了 2008 年、2009 年受国际影响较大深圳文化产业增速出现较大幅度的下降外，其他年份都保持高速增长，尤其是 2010—2012 年，深圳文化产业逆势增长，增速都保持在 20%以上（见图 3—14），对经济增长的牵引力逐渐加大，已成为深圳经济转型升级发展的新引擎。

综上所述，战略性新兴产业和支柱产业是深圳产业结构转型升级和经济结构调整的重要抓手，在新常态的经济大背景下，是创新的产业高发地。但就深圳目前的统计体系来看，对战略性新兴产业和支柱产业的统计不够深入和全面，无法全面反映这些产业的发展状况。统计部门应就支柱产业和战略性产业自身特性增设相关统计

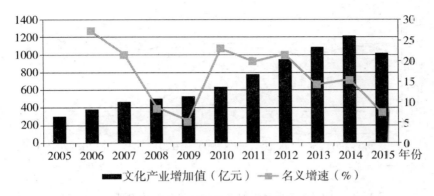

图3—14　深圳市文化产业规模及增速（2005—2015年）

指标，加强基本统计，提供连续的时序数据，努力真实全面地反映产业发展状况，准确及时地提供相关统计资料、统计分析和统计咨询意见，为各级政府决策提供依据。

（三）工业效益与经济活力

工业作为国民经济的支柱以及发展实体经济的主战场，是经济结构调整和产业转型升级的主心骨，在新常态下呈现出新的特征，面临新的机遇和挑战。对工业效益的定时监测，能及时掌握工业运行质量和变化。

工业经济效益综合指数是反映工业经济运行质量的总量指标，可以用于考核和评价工业经济效益的实际水平和发展变化趋势，相对于单个指标，更能反映整个工业经济运行质量和效益状况的全貌。从图3—15可知，自2006年以来，深圳市规模以上工业总产值增速下滑态势明显，而工业经济效益综合指数则在波动中上升，这说明近年来深圳工业产业结构调整升级取得良好的成效，工业经济逐步由速度型向效益型转变，实现有质量的增长。

在工业经济评价考核指标中，工业产品销售率被列为首位评价指标，通过监测该指标不仅能观察和判断企业销售形势，还能及时掌握工业产品产销衔接的程度，一定程度上能反映市场需求和景气状况。从年度数据看，深圳市工业产品产销率与GDP增速趋势较为一致，2003—2009年，工业产品产销量和GDP增速都出现下滑的态

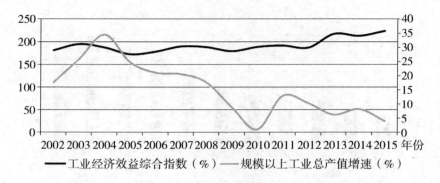

图3—15 深圳市工业经济效益综合指数变动（2002—2015年）

注：工业经济效益综合指数左轴，规模以上工业总产值增速右轴。

势，2009年工业产品产销量触底回升，随后几年都保持在98%左右的水平（见图3—16），这说明深圳市工业产销衔接程度高，工业效益好。月度数据能及时反映市场产销情况，深圳市月度的工业产品产销量的波动性较强，经过季节调整之后，波动明显减小（见图3—17），且从图3—16可知，深圳工业产品销售情况下半年比上半年要好。

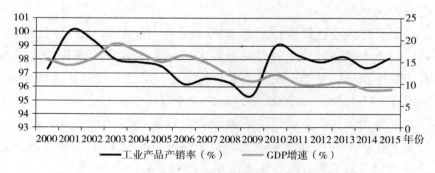

图3—16 深圳市工业产品产销率变动（2000—2015年）

注：工业产品产销率左轴，GDP增速右轴。

作为经济主体，企业的盈利状况牵动着后期企业再生产乃至市场预期的波动。微观层面的企业利润的变化在一定程度上反映宏观

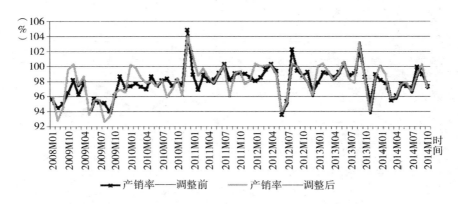

图3—17　深圳市工业产品产销率月度变动及调整图（2008.10—2014.11）

经济的运行状况，因此，加强对规模以上工业企业利润变化的监测，有利于及时掌握宏观经济运行质量及政策调控效果。从图3—18可知，深圳规模以上企业利润总额增速与 GDP 增速基本保持同步，在2003—2009 年，工业企业利润总额增速出现下降趋势，这期间，宏观经济增速也同时放缓；而 2011 年工业企业利润增速之所以有较大幅度的下滑则主要是因为规模以上企业统计范围发生变化，由年主营业务收入为 500 万元以上的工业企业调整为 2000 万元以上的工业企业，2011 年工业企业利润由降转升，企业经营状况改善，深圳宏观经济调控政策效果显现。此外，值得注意的是，相比于利润总额，企业主营活动利润更能直观贴切地反映工业企业的经营效益，这主要是因为该指标是指利润总额扣除营业外净收入、投资收益和其他业务利润等后的剩余部分，直接反映工业生产活动带来的收益，因此，在实际监测中，若数据可得，应直接监测规模以上企业的主营活动利润的变化情况。

　　综上所述，工业企业作为市场经济主体，能快速地感应市场和宏观经济形势的变化，并通过企业经营效益反映出来，因此，加强对规模以上工业企业财务指标的监测和分析，一方面能及时了解工业经济和宏观经济的运行质量，另一方面能把握深圳经济结构调整和产业转型升级的进程。此外，由于企业财务报表一般以季度数据为主，月度数据在特定的月份失真度较高，因此，在实际监测中，

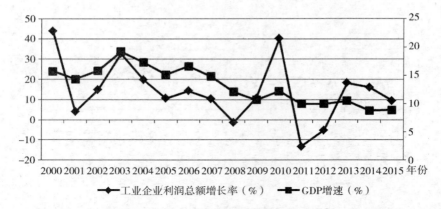

图 3—18　深圳市规模以上工业企业利润总额变动（2000 — 2015 年）

注：工业企业利润总额增长率左轴，GDP 增速右轴。

应主要考虑对季度数据进行监测分析。

中国经济在"新常态"下加快改革步伐，各地经济结构优化升级步伐不断加快，这一系列的部署和调整都将激发经济新活力。因此，通过监测深圳经济活力，也能在一定程度上把握深圳产业转型升级的进程和效果。监测指标体系中的地方公共财政预算收入和支出属财政保障，用于衡量地方政府吸取财政资源与发展地方经济的能力，也是地区发展的经济储备。从图 3—19 可知，在 1996 年之前，深圳财政收入、支出及 GDP 都保持较高的增长速度，1996 年之后，增速显著放缓。此外，深圳财政收入和支出增速表现出明显的滞后特征，滞后时长为一年，这与财政政策时滞特征相吻合。但值得注意的是，自 2007 年以来，深圳财政政策灵活度显著提高，财政收入和支出与 GDP 保持同步变化。

在促进深圳经济转型升级的进程中，金融部门提供了强有力的资金支持，主要表现：宏观层面上，灵活运用多种货币政策支持区域经济发展；微观层面上，通过金融平台和产品拓宽企业融资渠道，满足企业融资需求。金融机构人民币存款和金融机构人民币贷款反映了金融运行活力，从图 3—20 可知，深圳市金融机构人民币存款余额及贷款余额保持高位运行，增长趋向平稳，数量庞大的存款余额为深圳经济社会发展和产业转型升级提供了充裕的资金保证，进

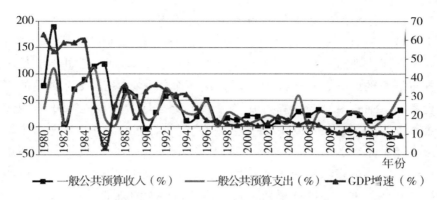

图 3—19 深圳市财政收入、支出与 GDP 变动关系（1980 — 2015 年）

注：财政收入增速、财政支出增速左轴，GDP 增速右轴。

入生产流通环节的贷款资金则为经济的下一轮快速发展提供了强大的金融支持。

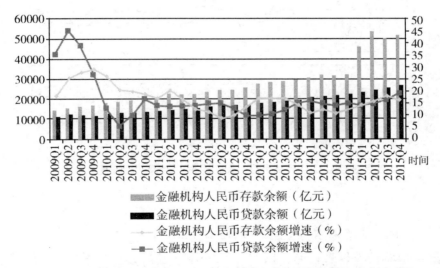

图 3—20 深圳市金融机构人民币存款余额及贷款余额规模、增速季度图

（2009Q1—2015Q4）

注：金融机构人民币存款/贷款余额左轴，金融机构人民币存款/贷款余额增速右轴。

自 2015 年开始，人民币存贷款余额统计口径有变化。

　　从物流角度来看，货运量和集装箱吞吐量作为实物指标，不易出现数据失真，更能如实地反映经济运行状况。其中，货运量能反映地区工农业生产以至整体经济运行状态，集装箱吞吐量则能反映外贸形势的好坏，对于深圳而言，这两个指标表现出较为明显的先行特征。通过观察与计算可知，深圳市货运量增速领先 GDP 增速 3 个季度，相关系数为 0.37，集装箱吞吐量增速领先 GDP 增速 1 个季度，相关系数为 0.54。从图 3—21 可知，自 2010 年以来，深圳市货运量增速下降趋势明显，且集装箱吞吐量增速低位运行，这说明深圳经济已进入深度调整期，未来将面临更大的挑战。

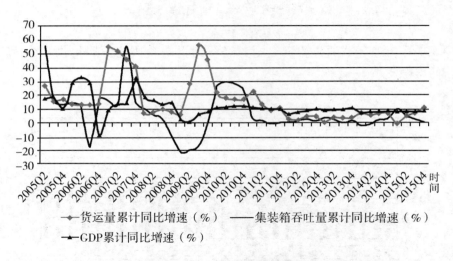

图 3—21　深圳市货运量、集装箱吞吐量与 GDP 的变动关系
（2005Q2—2015Q4）

（四）资源利用与生态环境

　　改革开放以来，深圳以"三来一补"经济为主要发展模式实现经济起飞，快速地实现工业化和城市化，但增长的可持续性正在减弱，现如今，深圳发展面临的"四个难以为继"对经济增长的制约日益严重。因此，在深圳的产业升级优化和经济结构调整的过程中，要尤为注意资源、环境、经济增长的协调性，提高资源利用效率，改善城市生态环境，实现"速度深圳"向"效益深圳"的转变。在监测指标体系中，主要通过工业用电量、用水量和能源消耗量来监测深圳资源利用情况。

工业用电量不仅衡量工业经济电能消耗水平，还能作为经济晴雨表，及时反映工业生产的活跃度及开工率。从图3—22可知，从年度数据来看，深圳工业用电量增速与GDP增长轨迹保持同步变化，且近年来，深圳工业用电量增速起伏波动中总体趋降，这说明深圳经济下行压力不容小觑。对于工业用电量的分析还可扩宽至产业用电结构，产业用电折射结构调整优化，也可以了解工业经济运行的亮点，及时把握产业发展中出现的问题。但在深圳的常规监测中，并没有将该指标纳入，因此，应注重对工业用电量的研判，及时发现苗头性、趋势性问题，并有针对性地采取措施，防止工业运行大起大落，实现平稳增长。

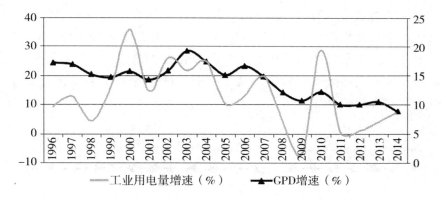

图3—22 深圳市工业用电量增速与GDP的变动关系（1996—2014年）
注：工业用电量增速左轴，GDP增速右轴。

除工业用电量之外，工业用水量和能源消耗量则反映工业经济对水资源和能源的消耗水平，通过监测和分析这两个指标可以了解深圳资源有效利用效率的高低，以及经济发展方式转变的进程。工业用水量和工业用电量一样，带有先行特征，且水资源受限是四个难以为继中的一个，因此，加强对工业用水量的监测有其必要性。深圳产业转型升级的方向是发展"三高一低"的战略性新兴产业，淘汰或改造高能耗产业，通过监测产业间能源消耗水平能直观地反映产业转型升级现状。

产业转型升级和经济结构调整的目的是为了实现经济的可持续增长，而经济可持续增长的最终目的则是使人们过上舒适、体面的生活。随着经济社会的发展，人们对于良好人居环境的要求愈加强烈，其中包括良好的生态环境。良好的生态环境和舒适的社会环境对人才有较强的吸引力，而人才储备又是经济持续发展的长期动力所在，因此，在深圳产业转型升级和经济结构调整过程中，应注重生态环境保护，发展环境友好型经济。从图3—23可知，自20世纪90年代以来，深圳市工业固定废弃物处置利用率一直保持在较高水平，城市生活污水处理率则逐年提高，且自2005年以来，城市生活污水处理的效率明显提高。此外，深圳市2015年空气质量优良天数为340天，从全国来看，处于较高水平，表明深圳市空气质量较好，深圳污染防治措施有力。从图3—24可知，深圳可吸入颗粒物和二氧化硫的浓度自2006年以来稳步下降，空气质量逐年提高。此外，由于可吸入颗粒物和二氧化硫的主要产生途径都是来自于工业排放，以上两种排放物的逐年减少，也能侧面反映出深圳工业低碳化、绿色转型发展成效良好。

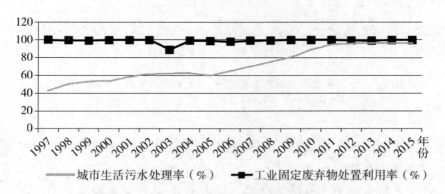

图3—23　深圳城市生活污水处理率和工业固定
废弃物处置利用率（1997—2015年）

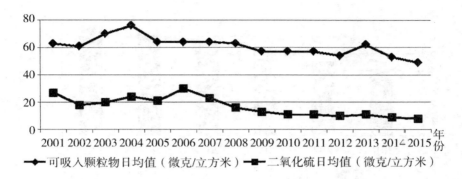

图3—24 深圳市可吸入颗粒物和二氧化硫浓度年平均值（2001—2015年）

（五）基础设施与民生条件

城市基础设施对于城市生存和发展必不可少，基础设施的发展、完善、配套，推动城市经济的发展，促进科学技术的进步，改善人民的生活条件。电信业务量和互联网宽带用户反映城市信息化程度，深圳市从2013年开始对外发布电信业务量数据，2015年深圳电信业务量615.7亿元，增长22.9%（见图3—25）；国际互联网宽带用户逐年增加，截至2015年，达到671.5万户，深圳互联网普及程度较高。近年来，深圳启动"文化强市"战略，为满足多样化的社会需求，不断加大公共文化基础设施建设，成果斐然，自2008年以来，深圳各类文化公共设施，包括群众艺术、文化馆、公共图书馆、博物馆、纪念馆，建设跃上新台阶，截至2015年，总数达到669座（见图3—26）。

每万人拥有医院病床数反映城市医疗供给情况，是一个城市基础医疗水平的主要参考指标。在发达国家，该指标能达到300—600张。就深圳来看，深圳病床数供不应求，截至2015年，每万人拥有医院病床数为28张（见图3—27），相对于1996年，每万人病床数仅仅增长13张，这说明深圳基础医疗建设远远落后于人口的快速增长。

人均道路面积是直接反映城市道路交通出行条件和质量的重要指标，也反映城市道路拥挤程度。国际上现代化城市的人均道路面积标准为12平方米，我国全面小康的目标值也为12平方米，深圳自2006年以来，人均道路面积一直低于12平方米，未达目标值，

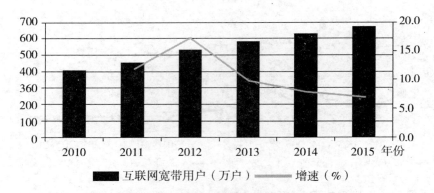

图 3—25　深圳市互联网宽带用户数及增速（2010 —2015 年）

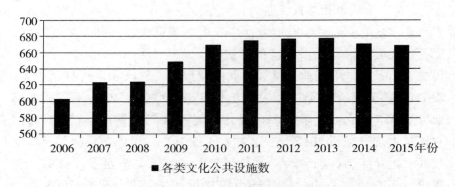

图 3—26　深圳市各类文化供给设施数 （2006—2015 年）

注：2014 年开始对全市基层图书馆进行全面调查，要求提升服务效益，对不符合条件的图书馆进行了关闭，2014 年以后图书馆数量有所下降。

这说明深圳道路交通出行拥堵问题仍有待改善。从该指标来看，深圳应加大对道路基础设施的投入，改善居民出行条件。建成区绿化覆盖率反映城市绿化和生态水平，深圳建成区绿化覆盖率自 2004 年以来一直保持在 45％的水平（见图 3—28），城市绿化程度高，人居环境较好。

民生条件的提高和改善是深圳产业转型升级、经济结构调整的根本出发点和落脚点，是经济和社会发展的最终目标。城镇居民人均可支配收入是衡量地区居民生活水平的基本指标，且在一定程度上反映地区劳动力的数量和质量。一方面，居民收入是城市经济成

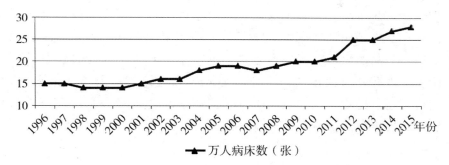

图 3—27　深圳市每万人拥有医院病床数（1996—2015 年）

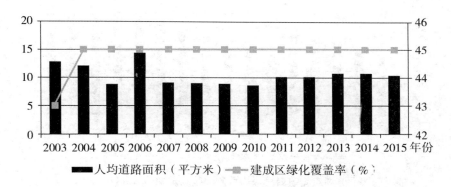

图 3—28　深圳市人均道路面积及建成区绿化覆盖率（2003—2015 年）

果的直接体现；另一方面，居民收入的增加，能扩大市场需求，实现经济良性循环。21 世纪以来，深圳城镇居民人均可支配收入节节攀升，2006 年之前，居民收入实际增速在波动中趋缓，之后，则在波动中趋升，这说明，虽然经济增长放缓，但是居民分享经济成果的力度加大。2015 年，深圳居民人均可支配收入为 44633 元（见图 3—29）。

　　恩格尔系数可以反映居民生活水平高低，也可以从侧面衡量家庭或地区富裕程度。按照国际标准，恩格尔系数大于 60% 为贫穷；50%—60% 为温饱；40%—50% 为小康；30%—40% 属于相对富裕；20%—30% 为富足；20% 以下为极其富裕。从深圳恩格尔系数来看，深圳属于相对富裕的水平，但值得注意的是，在 2000—2003 年，深圳属于富足水平，之后，深圳恩格尔系数呈现不断上升的趋势（见图3—30），说明这期间深圳食品质量提升和食品价格增长较快，居民用于食品的生活负担相对增加，使得生活水平进入提升质量的新阶段。因此，深圳在加快产业转型升级和经济结构调整的进程中，应格外注意提高居民收入水平，并抑制食品物价上升幅度，还需为居民实现更高的生活水平提高保障。

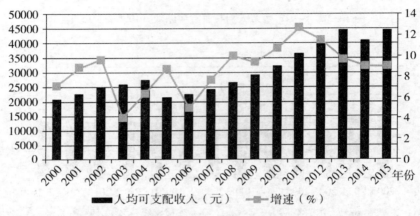

图3—29　深圳市城镇居民人均可支配收入及增速（2000—2015年）

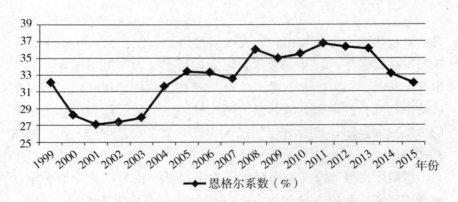

图3—30　深圳市居民恩格尔系数（1999—2015年）

基本社会保险覆盖率是衡量社会保障健全与否、市场经济发育与完善程度的重要标志，该指标反映了社会保障体系对居民的惠及程度。根据国家统计局推出的《全面建设小康社会统计监测方案》中的计算方法，基本社会保险覆盖率＝已参加基本养老保险的人数／应参加基本养老保险人数×50％＋已参加基本医疗保险的人数／应参加基本医疗保险人数×50％。目前，深圳的常规监测中并没有纳入该指标。

二　转型调整监测指标实证分析

在新常态经济下，我国经济发展正从高速增长换挡至中高速增长，经济发展方式则从规模速度型粗放增长转向质量效率型集约增长，经济结构正从增量扩能为主转向调整存量、做优增量并存的深度调整，经济发展驱动力正从投资转向消费、创新。深圳作为我国经济改革的排头兵，在新常态经济的背景下，产业转型升级和经济结构调整的步伐不断加快，经济运行不断涌现出新的特征，这就要求统计服务适应经济新常态，更加注重结构调整，切实反映转型升级成效。因此，本书针对深圳特点，构建"产业转型升级和经济结构调整"监测指标体系，以期能及时把握新常态下深圳经济运行情况和提质增效转型升级的进程，充分发挥统计在政府决策中的参谋助手作用。以下将结合深圳数据从经济结构优化、产业转型升级和创新驱动三个方面进行实证分析。

产业转型升级和经济结构调整必须把经济结构优化作为基础，产业转型升级作为核心，科技创新作为根本动力，进而推动社会转型发展。

（一）经济结构优化

在新常态下，经济结构调整优化是宏观调控政策的核心内容，已成为当前乃至今后经济工作的一条主线。其中，产业结构优化是提高经济资源配置效率的客观要求，是实现经济增长的重要支撑力。对深圳经济结构优化的监测主要从产业结构、需求结构、进出口结构、劳动力结构、收入结构、空间结构、经济发展质量七个方面展开。

深圳的产业结构自改革开放以来就处于动态调整中。深圳发展第三产业具有良好的基础，改革开放初期，其产业结构格局就是以第三产业为主，其次是第一产业，第二产业则相对薄弱。之后，经由"三来一补"加工业起步，深圳第二产业迅速壮大，比重逐步提高，到90年代后期，基本形成第三、第二产业双元并立的格局，第一产业逐步退出历史舞台，这种转变是产业资源配置改善的结果，资本和劳动力从生产率较低的第一产业流向第二、第三产业，加速了深圳的经济增长。深圳再一次的产业结构深度调整出现在2008年之后，受金融危机冲击的影响，深圳外向度较高的制造业抗风险能力弱于第三产业，比重持续下降，而第三产业则逆势蓬勃增长，比重稳步提高，产业结构得到进一步优化（见图3—31）。

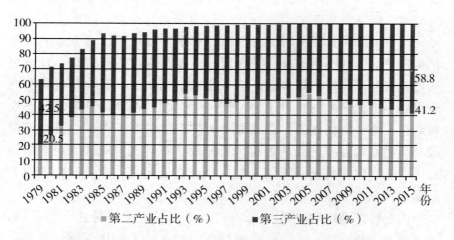

图3—31　深圳市第二、第三产业占GDP比重变动趋势（1979—2015年）

在深圳产业格局趋向优化的过程中，深圳四大支柱产业的比重也总体趋升。2010年，四大支柱产业占GDP比重达60.6%，到2015年上升至63.9%，支柱地位尽显无遗。除文化产业2015年占GDP比重有所下降外，深圳金融业、物流业、高新技术产业占GDP比重自2010年以来都保持稳步上升态势（见图3—32）。

深圳产业结构优化升级的方向之一就是培育和发展战略性新兴产业，随着政府宏观调控政策引导要素投入向这些新兴产业转移，

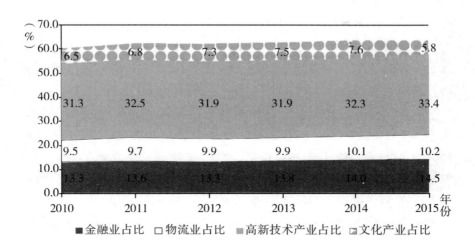

图3—32　深圳市四大支柱产业占 GDP 比重变动趋势（2010 —2015 年）

深圳的战略性新兴产业逐渐崛起。2015 年，深圳市七大战略性新兴产业占 GDP 比重达到 40%（见图 3—33）。其中，新一代信息技术产业和文化创意产业突飞猛进，占 GDP 比重分别达到 45.3% 和 25.1%，深圳"科技兴市"和"文化强市"建设效果显著。

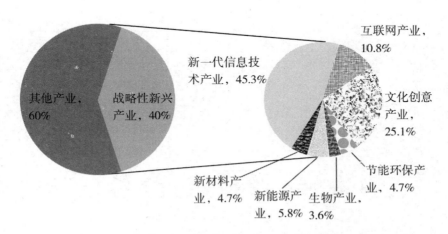

图 3—33　深圳市战略性新兴产业占 GDP 比重（2015 年）

在金融危机之后，深圳的经济进入深度调整期，这期间，经济增速放缓，切换到中高速增长。但从产业结构调整来看，第二、第三产业协调发展，且代表产业方向和现代化水平的第三产业比重稳步提升，四大支柱产业对经济增长的支撑作用不断提高，战略性新兴产业迅速崛起。

需求结构调整优化是经济结构优化的重要组成部分。深圳的需求结构自 20 世纪 90 年代以来大致经历了三个阶段。第一阶段是 1992—2000 年，在此期间，深圳经济增长动力主要来源于投资，但对投资的依赖逐年降低，最终消费率保持在 30% 至 40% 之间，相对较低，但保持逐年上升趋势。第二阶段是 2000—2005 年，这期间，深圳内需开始释放，最终消费率超过投资率，消费需求在转方式、调结构中的作用逐渐显现，但值得注意的是，2005 年，最终消费率大幅下降，而投资率则达到一个小高峰（见图 3—34）。第三阶段是 2005 年以后，这期间，居民消费率回落至 90 年代的水平，通过持续性的刺激计划，最终消费率恢复性上升，但消费需求仍处于较低水平，内需表现不振。此外，由于受资源、空间限制越发严重，深圳基础设施和传统产业投资相对饱和，投资率持续降低，深圳经济增长动力转向主要靠消费和出口拉动。

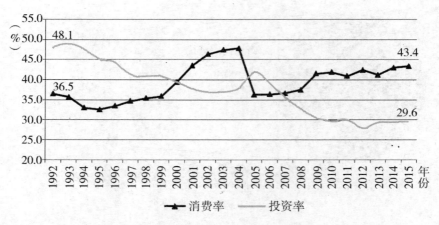

图 3—34   深圳市消费率和投资率变动趋势（1992—2015 年）

此外，从投资构成来看，90 年代初期，深圳经济增长对房地产投资依赖性较强，1994 年房地产开发项目投资额占 GDP 比重大幅下降，经济增长对房地产开发投资的依赖性逐渐降低，自 2002 年以来，该指标的下降趋势愈加明显（见图 3—35），投资结构由以房地产开发项目投资为主转向非房地产开发项目投资为主。

在新常态经济下，消费需求呈现出新的特征，个性化、多样化、创新性消费渐成主流，新兴消费形式不断涌现，消费扩大升级趋势渐显。随着互联网和移动互联网的普及，电子商务作为新兴的消费形式逐渐成为重要的社会商品和服务流通方式，并且对于传统商业而言，这种新业态是其实现转型和升级的契机和跳板。对此种消费新现象的把握，可通过监测"通过互联网实现的商品零售/商品零售总额"指标实现。目前，深圳在月度统计报表中涵盖了该指标，但统计数据未对外发布。

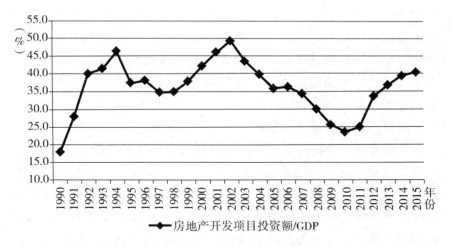

图 3—35　深圳市房地产开发项目投资额占比变动趋势（1990 —2015 年）

深圳自改革开放以来，立足于外向型经济的发展战略，开放程度和国际化程度都相对较高，相应地，深圳外贸依存度保持在较高的水平。但自金融危机之后，外贸需求疲软，深圳转向大力发展内需拉动经济，此后，深圳外贸依存度也随之下降，经济发展对外部经济和市场的依赖性逐渐减弱（见图 3—36）。

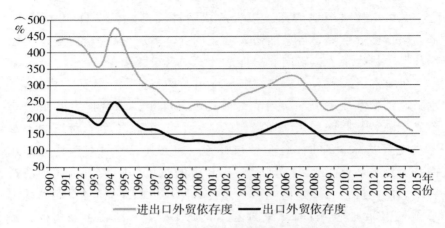

图 3—36   深圳市外贸依存度变动趋势（1990 —2015 年）

在出口贸易结构中，一般出口贸易比重不断提高，这说明深圳逐渐实现自主品牌产品的对外输出，外贸含金量显著提升；高新技术产业出口比重的逐步提高，一方面表明深圳高新技术产品辐射能力和竞争能力不断增强，另一方面则表明深圳自主创新达到较高水平，得到了国际市场的认可。如图 3—37 所示，综合这两个指标，可知深圳外贸出口质量不断提升，出口结构调整优化成效显著。

劳动力结构的提升有利于产业升级和经济结构优化调整，反之，产业升级和经济结构优化又会推动劳动力结构优化。在监测指标体系中，第二产业从业人员和第三产业从业人员的比值反映的是劳动人口在产业间的分布，每万人专业技术人员和人均受教育年限反映劳动力素质和综合能力，城镇调查失业率则反映劳动力就业情况。

深圳的产业发展验证了配第—克拉克定理。随着经济的发展，第一产业国民收入和劳动力的相对比重逐渐下降；第二产业国民收入和劳动力的相对比重上升，经济进一步发展；第三产业国民收入和劳动力的相对比重也开始上升。深圳产业间劳动力的流动自 2005 年开始加速，到 2012 年，第三产业从业人数首次超过第二产业从业人数，产业结构调整升级加速（见图 3—38）。

图 3—37　深圳市一般出口贸易及高新技术产品出口占比变动趋势
（2001—2015 年）

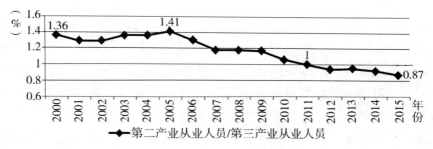

图 3—38　深圳市第二产业与第三产业从业人员比重（2000 —2015 年）

　　深圳每万人专业技术人才数长期以来处于较低水平，且自 2003 年以来一直处于下降趋势，深圳对人才的吸引程度逐渐降低，人才结构并没有随产业转型升级而逐步实现优化。近年来，深圳不断优化人才发展环境，努力创造有利于各类人才发挥作用的体制机制，并积极出台系列政策措施。从 2014 年开始，深圳每万人专业技术人才数呈大幅增长状态（见图 3—39）。此外，2010 年，深圳人均受教育年限达 10.93 年，省内仅次于珠海，全国则次于北京、上海，人口素质相对较高，但离发达国家水平仍有差距。

　　失业率是宏观经济环境中最为敏感的经济指标之一，失业率下降代表经济回暖，失业率上升则代表经济发展低迷甚至衰退。在我

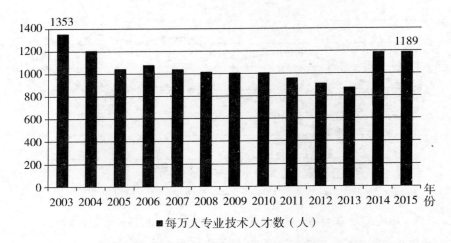

图3—39　深圳市每万人专业技术人才数及变动趋势（2003—2015年）

国，目前尚未将失业率作为常规经济数据编制公布，只有城镇登记失业人数和失业率是我国官方正式公布并予以采信的唯一用来反映我国失业规模和水平的统计指标，但登记失业数据由行政登记获得，无法及时捕捉劳动力市场供求基本形势，不足以反映劳动力市场实际运行状况。在失业率愈加受到关注的现在，失业统计应从登记失业率转向调查失业率，以便及时掌握深圳就业、失业状况，以做出正确的宏观形势判断。从图3—40可知，深圳城镇登记失业率自2001年以来，一直都保持在3%以下，处于较低水平。

经济的均衡增长需要均衡的国民收入分配结构，反之，经济的非均衡增长往往伴随着被扭曲的收入分配结构。

劳动者报酬体现了在国民收入初次分配中劳动要素的所得，深圳市劳动力报酬占GDP比重保持持续上升趋势，2006年为34.6%，到2015年达到49.8%，表明在国民收入初次分配中，逐渐向劳动力倾斜，但相对于发达国家55%—65%的劳动收入占比，深圳的这一比重还相对较低。

城镇居民人均可支配收入反映的是国民收入再分配中居民所得部分，是衡量生活水平和消费能力的重要指标。城镇居民人均可支配收入的不断增加是扩大内需进而推进经济稳定增长的重要保障。

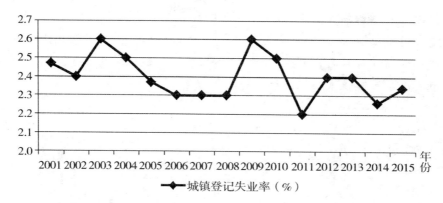

图 3—40　深圳市城镇登记失业率变动图（2001—2015 年）

21 世纪之前，人均可支配收入增速远高于人均 GDP 增速；而进入 21 世纪后，人均 GDP 增速实现反超，居民收入增长并没有跟上增长的脚步，收入分配问题进一步凸显；直到 2008 年，深圳居民可支配收入又超过人均 GDP 增长（见图 3—41），这说明在收入再次分配结构中，居民情况有所改善。

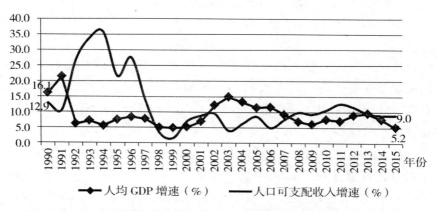

图 3—41　深圳市城镇居民人均可支配收入增速变动趋势（1990—2015 年）

职工平均工资反映职工工资收入水平，是政府制定政策的参考依据，此外，该指标在了解、分析和判断居民收入水平方面发挥着重要作用。近年来，深圳市职工平均工资达到较高水平，但自 2010

年以来，增速陷入低谷，职工工资涨幅缩小（见图3—42），这在一定程度上反映宏观经济形势不如之前。在深圳居民可支配收入增速逐年提高的背景下，职工平均工资增速反而逐年放缓，这说明深圳市居民财产性收入增长提速。

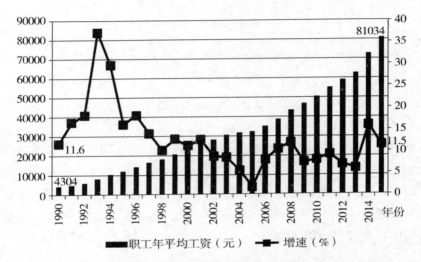

图3—42　深圳市职工年平均工资及增速变动趋势（1990—2015年）

注：从2013年起，职工年平均工资统计口径有变化。

受土地资源限制和产业转型升级要求的影响，深圳近年来加速拓展经济腹地，进一步扩大和提高区域合作，积极探索和创新区域合作方式，以实现区域资源整合，"先富"带动"后富"，区域协同发展。

在监测指标体系中，"深圳各口岸通关人数"指标主要反映深圳与内地和香港交往的密切程度。随着香港与内地的交往不断密切，以及部分省市实行赴港个人游、一签多行政策的推行，深圳口岸人流、物流需求进一步扩大，口岸辐射能力不断提升。2015年全年，经深圳各个口岸出入境人员2.39亿人次，日均65.5万人次，深圳口岸极大地促进了深港两地经济乃至全国社会经济发展。

前海深港现代服务业合作区作为深圳全面深化改革的战略平台，将积极推动深港合作迈入新阶段。根据前海合作区总规可知，前海拟通过现代服务业发展促进产业结构优化升级，提高区域合作水平，打造粤港澳合作新载体，在探索转型升级新路径和合作新模式方面，前海肩负重要历史使命。因此，加强对前海深港合作区的相关监测有助于及时把握前海发展动态，研判产业转型升级和区域合作进程。在监测指标体系中，本书初步选取"前海深港服务合作区注册企业数"指标来反映深港区域合作水平。截至2014 年 12 月 16 日，共有 3032 家企业在前海注册，完成合同利用外资 22.7 亿美元，占全市的 41.4%，引进世界 500 强企业 30 家。此外，共有高达 1021 家港企入驻前海，从该指标来看，前海正在快速集聚资源，发展可期。

建设异地工业园是产业转移和区域合作的主要方式之一。对发达地区而言，通过建设异地工业园能实现低端产业有序转移、腾笼换鸟，降低企业发展成本；对欠发达地区来说，能引进管理、资金、技术、人才和品牌；对区域来说，能实现资源合理配置，市场和发展共享，推进区域经济一体化。在"四个难以为继"压力趋紧的背景下，深圳近几年加快建设异地工业园，加强区域合作，开创珠三角乃至泛珠三角地区的"大深圳制造"格局。目前对外建设的产业转移工业园主要集中在珠三角地区，比如深圳（潮州）产业转移工业园、深圳（河源）产业转移工业园、深圳罗湖（河源源城）产业转移工业园、深圳盐田（东源）产业转移工业园、深圳（汕尾）产业转移工业园等。为全面掌握深圳产业转移情况、区域合作进展以及深企的发展状况，相关部门应加强对异地工业园的监测、统计和分析，以便及时为政府决策提供依据。在本书的监测指标体系中，初步选取了"深圳异地工业园增加值"指标衡量深圳与其他地区区域合作情况。

人均 GDP 是国民财富创造能力的体现，按照世界银行标准，人均 GDP 高于 12616 美元则已进入高收入水平行列，2015 年深圳人均 GDP 达 25365 美元，远远超过这一标准。如图 3—43 所示，自 2009 年以来，深圳经济增长面临较大的下行压力，GDP 增速趋降，但人均 GDP 规模及增速都保持向上攀升态势，这种提升显示了深圳在转型升级与质量的稳定增长、可持续全面发展等方面的成效。

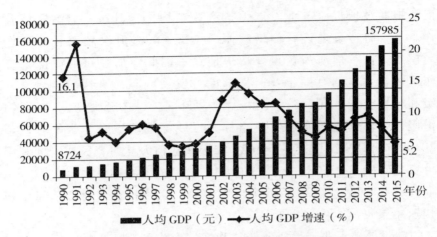

图3—43　深圳市人均GDP和人均GDP增长率变动图（1990—2015年）

　　单位GDP能耗和单位GDP电耗体现地区经济活动对能源的利用程度，反映经济结构和能源利用效率的变化；每平方公里GDP产出反映土地的使用效率，是衡量产值密度和经济发达水平的重要指标，比人均GDP更能反映一个区域的发展和经济集中程度，这三个指标能准确衡量"效益深圳"的转型。面对四个"难以为继"的现实难题，深圳经济发展加速摆脱传统粗放型发展模式，向集约型发展模式转变，以更少的资源消耗和环境代价，取得更高质量的增长，以实现效益优化。从图3—44和3—45可知，深圳单位GDP能耗和电耗自2005年以来一路降低，每单位GDP产出则连年增加，工业企业劳动生产率也不断提高，资源能耗实现双下降，经济效益实现双提高。这种可持续有质量的稳定增长主要归功于深圳产业结构的优化升级，淘汰高耗低端产能，大力发展低耗的战略性新兴产业和服务业，赢得节能减排主动权。

　　（二）产业转型升级

　　产业升级主要包括两个方面内容，一是产业整体结构不断优化调整，即三次产业比重调整优化；二是产业内升级，即产业内不断向附加值较高的价值链攀升，促进工业结构向新型化和高端化发展，服务业向现代化和高效化演变的过程。

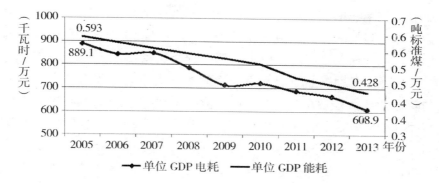

图 3—44 深圳市单位 GDP 电耗和能耗变动趋势图（2005—2013 年）

注：单位 GDP 电耗左轴，单位 GDP 能耗右轴。

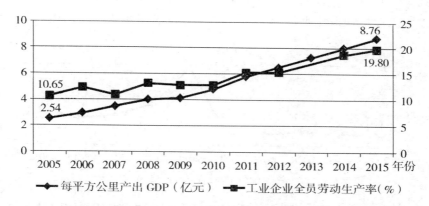

图 3—45 深圳市每平方公里 GDP 产出变动趋势图（2005—2015 年）

注：每平方公里 GDP 产出左轴，工业企业全员劳动生产率能耗右轴。

在监测指标体系中，本书主要选取"规模以上工业企业万元工业增加值能耗降低率"和"先进制造业对规模以上工业增加值贡献率"来反映工业结构内部的升级优化；选取"现代服务业对服务业的贡献率"来反映服务业的演变；选取"电子商务交易额与 GDP 的比率"来反映产业升级进程中新型业态的发展。

深圳工业转型升级的路径主要是逐步淘汰高污染、高耗能的低端制造，升级改造传统优势产业，大力发展高附加值、高技术的先进制造业。从图 3—46 可知，在 2006—2010 年，深圳规模以上工业企业万元工业增加值能耗降低率平稳地保持在 3% 左右，2010 年之后，能耗降低率出现大幅度的提高，2011 年更是达到 24.02%，说明深圳工业绿色转型取得较大进展。此外，由于工业是能源消耗的主要领域，这种工业能源利用效率的提高一方面是来自于高耗产业的转移升级，另一方面则是来自节能技术的进步，这说明深圳工业转型升级成效显著，逐步向高端化、技术化发展。先进制造业是深圳工业转型升级的核心方向，其崛起符合产业由低级向高级演化的规律，也符合政府调整优化产业结构的要求。发展高科技的先进制造业，掌握核心技术，占据制造业制高点，打造先进制造业总部基地，这也是衡量"深圳质量"的重要依据。深圳制造业一直处于较高发展水平，2015 年先进制造业实现增加值 5165.57 亿元，占规模以上工业增加值比重达 76.1%，对工业发展有显著拉动作用。

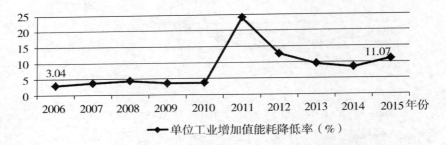

图 3—46　深圳市规模以上工业企业万元工业增加值能耗降低率变动
趋势图（2006—2015 年）

　　产业内优化升级的另一个特征是服务业向现代化、高端化演变发展。具体到深圳，则是大力发展现代服务业和生产性服务业，其中，生产性服务业又是现代服务业的重中之重。在继全球制造业转移之后，现代服务业成为我国承接国际产业转移的新领域，是扩大内源性需求、保持经济平稳较快发展的新增长点。现代服务业是在制造业高度发展的基础上蓬勃兴起的，是产业结构高度化及经济服务化的产物，与传统服务业相比，具有高科技知识、高附加值和技术密集的特点，有力地改善了产业结构，增强了其他产业的合作性服务。发展现代服务业对于深圳产业转型升级和经济结构调整作用重大：一是可降低交易成本，提高经济效率，有利于经济发展方式转变；二是缓解就业压力，提高人民生活水平；三是现代服务业中新兴服务业的兴起，有利于从根本上改变劳动力素质结构；四是有利于优化产业结构，减少对自然资源的依赖，减轻对环境的污染。从深圳现代服务业近三年发展来看，如表3—11所示，可知深圳现代服务业已成为推动深圳服务业的主导力量，占服务业比重基本维持在67%—70%的水平。深圳现代服务业发展过程中，产业链和价值链不断向高端攀升，同时，新业态也不断涌现，如电子商务。深圳作为全国电子商务示范城市，近年来电子商务呈现爆炸式发展，产业规模日趋壮大。2016年上半年，深圳市电子商务交易额达8000亿元，同比增长32%。深圳电子商务的蓬勃发展同时还带动其他新业态的异军突起，如电商物流、跨境电子商务、第三方支付等，深圳电子商务已呈现出规模领先、生态链完整、配套体系完善、产业高度集聚的良好态势，在助推优势传统产业转型升级方面表现优异。

表 3—11　　　　　　　　深圳市现代服务业相关情况

年份	现代服务业增加值（亿元）	增速（%）	现代服务业占服务业比重（%）
2011	4150.31	8.5	67.4
2012	4899.25	11.9	68.0
2013	5492.37	12.6	67.0
2014	6201.06	10.5	67.6
2015	7134.47	11.6	69.3

资料来源：深圳市历年国民经济和社会发展统计公报。

从重点产业来看，四大支柱产业是深圳经济增长的主要推动力，而战略性支柱产业是支撑深圳经济增长的新生力。就深圳来看，其产业结构优化的目标是加快产业转型升级，推动战略性新兴产业规模化、高新技术产业高端化、优势传统产业品牌化，着力打造以"高、新、软、优"为特征的现代产业体系。从深圳近几年的数据来看，深圳经济增长仍主要依靠高新技术产业的增长，高新技术产业占 GDP 比重维持在 30% 以上，且有逐年上升态势。2015 年，四大支柱产业占 GDP 比重达 63.9%，另外，这几年，深圳物流业表现稳定，对经济增长贡献率维持在 10% 左右（见图 3—47）。从战略性新兴产业来看，2015 年，深圳六大战略性新兴产业对经济增长贡献卓著，正逐渐成为深圳经济增长的新引擎。

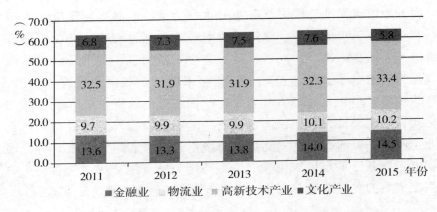

图 3—47　深圳市支柱产业对经济增长贡献（2011—2015 年）

产业集群带来的成本降低、创新等外部经济效益十分显著，从而在产业发展过程中会呈现区位集中的产业集群发展趋势。产业集群具有分工协同、制度协同、集聚协同和竞争协同四个方面的效应，即高度专业化能促进产业收益递增，交易制度优化能提升市场效率，集聚协同带来的外部经济能有效降低行业成本，成本差异创造竞争优势。在监测指标体系中，本书主要从"100 强企业产值占比"、"超千亿元的产业集群个数"、"总部企业数"三个指标出发对深圳产业集聚情况进行监测和分析。

大企业是一个城市经济的"中流砥柱"，百强工业企业则是深圳工业经济发展的主要力量。对深圳百强工业产值占比的分析主要有以下几个方面：一是通过连续性数据观测工业企业的集中度变化及对经济增长的支撑作用的强弱变化，以便反映工业企业的集聚程度，及时发现问题；二是分析百强工业企业的行业属性，百强工业企业的行业属性能反映产业集聚的程度和集聚优势，能直观地反映大企业、大集团的转型升级过程。

总部企业在空间上的集聚发展形成总部经济，总部经济是产业集群发展的必然趋势，其形成和发展有利于促进经济体产业结构的协调化和高度化的重构，在产业升级和发展方式转型中具有突出战略地位。总部经济是国际分工中的高端环节，具有三个方面特征：一是知识含量高，集中了企业价值链中知识含量最高的区段，是知识和信息经济的龙头载体；二是产业关联度好，能实现逐步向第三产业的延展，知识性服务业向一般服务业的延展和扩散；三是集聚扩散效应强，通过"总部—加工基地"模式实现资源要素的整合，带动相关产业升级和扩充，并实现中心城市向周边城市的强力辐射。对于城市发展而言，当今世界一流城市无不经历制造基地向总部基地转型的过程，深圳也不例外。目前，深圳已集聚了一批规模较大、竞争力和自主创新能力较强的总部企业，福田 CBD 已成为深圳主要的总部经济聚集地，深圳总部经济特征日益加强。此外，随着深圳湾超级总部基地及前海合作区规划的深化，深圳总部企业将迎来新一轮的崛起。面对如此态势，深圳统计部门应加快建立和完善总部企业统计分析体系和统计核算制度，以全面掌握总部经济发展状况。在本书的监测指标体系中，则初步选取了"总部企业新增数"来反映深圳总部企业集聚现状。

（三）创新驱动

创新是人类进步和社会经济发展的不竭动力，是经济转型升级的内生动力。经济转型升级本质上就是要实现发展动力由资源驱动或者投资驱动转向创新驱动。只有通过实施创新驱动战略，才能促进高科技产业和新兴产业替代传统产业，提升产业价值链和附加价值，进而实现产业升级优化。深圳作为国家自主创新示范区，一直坚持实施"高端引领、创新驱动"战略，全力推动经济转型，积极构建先进的现代产业体系，现如今已形成较为突出创新型经济特征。为全面、深入把握深圳创新驱动战略发展现状及特征，在监测指标体系中，分别从创新投入、创新成果和创新效率三个方面出发，选取一系列指标进行监测分析。

科技创新的发展离不开资金、技术、人力等相应创新资源的投入。其中，充足的资金和人力的投入是创新实现、创新成果转化为实际生产力的基本保障。科技投入社会化是当代科技创新资源配置的内在要求，对深圳而言，创新投入社会化特征较为突出，全社会研发投入强度稳步提升，2014 年，深圳全社会研发投入占 GDP 比重达 4.0%。此外，从图 3—48 可知，深圳的社会研发投入主要来自规模以上工业企业，且规模以上工业企业研发投入占比一直稳定保持在 90% 以上的水平，这说明深圳已初步形成了以企业为主体的自主创新体系，成长集聚了一大批具有国际竞争力的创新龙头企业。

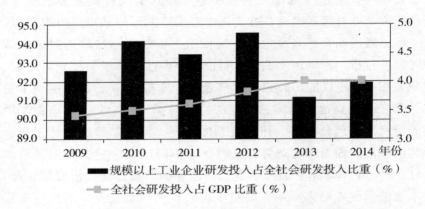

图 3—48　深圳市研发投入占 GDP 比重变动趋势图（2009—2014 年）

创新驱动实质上是人才驱动。企业技术研发人员是知识创新的主体，其创新能力则是企业进行创新活动成败的关键。从图 3—49 可知，深圳市 R&D 人员规模较为庞大。

经过 30 多年的发展，深圳已形成企业为主体、市场为导向、政府为支撑、产学研相结合的技术创新体系。其中，企业技术中心、高等院校和科研机构是科技创新的基础设施，也是承担研发创新的主要载体。企业技术中心是根据企业自身发展需要组建的高层次、高水平的研究开放机构，反映技术市场的发展方向，是企业技术创新体系的核心，是提高自主创新能力、实现技术进步和持续发展的主要依托。企业技术中心的建设和发展，将进一步提高地区企业创

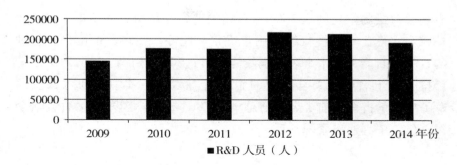

图 3—49　深圳市 R&D 人员规模图（2009—2014 年）

新能力，促进科技成果转化，提升产业核心竞争力。截至 2015 年，深圳市共有国家、省和市级企业技术中心 214 家，其中国家级企业技术中心 20 家，市级技术中心 193 家。加强对这些企业技术中心建设发展状况的监测，能及时动态地统计和分析企业技术中心的运行情况。高水平的高校和科研机构，对高水平的创新人才具有较大吸引力，在争取国家重大科研项目方面也具有较大优势，能有效地提升地区源头创新能力。目前，深圳的高校和科研机构共有 22 家，规模和实力仍较为薄弱，对于适应深圳经济社会发展的需求，以及创新城市建设的需求略显不足。

创新成果是各类创新主体通过创新活动得到的成果，具体包含三个方面：一是创新活动带来的新知识、新技术，如专利等；二是新知识、新技术转化为发展力的能力，比如技术交易等；三是新知识、新技术转变为发展力后所带来的切实的经济效益，如高新技术产业产值等。

每万人专利授权量能衡量国家或地区科研产出能力和市场应用水平。其中，发明专利既是无形的知识财产，又能通过工业生产和制造转化成现实财富，因此，每万人发明专利授权量能直接体现一个地区自主创新功能。从这两个指标来看，近年来，深圳科技创新能力加速提升，具体表现为专利授权的"增量提质"。从图 3—50 可知，深圳每万人专利授权量自 2005 年以来，一直保持快速增长的趋势，至 2015 年，深圳每万人专利授权量高达 49.8 件；每万人发明专利授权量的增长则从 2007 年开始加速，并在随后的年份里一直保持较高水平，专利授权结构逐年优化。此外，在全国范围内，深圳的自主创新能力和水平表现也较为突出，2015 年国内企业 PCT 申请量排名前十名中，来自深圳的企业就有六家，其中深圳六家企业PCT 申请量占全国前十名申请总量的 78.4%，华为以 3538 件高居全国首位，中兴通讯紧随其后。

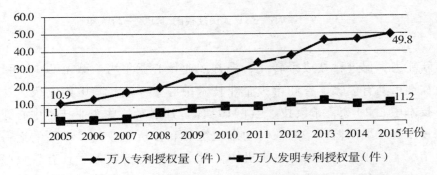

图 3—50　深圳市每万人专利授权量及每万人发明专利授权量变动趋势图
（2005—2015 年）

技术市场是技术转移和科技成果转化的主要渠道，是引入市场机制对科技资源进行优化配置的重要平台，是促进科技与经济紧密结合的桥梁和纽带。大量的科技资源能通过市场机制转移转化，从而形成大量具有国内外领先水平和自主知识产权的高新技术产品，加速高新技术产业化进程，促进传统产业升级和战略性新兴产业发展。随着创新驱动发展战略的深入实施，深圳技术市场呈现出良好增长势头，自 2011 年以来，深圳技术交易总额增长明显加速（见图3—51），技术市场持续繁荣，这说明深圳技术交易和转移工作取得较大进展，自主创新能力和科技成果转化能力不断增强。

高新技术产业化是企业自主创新的重要技术机会和市场机会，也是地区创新成果转化的重要表现。依靠科技创新，能实现高新技术产业大发展，高新技术产业的发展反过来进一步夯实了技术创新的基础。经过多年的发展，深圳高新技术产业发展较为成熟，是深

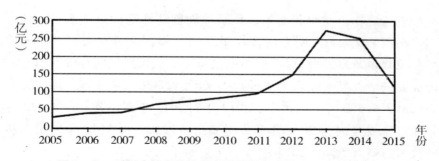

图 3—51　深圳市核定的技术交易总额变动图（2005—2015 年）

注：数据截至 2015 年 1 月 28 日。

圳工业的主要组成部分，其产值占工业总产值的比例逐年稳步提升，至 2015 年，达 65%（见图 3—52）。

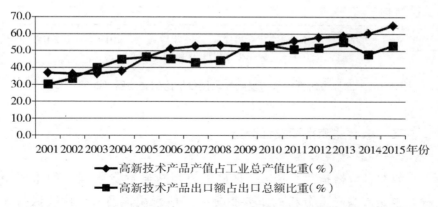

图 3—52　深圳市高新技术产业产值比重变动趋势图（2001—2015 年）

此外，在衡量创新成果时，本书还选取了"工业企业新产品产值率"，该指标是反映企业技术创新程度的重要标志，是指工业企业当年新产品的产值与工业总产值的比值，反映工业生产中，科技成果市场转化能力和企业自主创新能力和活力，进一步来看，该指标还能反映工业产品升级和工业转型升级进程。

创新效率反映创新活动中投入转化为产出的情况，对提高自主创新能力意义重大，监测指标体系中选取"R&D 经费投入与发明专

利授权量之比"这个相对指标反映深圳创新活动的效率水平。其中
"R&D 经费投入与发明专利授权量之比"指标又可称为"单位发明
专利授权量研发经费投入",指的是每一个成果授权的有效发明专利
所需要的研发经费投入。从该指标来看,2009—2012 年,深圳维持
在 300 万—400 万元的水平,2012 年到 2013 年则显著上升到 532 万
元,这主要是因为 2013 年研发经费继续增长,但 2013 年发明专利
的授权量略有下降,2014 年持平(见图 3—53)。

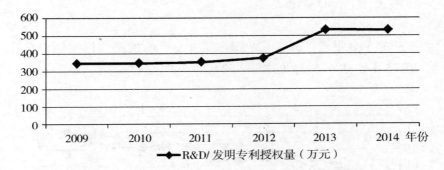

图 3—53　深圳市研发投入与发明专利授权量比例变动图(2009—2014 年)

三　综合监测指标实证分析

(一)区域综合因素

消费者价格指数(CPI)通常作为判断通货膨胀程度的重要指
标,也是宏观经济分析的重要指标。一般来说,当 CPI 持续保持大
于 3% 的增幅时,认为进入通货膨胀区间,持续保持大于 5% 的增速
则表示出现严重的通货膨胀。如果在通货紧缩或者经济低迷时期,
CPI 指数出现升值,这对观察经济企稳回升提供了积极的市场信号。
从经济发展规律来看,经济快速增长也必然伴随着物价指数的提高,
所以说,CPI 上涨是必然的长期趋势,且对于发展中国家,温和的
物价上涨利大于弊。综合深圳的 CPI 指数和 GDP 增速来看,深圳
CPI 指数出现低谷时,GDP 增速也同时进入低谷,但 CPI 进入高峰
时,GDP 增速并不一定出现同样特征,且由于需求疲软,深圳 CPI
保持在 3% 以下;此外,由图 3—54 可知,21 世纪以来,2003—

2006 年是深圳的黄金发展期，表现出低通胀、高增长的特征。

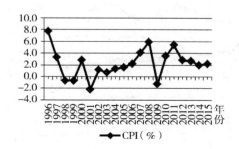 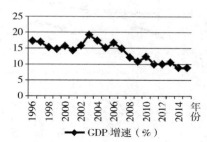

图 3—54　深圳市居民消费价格总指数（CPI）与 GDP 变动趋势图
（1996—2015 年）

　　房地产市场的变动情况与经济稳定增长息息相关，监测指标体系中通过选取住宅销售价格指数来掌握和评估房地产市场的运行情况，以便及时发现问题。住宅销售价格指数主要反映房地产市场价格变动情况，分为新建住宅销售价格指数和二手住宅价格指数，本书选取的是新建住宅销售价格指数。从图 3—55 可知，深圳房地产市场的拐点是 2007 年，1999—2007 年，深圳新建住宅销售价格指数连年攀升，这说明深圳房地产价格不仅持续上涨，而且是加速上涨；2008—2015 年，在国家和省、市政府出台多项房地产调控政策的持续作用下，投资需求受到抑制，住宅价格开始松动，房价上涨势头得到有效遏制，深圳房地产价格进入波动增长期。

　　PPI 是宏观经济运行的先行指标，对于反映当前经济运行和未来经济发展趋势具有较高的可靠性。根据传统价格传导规模，PPI 具有价格先行特征，即宏观经济中的价格波动通常是从上游生产环节的 PPI 向下游消费环节的 CPI 方向传递，因此，PPI 相对于 CPI 反应更加灵敏。从图 3—56 可知，深圳市 PPI 基本保持和 GDP 增长相同的走势，但一直保持低位运行状态，这主要是由于深圳电子产品所占权重较大，由于其更新换代快的特征，导致 PPI 连年下跌。

　　价格指数能够较灵敏地反映市场和经济的变动情况，例如，上述提到的消费者价格指数、新建住宅销售价格指数和工业生产者出

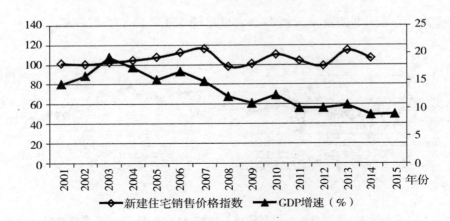

图3—55　深圳市住宅销售价格变动趋势图（2001—2015 年）

注：住宅销售价格指数左轴，GDP 增速右轴。

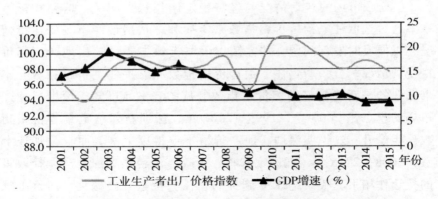

图3—56　深圳市工业生产者出厂价格指数变动趋势图（2001—2015 年）

注：工业生产者出厂价格总指数左轴，GDP 增速右轴。

厂价格指数。在实际工作中，应加强对月度价格数据的监测，提高对经济运行的把握程度，并为政策调整决策及时提供依据。

深圳企业家信心指数属于先行指标，领先 GDP 增速 1 个季度，相关系数为 0.41；企业家景气指数也同样领先 GDP 增速 1 个季度，相关系数为 0.35。企业家信心指数和企业家景气指数运行轨迹趋向一致，能灵敏地反映宏观经济环境的变化。自 2010 年以来，深圳本地企业家对宏观经济环境和生产经营情况的预期趋向消极（见图3—57）。

　　消费者信心指数是宏观景气监测预警系统的重要组成部分，能反映消费者信心强弱变化，是预测经济走势和消费趋势的先行指标。新常态经济下，消费对经济增长驱动力日益增强，消费者信心指数的监测还能记录经济转型的脉络和轨迹，预判宏观经济形势，并在追踪和预判消费数量增长、结构变化等方面获得可靠、实际的数据，为政府和社会各界正确判断经济形势，准确把握宏观调控力度，增强经济工作的预见性、主动性提供参考依据。深圳市早在 2004 年就出台了《深圳市消费者信心指数调查方案》，但至今只有宝安区和罗湖区对外公布消费者信心指数，深圳市整体的消费者信心指数仍无。由于消费者信心指数所具有的时效性强、灵敏度高的良好特征，在新背景下，该指标监测的重要性和必要性日益凸显，因此，统计工作应加强对该指标的调查和监测。

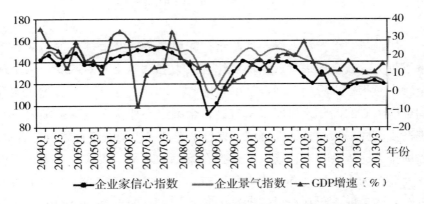

图 3—57　深圳市企业家信心指数与企业景气指数变动趋势图
（2004Q1—2013Q4）

注：企业家信心指数和企业景气指数左轴，GDP 增速右轴。

　　在产业转型升级和经济结构调整过程中，面对经济下行压力，小微企业和产能过剩的传统行业经营困难加剧，资金链趋紧，信用违约风险加大，直观表现为不良贷款余额增加，不良贷款率上升。因此，通过监测不良贷款率的变化，也能从侧面掌控产业转型升级过程中面临的潜在风险。在全国银行不良贷款率连续上升的趋势背景下，深圳银行业表现出截然不同的特征，面对宏观经济增速放缓和结构深度调整，深圳银行业表现优势，不良贷款率自 2012 年以来逐季降低，截至 2014 年第一季度，深圳银行业金融机构不良贷款率为 0.79%（见图 3—58）。

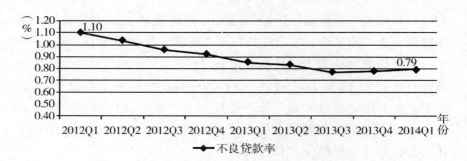

图 3—58　深圳市不良贷款率变动趋势图（2012Q1—2014Q1）

　　从全球城市指数来看，近两年，深圳在全球城市排名中名次保持下滑趋势，就全球来看，深圳的综合实力和竞争力相对减弱。从全球金融中心指数来看，深圳金融中心排名在 2014 年显著上升，这说明深圳金融中心的国际化发展水平较高，金融中心地位在全球范围内得到进一步巩固。从国内的综合城市评价来看，在中国城市竞争力排名中，深圳排名连年上升，连续三年保持在第二的水平，仅次于香港，深圳已发展成为内地最具有竞争力的城市。从阿里研究院发布的中国城市电子商务发展指数来看，深圳名列榜首。就全国来看，深圳电子商务基础好、水平高，对产业集群升级作用大（见表 3—12）。

表 3—12　　　　深圳市在各种相关综合指数中的排名

年份	全球城市指数	全球金融中心指数 （3 月/9 月）	中国城市竞争力	中国城市电子 商务发展指数
2010	62	9/14	4	—
2011	73	15/25	5	—
2012	51	32/32	2	—

续表

年份	全球城市指数	全球金融中心指数 （3月/9月）	中国城市竞争力	中国城市电子 商务发展指数
2013	65	38/27	2	—
2014	73	18/25	2	1

（二）国内综合因素

自 2011 年以来，制造业下行压力趋紧，中国制造业 PMI 指数在荣枯线上徘徊，主要是由于国内制造业瓶颈越发严重，国际需求持续疲软，国内需求不足，导致制造业增长势头疲弱。相对地，我国非制造业发展态势良好，自 2011 年下半年以来，中国非制造业 PMI 指数平稳运行（见图 3—59）。

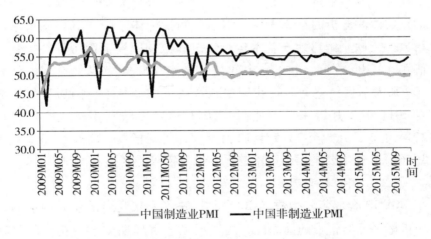

图 3—59　中国 PMI 指数变动趋势图（2009—2015 年）

结合中国制造业 PMI 指数和中国工业增加值来看，可知中国制造业 PMI 指数领先于工业增加值的变化，制造业 PMI 指数大概在 2011 年 7 月份左右发生变化，而工业增加值同比增速在 2012 年 3 月份才出现明显的下降，随后至今，我国工业经济增速显著放缓，但仍然保持平稳运行（见图 3—60）。

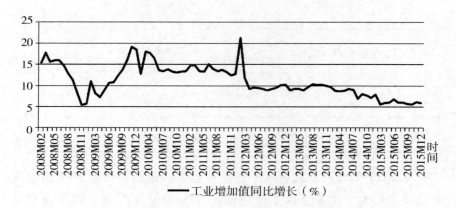

图3—60　中国工业增加值月度变动图（2008.2—2015.12）

房地产是衡量经济发展的晴雨表之一，由于我国房地产产业拉动性强，且与金融市场密不可分，对国民经济影响力较高，是经济运行监测和分析的重要内容。本书监测指标体系中选取"国房景气指数"反映全国房地产基本运行情况和波动幅度。国房景气指数取值在0—200之间，100为中间值，高于100则为景气空间，低于100则为不景气空间。在我国房地产政策的调控下，国房景气指数自2011年2月以来一路走低，2011年开始跌到不景气空间，从2014年6月开始至2015年12月期间，景气指数一直低于95（见图3—61），这主要是因为政策趋严，投资需求受到抑制。

（三）国外综合因素

OECD合成领先指数（CLI）是反映国家宏观经济发展周期的领先指标，具有很强的前瞻性，能够提供经济周期波动转折点的早期信号，一般领先经济产出6—9个月。当领先指标的指数为100时，表示经济将以趋势成长率或以最近数十年的平均水准成长。图3—62显示的是2010—2014年OECD和中国的CLI月度指数。从CLI指数的走势可以看出，OECD经济体自2012年9月以来保持上升趋势，显示出稳定增长动能，经济增长缓慢复苏，而中国CLI指数自2013年9月跌入100以下，且一路走弱，表明我国宏观经济增长动能出现削弱。2014—2015年，经济增速放缓已成必然，这主要是因为目

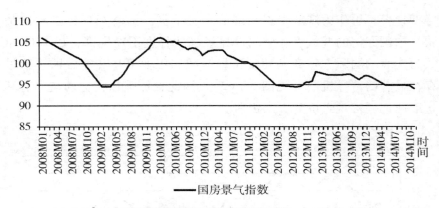

图 3—61　中国国房景气指数变动趋势图（2008.1—2014.10）

前我国宏观经济已进入新常态时期，经济结构的深度调整导致经济增速换挡，但我国 CLI 指数自 2014 年 5 月出现积极变化，CLI 指数触底回升，宏观经济增长动能逐渐恢复。

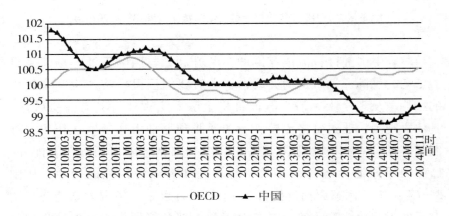

图 3—62　中国和 OECD 合成领先指数变动趋势图（2010.1—2014.11）

CRB 指数是美国商品期货市场价格变化的权威指数，由于该指数包括核心商品的价格波动，因此，总体能反映世界商品的价格波动和宏观经济波动，并在一定程度上反映经济发展趋势。此外，CRB 指数比 CPI 和 PPI 更为敏感和超前，可对通货膨张等经济现象早期预警，可作为观察宏观经济的重要依据。随着全球化进程的加快，中国经济的开放度和融入世界经济的程度不断提高，以 CRB 指数为代表的国际大宗商品期货价格对我国工业 PPI 和能源购进价格存在显著的传导机制（见图 3—63），因此，加强该指标的监测有利于准确把握宏观经济的未来走向。

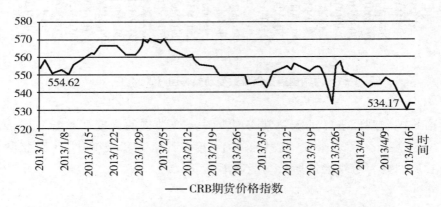

图 3—63　CRB 期货价格指数变动趋势图（2013.1—2013.4）

　　随着中国进口石油依存度的不断升高，与国际石油市场关系日益密切，国际原油价格的波动，将会对我国国民经济产生越来越大的影响。从理论上来看，石油价格上涨对宏观经济具有滞胀效应，具体表现为：通过价格传导机制和通胀预期加大通货膨胀压力，抑制经济增长势头，恶化国际收支状况和加剧金融市场动荡。此外，监测国际原油价格变动还能及时掌握外部经济环境的变化。从图 3—64 可知，国家原油价格自 2014 年 7 月以来，呈现大跌趋势，这对正处于结构调整转型的中国而言是外部利好因素。首先，我国是原油进口大国，油价下跌，能降低原油进口成本，增加原油储备，进一步改善国际收支。其次，得益于中间投入品价格下降的"成本红利"效应，有利于改善企业经营状况，促进居民消费。此外，国际石油价格的下跌还能减轻我国输入型通货膨胀压力。

　　以上通过各个指标对国内外宏观经济运行状态的分析，对深圳市而言，有利于及时掌握外部环境的变化，对于外部利好，抢抓机

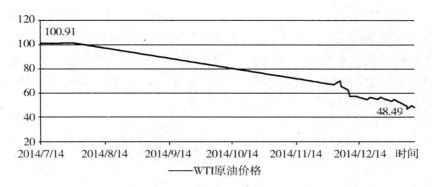

图 3—64 WTI 原油价格指数变动趋势图（2014.7—2014.12）

遇；对于外部恶化，则积极面对挑战，提高宏观决策能力。

第四节 基于季度和月度数据的监测分析

前述监测指标体系涉及 121 个指标，其中大部分指标以年度数据开展监测工作，1 年的时间跨度比较长，对经济社会的监测要一年后才能发挥作用。因此，根据统计工作的特点，选择监测频率比较短的月度和季度指标进行分析，对产业转型升级和经济结构调整发挥必要监测作用。

一 缩减版监测指标体系

基于前述监测指标体系，结合深圳统计数据的现实情况，构建深圳"产业转型升级与经济结构调整"统计监测指标体系的缩减版。从指标个数来说，做到尽量的精简，精简到 44 个指标；从监测的频率上看，选择至少包括季度甚至月度的监测指标；从内容结构上看，包含监测指标体系的核心监测指标，以突出产业转型升级和经济结构调整，并继续关注深圳市转型升级的重点产业，同时也包括直接和间接影响深圳转型发展的国内国际宏观综合指标的监测。

具体地说，缩减版的监测指标体系包括了三个部分，分别是核心监测、重点产业监测和宏观监测。

（1）核心监测，是对经济转型发展基本状况进行的精简的监测。本书主要从内需转型增长、经济协调发展和资源环境可持续三个层次进行，包括规模以上工业企业增加值、民营经济增加值、社会消费品零售总额、第二产业及第三产业从业人员、城市生活污水排放量及处理率等24个指标（见表3—13）。

表 3—13   深圳市经济转型发展核心监测指标

监测功能	指标名称	计量单位	监测频率
内需转型增长	规模以上工业增加值	亿元	月度/季度
	民营经济增加值	亿元	月度/季度
	社会消费品零售总额	亿元	月度/季度
	进口总额	亿元	月度/季度
	出口总额	亿元	月度/季度
	固定资产投资额	亿元	月度/季度
	实际利用外资额	亿美元	月度/季度
	港口集装箱吞吐量	万 TEU	月度/季度
	机场旅客吞吐量	万人次	月度/季度
	公共财政预算收入	亿元	月度/季度
	公共财政预算支出	亿元	月度/季度
产业协调发展	第二产业从业人员数	人	月度/季度
	第三产业从业人员数	人	月度/季度
	新增就业人口	人	月度/季度
	登记失业人口	人	月度/季度
	工业用电量	万千瓦小时	月度/季度
	工业用水量	万吨	月度/季度
	国内金融机构人民币存款	亿元	月度/季度
	国内金融机构人民币贷款	亿元	月度/季度

续表

监测功能	指标名称	计量单位	监测频率
资源环境可持续	城市生活污水排放处理率	%	月度/季度
	二氧化硫排放量	吨	月度/季度
	能源消耗量	吨标准煤	月度/季度
	研究开发经费支出	亿元	月度/季度
	工业高新技术产品产值	亿元	月度/季度

（2）重点产业监测，是深圳"产业转型升级和经济结构调整"的重点监测领域。深圳市的重点产业包括四大支柱产业和七大战略性新兴产业共8个指标（见表3—14）。

（3）宏观监测指标，从影响深圳经济转型发展的国内外各种指标中，选择相对比较综合的重要指标进行观察，以便更好地研判深圳未来的经济形势和发展规律。本书主要从本地宏观形势、国内宏观形势、国际宏观形势三个方面的9个指标加以考察（见表3—15）。

表 3—14　　　深圳市经济转型发展重点产业监测指标

类别	指标名称	计量单位	监测频率
战略性新兴产业	互联网产业增加值	亿元	月度/季度/年度
	生物产业增加值	亿元	月度/季度/年度
	新能源产业增加值	亿元	月度/季度/年度
	节能环保产业增加值	亿元	月度/季度/年度
支柱产业	金融业增加值	亿元	月度/季度/年度
	物流产业增加值	亿元	月度/季度/年度
	文化产业增加值	亿元	月度/季度/年度
	高新技术产业增加值	亿元	月度/季度/年度

表 3—15　　　　　　　深圳市经济转型发展宏观监测指标

类别	指标名称	监测频率
本地宏观	居民家庭消费价格指数（CPI）	月度/季度
	深圳企业家景气指数	季度
	深圳市消费者信心指数	季度
国内宏观	非制造业商务活动指数	月度/季度
	中国制造业商务活动指数	月度/季度
	克强指数	月度/季度
	国房景气指数	月度/季度
国际宏观	国际原油油价	月度/季度
	全球 PMI 指数（系列）	月度/季度

二　部分核心监测指标的月度与季度特征分析

一般而言，对于月度和季度经济指标，由于受到节假日、闰年、交易日、气候等季节因素的影响而不能真实反映经济运行内在趋势，以致给经济增长速度和宏观经济形势的分析造成困难和麻烦。为此，在日常经济分析中必须进行季节调整，以消除季节性波动的影响。季节调整后的数据因其消除季节性因素的影响，可实现不同季度数据（月度数据）的直接比较，也即季调环比，通过季节调整后的环比数据能及时发现经济转折点，敏锐地捕捉经济发展中的新变化，有利于预判经济运行走势和政策制定。

目前，最常使用的季节调整方法有三种，分别是 X-11-ARIMA、X-12-ARIMA 和 TRAMO/SEATS。季节调整模型常用的则是乘法模型和加法模型，其中，乘法模型主要用于呈指数级数增长的序列，而加法模型则主要适用于呈线性增长的数据序列，或者是围绕中值波动的时间序列。以下利用 TRAMO/SEATS 对深圳部分月度指标进行季节调整，以开展季节特征和趋势分析。之所以选择 TRAMO/SEATS 的调整方法，主要是因为利用该法调整后的数据更平滑，并且，在春节因素的调整方面，TRAMO/SEATS 使用更加便捷。在下文中，以_ SA 为结尾的序列名词表示经过季节调整和春节调整后的序列，不包含季节因素、不规则因素、循环因素和春节因素的影响，能真实反映长期趋势的变化；以_ TRD 为结尾的序列名词表示剔除季节因素后的序列，又称为循环趋势序列。

（1）规模以上工业增加值。根据深圳市统计快报（月度）资料整理的数据（2008.3—2014.11）[①]，可以发现以下分析特征：深圳市规模以上工业增加值月度数据波动频率高、幅度大，具有明显的季节特征。从季节图来看，一年中，深圳规模以上工业增加值均值最低出现在 1、2 月份，这主要是受春节假期影响；工厂放假不开工；从 3 月份开始，出现逐月增长趋势；7 月和 10 月出现小低谷，10 月份的小低谷主要是受国庆假期影响，12 月份本应该是峰值，但由于 2011 年 12 月份出现异常值，导致均值出现下降趋势。此外，使用 TRAMO/SEATS 软件程序，可探测到规模以上工业增加值有 4 个由外部冲击造成的异常值（AO），分别为 2011 年 12 月和 2012 年 3 月、9 月、12 月（见图 3—65）。

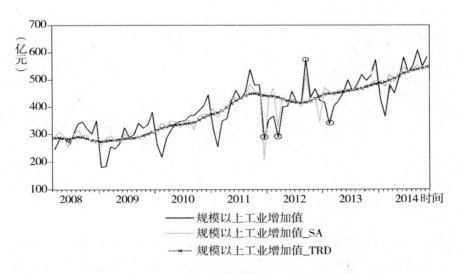

图 3—65　规模以上工业增加值季节调整趋势图（2008.3—2014.11）

---

① 部分月份数据缺失，通过插补法获得。

　　经过季节调整后的深圳规模以上工业增加值序列相对原序列更加平滑,波动幅度和频率都有所下降,通过趋势循环序列很明显地观测到深圳工业经济的走势。深圳规模以上工业增加值自2009年以来基本保持稳定增长趋势,其中,在2011—2012年期间出现小幅波动,即从2011年9月开始,深圳规模以上工业增加值出现下滑,直到2012年8月触底回升,继续向上攀升,若没有大的政策调整,在排除季节因素干扰情况下,规模以上工业增加值的月平均增速为1.03%,年平均增速在12%左右,与2009年至2011年初期间的年平均增速20%相比,回落8个百分点(见图3—66),反映了2011年的经济调整(转型升级)使工业增加值增速进入一个"新常态"。

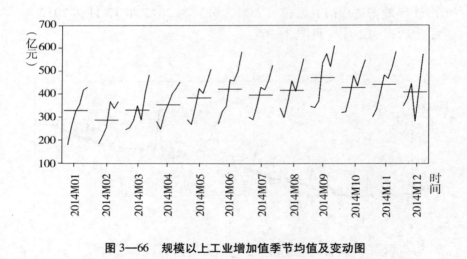

图3—66　规模以上工业增加值季节均值及变动图

　　(2)社会消费品零售总额。根据深圳统计快报(月报)数据进行季节调整,得出如下结果。从原始序列来看,深圳社会消费品零售总额整体表现出波动增长的特征,且波动幅度逐渐扩大,季节性明显。从季节图来看,深圳社会消费品零售总额3月均值最低,之后保持上升趋势,10月达到小峰值,1月则达到全年最高峰,之后开始下降。这说明深圳零售市场旺季主要出现在下半年和年前,国庆和春节期间表现尤为活跃。此外，深圳社会消费品零售总额在2009年10月和2011年2月出现外部冲击造成的异常值（见图3—67）。在剔除了季节性因素和不规则因素之后，深圳社会消费品零售总额表现出线性增长趋势，逐月稳定攀升（见图3—68）。

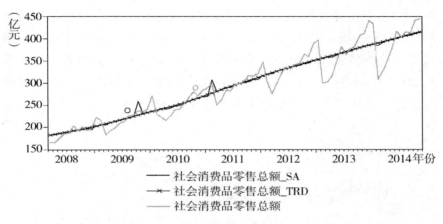

图3—67　社会消费品零售总额季节调整趋势图（2008.3—2014.11）

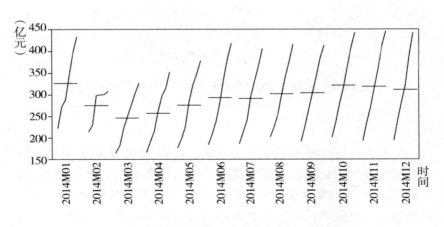

图3—68　社会消费品零售总额季节均值及变动图

（3）固定资产投资额。从构成来看，固定资产投资额包括房地产开发投资和非房地产开发投资两个指标，根据深圳统计快报（月报）数据，深圳房地产开发项目投资和非房地产开发项目投资季节波动较大，尤其自 2011 年后，波动更为剧烈，这主要是受房地产调控政策的影响。经过季节调整后，两个指标的走势平滑许多（见图3—69）。值得注意的是，2011 年 4 月是深圳固定资产投资结构变化的转折点，房地产开发项目的投资开始让位于非房地产开发项目的投资，这个转变并非短期的水平变化，而是个相对长期的变化。截至 2014 年 11 月，房地产开发项目投资仍弱于非房地产开发项目投资，深圳房地产调控政策效果显现（见图3—70）。

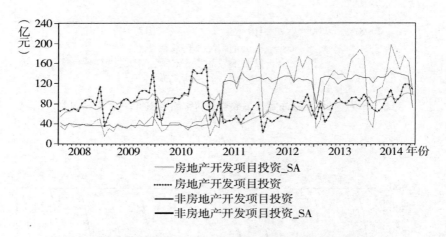

图 3—69　房地产与非房地产开发项目投资季节调整趋势图

（2008. 3—2014. 11）

从两个指标的循环趋势序列来看，自 2011 年 4 月深圳固定资产投资结构发生变化之后，深圳房地产项目投资规模虽然下降到低位，但增长加速，且增速显然快于非房地产项目投资的增速，两者差距逐渐缩小，这说明深圳房地产调控政策在近两年有所松动。

（4）出口额也表现出明显的季节特征，且出口旺季主要集中在下半年，一般 12 月达到峰值，2 月则是低谷，这说明春节因素也在影响出口额。通过对季节因素和春节因素的调整，可看出深圳出口

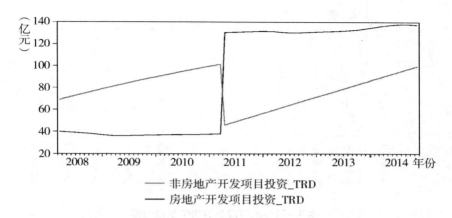

图 3—70　房地产与非房地产开发项目投资趋势循环图（2008.3—2014.11）

额序列相比原始序列平滑，波动频率和幅度都大幅缩小（见图 3—71）。另外，深圳出口额在 2013 年 3 月出现暂时变化（TC）的异常值，即突然偏离趋势值，之后回归。所以若仅从 2013 年头 3 个月的出口数据来看，深圳对外出口出现回暖，其实，扣除掉季节性因素和其他外部影响，并结合之后的数据看，2013 年深圳外贸出口形势依然较为严峻。实际上，从深圳出口额循环趋势数据来看，2013 年外贸出口经历连续 8 个月的下滑，才开始恢复性增长。

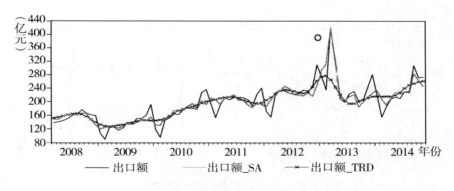

图 3—71　出口额季节调整趋势图（2008.3—2014.11）

（5）港口集装箱吞吐量也表现出明显的季节特征，从其季节图来

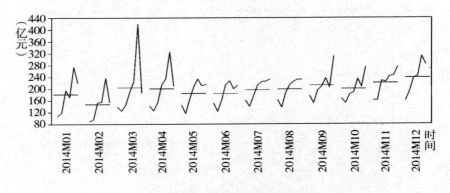

图3—72   出口额季节均值及变动图

看，一年之中，2月份是最淡月，之后，港口集装箱吞吐量逐月增加，8月达到高峰点，之后，逐月下降，到了1月则出现小高峰，因此整体来讲，对于港口集装箱吞吐量，1月、8月是旺月，2月则是最淡月。港口集装箱吞吐量相对前面分析的其他指标，异常值较少，只在2013年2月受到外部冲击，造成出现异常值（见图3—73）。从趋势循环序列来看，自2009年6月，深圳港口集装箱吞吐量企稳回升；经过一年的快速增长，从2010年6月开始到2014年3月，深圳港口集装箱水平运行，4月份开始恢复性增长（见图3—73）。

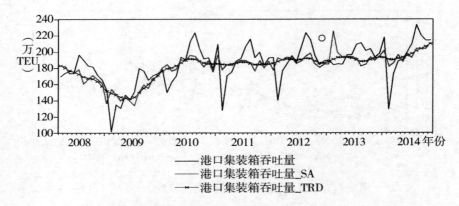

———港口集装箱吞吐量
———港口集装箱吞吐量_SA
—▪—港口集装箱吞吐量_TRD

图3—73   港口集装箱吞吐量季节调整趋势图（2008.3—2014.11）

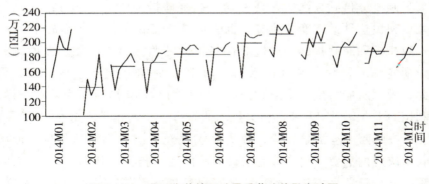

图 3—74　港口集装箱吞吐量季节均值及变动图

此外，以金融机构人民币贷款余额指标衍生而来的新增贷款对宏观经济的变动反应更加敏感。新增贷款＝本期金融机构人民币贷款余额-上期末人民币贷款余额，从图 3—75 可知，深圳市新增贷款具有明显的季度特征，新增贷款高峰期一般为第一季度，低谷期则为第三季度。近年来，深圳新增贷款在波动中缓慢增长，企业需求疲软。

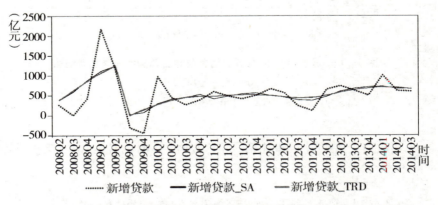

图 3—75　深圳市新增贷款季节调整趋势图 （2008Q2—2014Q3）

三　部分监测指标变动规律与相互关系的分析

宏观经济运行中总是会产生波动，这种波动是一种周期性的由萧条到复苏再到高涨的循环变动。在统计指标中，有部分统计指标能反映出这种经济变动轨迹，也就是在景气指数中所说的先行指标、一致指标和滞后指标，通过对这些指标的监测分析，能够及时预判短期经济运行状况和经济动态。由于深圳 GDP 只有季度统计，因此，根据所能得到的季度数据①，下文将以 GDP 增速作为基准指标，利用时差相关法②来考察相关指标的先行、一致和滞后属性。

按照西方经济学理论，收入是宏观经济的典型滞后指标，而由收入决定的消费，也应该是宏观经济的滞后指标。从图 3—76 可知，深圳社会消费品零售总额确实属于滞后指标，滞后时差为 1 个季度，相关系数③为 0. 368。

图 3—76　深圳市 GDP 与社会消费品零售总额增速季度变动图
（2008Q1—2014Q2）

注：以上增速为名义增速，且经过季节调整。

就政府宏观调控政策来看，消费和出口的调控影响周期长，而

---

① 本小节中价值量指标所用季度增速全部为名义增速，且经过季度调整。

② 时差相关分析法是利用相关系数检验经济时间序列先行、一致和滞后关系的一种常用方法，在确定基准指标后，以基本指标不动，计算其他分析指标与基准指标的滞后（提前）数期（月度或者季度）的相关系数，并根据最大相关系数确定分析指标的先行、一致和滞后属性。

③ 相关系数能反映两个变量之间相关关系的密切程度。相关系数若为正，说明一变量随另一变量增减而增减，方向相同；若为负，表示一变量增加，另一变量减少，即方向相反；其绝对值越大表明相关性越强。

扩大投资的刺激性效应时效短、效应大，因此，在经济周期出现周期波动时，投资就成为政府调控宏观经济的主要手段，所以，固定资产投资有时会表现出超前效应。从深圳的数据来看，固定资产投资增速领先 GDP 增速 3 个季度，相关系数为 0.34，且固定资产投资季节波动性较大，第四季度为投资旺季，第一季度则为投资淡季（见图 3—77）。

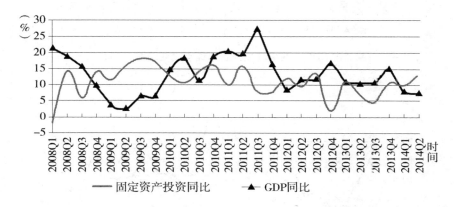

图 3—77 深圳市 GDP 与固定资产投资增速季度变动图（2008Q1—2014Q2）

实际利用外资也是个领先指标。深圳市实际利用外资增速相较于 GDP 增速，波动幅度较大，且领先于 GDP 增速 2 个季度，相关系数为 0.37；实际利用外资的季节性也很明显，其中第三季度是吸引外资的旺季，第一季度则是淡季（见图 3—78）。

从外贸方面的指标来看，深圳市出口额与经济波动表现出一致特征，属于一致指标，这主要是因为深圳外向度较高，属于出口导向型经济体，出口额的变动对经济影响较大。此外，出口额增速与 GDP 增速具有较高的相关性，相关系数为 0.53，且第四季度为出口旺季，第一季度为出口淡季（见图 3—79）。

从进口额来看，深圳进口额滞后 GDP 增速 1 个季度，相关系数为 0.54，且第四季度为进口旺季，第一季度为进口淡季（见图 3—80）。

货运量和港口集装箱吞吐量一般被认为是先行指标，其中，港

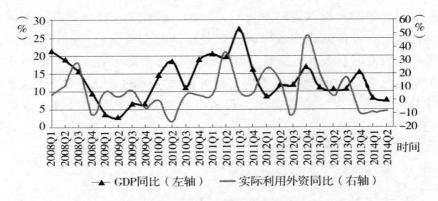

图 3—78　深圳市 GDP 与实际利用外资增速季度变动图（2008Q1—2014Q2）

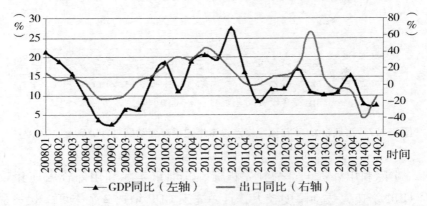

图 3—79　深圳市 GDP 与出口增速季节变动对比图（2008Q1—2014Q2）

注：以上增速为名义增速，且经过季节调整。

　　口吞吐量被认为是外贸经济的"晴雨表"之一，能及时反映外贸形势的变动。通过季度数据分析与计算可知，深圳市货运量增速领先GDP 增速 3 个季度，相关系数为 0.37；集装箱吞吐量增速领先 GDP 增速 1 个季度，相关系数为 0.54。从图 3—81 可知，自 2010 年以来，深圳市货运量增速下降趋势明显，且集装箱吞吐量增速低位运行，这说明深圳经济已进入深度调整期，未来将面临更大的挑战。

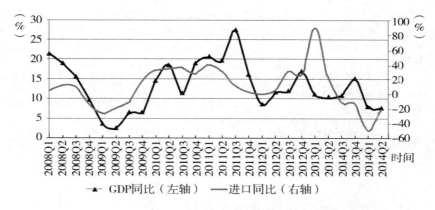

图3—80　深圳市 GDP 与进口额增速季度变动图（2008Q1—2014Q2）

注：以上增速为名义增速，且经过季节调整。

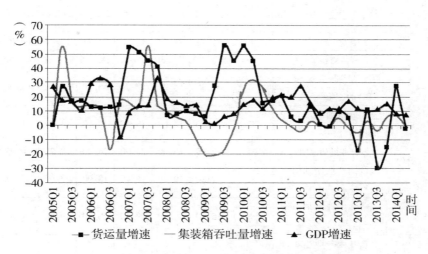

图3—81　深圳市货运量、集装箱吞吐量与 GDP 的变动关系

（2005Q1—2014Q3）

第五节　产业转型升级及经济结构调整
评价指标（2008—2013 年）

产业转型升级经济结构调整评价指标如表3—16 所示。

表 3—16　　　　　产业转型升级及经济结构调整评价指标

二级指标	三级指标	计量单位	2008 年	2009 年	2010 年	2011 年	2012 年	2013 年
经济增长	人均 GDP 增长率	%	9.38	0.86	12.06	17.10	11.62	11.12
	地方公共财政预算收入增长率	%	21.60	10.10	25.70	21.00	10.60	16.80
	进出口总额增长率	%	4.30	-9.93	28.40	19.40	12.74	15.10
	固定资产投资增长率	%	9.10	16.50	13.80	6.00	6.50	9.47
	社会消费品零售总额增长率	%	17.90	12.80	16.90	17.30	22.46	10.60
结构优化	最终消费占 GDP 比重	%	37.50	41.30	41.50	41.00	42.50	41.40
	单位 GDP 能源消耗降低率	%	-2.90	-2.76	-2.94	-4.39	-4.51	-5.12
	每平方公里 GDP 产出	万元/平方公里	389.92	410.68	479.80	576.14	648.48	726.10
	全社会劳动生产率	万元/人	11.71	11.67	12.93	15.11	16.86	17.36
	工业经济效益综合指数	%	188.30	179.30	204.45	185.76	187.10	217.50
产业升级	第三产业增加值占 GDP 的比重	%	50.30	53.20	52.70	53.50	55.60	56.54
	金融业增加值占 GDP 的比重	%	12.50	13.50	13.60	13.60	13.30	13.85
	生物产业增加值增长率	%	12.00	15.00	23.90	24.00	17.20	11.30
	互联网产业增加值增长率	%	17.00	19.00	16.70	18.90	22.60	28.20
	新能源产业增加值增长率	%	15.00	16.00	29.10	20.70	19.80	14.10
创新驱动	高新技术产业当年价总产值占工业总产值的比重	%	53.49	53.75	53.90	53.49	57.97	58.78
	自主知识产权的高新技术产品产值占全部高新技术产品产值比重	%	59.10	59.50	60.10	60.80	61.00	61.20
	R&D 经费支出占主营业务收入的比重	%	1.62	1.99	1.64	2.20	2.39	2.71
	企业 R&D 人员数	人	114195	113732	151426	145105	182729	172522
	发明专利授权数	件	5409	8132	9615	11826	13068	10987

续表

二级指标	三级指标	计量单位	2008 年	2009 年	2010 年	2011 年	2012 年	2013 年
环境可持续	可吸入颗粒物年平均值	mg/m³	0.06	0.06	0.06	0.06	0.05	0.06
	二氧化硫排放量	万吨	3.38	3.19	3.26	0.95	0.98	0.82
	城市生活污水处理率	%	75.03	80.17	88.81	93.97	96.00	96.22
	绿化覆盖面积	公顷	97605.0	97598.0	97592.0	97575.0	97670.0	93635.0
	工业固体废弃物综合利用率	%	99.14	99.89	99.82	99.81	99.16	98.94
民生改善	人均社会保障与就业支出	元/人	397.2	425.4	470.6	498.0	635.5	741.4
	每万人拥有医院病床数	张/万人	19.32	19.97	20.41	21.33	24.77	25.48
	恩格尔系数	%	36.00	35.00	35.50	36.70	36.30	36.10
	城镇居民人均可支配收入	元/人	26729.0	29245.0	32381.0	36505.0	40742.0	44653.0
	教育支出	万元	1030900.0	1366266.0	1524955.0	1967928.0	2461343.0	2877280.0

资料来源：根据 GDP 与年社会劳动者人数之比计算。

第四章

深圳市统计评价指标体系

　　习近平总书记于 2014 年 5 月和 7 月先后两次提出"新常态"这一重大理论概念，指出我国发展仍处于重要战略机遇期，要正确认识我国经济发展的阶段性特征，进一步增强信心，适应新常态，保持战略上的平常心态。所谓新常态，是指中国经济在经历了 30 多年的高速增长之后，支撑发展的各方面条件都在改变，潜在增长率也趋于下降，传统的粗放式增长模式难以为继，中国经济必须适应新情况、新变化，在新的环境中、新的平台上实现新的均衡，以适宜的速度、适当的方式、更高的效率、更好的质量，继续保持健康、平稳的发展状态。

　　从阶段性特征来看，我国经济正处于经济增长速度换挡期、结构调整阵痛期、前期刺激政策消化期"三期叠加"这一新的发展阶段，经济增速换挡已是大势所趋。为实现稳增长、保民生、调结构、促发展的目标，中央及各级地方政府已出台多项措施以促进产业转型升级与经济结构调整，并初步实现了发展目标。然而，目前我国对于经济转型的研究主要集中在理论方面，如经济增长方式与经济发展方式的区别、经济发展方式转变的本质和含义、经济发展方式转变的具体做法等问题的探讨，而缺乏对转型实践、转型效果的评价研究，产业转型升级与经济结构调整的评价体系研究亟待加强。为此，结合我国经济转型的影响因素分析，通过构建评价指标体系和指数体系，对我国部分大城市产业转型升级与经济结构调整的成效进行了全方位的评估。

第一节　构建统计评价指标体系的思路

一　影响产业转型升级与经济结构调整的因素

（一）经济增长

经济增长是衡量经济发展的主要指标，是国力增强和人民生活水平提高的重要体现，也是宏观调控的首要目标。

经济增长是产业转型升级与经济结构调整的基础，也是目标。经济增长对结构调整的影响可分为以下四类：一是综合性的影响，综合反映调查期内经济增长的成果，典型指标有 GDP 等总量指标；二是进出口的影响，反映了产业及经济结构调整对外贸的影响；三是投资方面的影响，主要考虑对于固定资产投资的影响；四是调查期内居民消费水平的变动。上述四个方面反映了经济增长中 GDP 总量以及进出口、投资、消费等方面对结构调整的影响，较好地衡量了结构调整过程及其变化。

（二）结构优化

结构优化是产业转型升级与经济结构调整的主要目标。所谓结构优化是指通过产业调整，使各产业实现协调发展，并满足社会不断增长的需求的过程中合理化和高级化。结构优化主要依据产业技术经济关联的客观比例关系，遵循再生产过程比例性需求，促进国民经济各产业间的协调发展，使各产业发展与整个国民经济发展相适应。

此处所提及的结构优化是广义的，涉及诸如产业结构、投资结构、消费结构及贸易结构等方面的优化。为反映经济结构调整对上述几方面的优化效果，可从商品销售总额、固定资产投资额等与 GDP 的比重变化来衡量。另外，结构优化的最终目标是使用最少的资源和能源，达到获得最大的经济效益的目的，即获得最大的投入产出比。因此，还可从能源、土地等投入要素的产出效率来反映结构优化所带来的投入产出比提高。

（三）产业升级

所谓产业升级，主要是指产业结构的改善和产业素质与效率的提高。简单地说，产业升级就是从目前的产业结构升级转移到利润更大更赚钱的产业结构，比如从传统的制造业发展为高技术企业。

就目前我国的经济结构而言，仍然存在很多产能过剩的行业，如钢铁、化工等行业，拉低了社会的生产效率。为实现从粗放式增长向集约式增长的转型，必须要大力扶持、重点发展战略性新兴产业，主要包括节能环保、新兴信息产业、生物产业、新能源、新能源汽车、高端装备制造业和新材料七大领域，这些新兴产业的发展将是对冲经济下行压力、实现"稳增长"的引擎。

产业升级的表现可从产业的协调发展和结构的提升来反映，具体指标包括三大产业的结构比重变化，还可进一步细分衡量如高端制造业、生产性服务业等战略性新兴产业的发展情况。

（四）创新驱动

创新的形成和扩散是经济增长的发动机，同时也是区域间经济增长和发展不平衡的一个重要原因。当前"中国制造"已全球闻名，但要想实现从"中国制造"到"中国创造"的发展，就必须重视培养创新能力，走自主创新之路。

创新驱动可从创新投入及创新产出两方面反映，投入方面包括全社会的研发投入、科研及教育经费在财政支出中的占比等指标，而产出可从高新技术产业的产值增长及发明专利的数量增长来体现。综合两方面因素的考量，将能综合全面地对地区乃至国家的创新发展做出客观评价。

（五）环境可持续

可持续发展是指既满足当代人的需求又不损害后代人满足需要的能力的发展。换句话说，就是指经济、社会、资源和环境保护协调发展，它们是一个密不可分的系统，既要达到发展经济的目的，又要保护好人类赖以生存的大气、淡水、海洋、土地和森林等自然资源和环境，使子孙后代能够永续发展和安居乐业。

在产业转型升级和经济结构调整的背景下，要实现可持续发展，经济建设和社会发展就必须与自然承载能力相协调。要把资源节约作为基本国策，发展循环经济，保持生态环境，加快建设资源节约型、环境友好型社会。指标上可采用废气排放量、绿化覆盖面积等衡量环境质量的指标。另外，为反映资源节约及循环经济的成果，还有必要从污水回收处理、垃圾回收利用等方面加以考虑。

（六）民生改善

民生是和谐社会之基，科学发展之要。民生连着民心，民生关系发展。保障和改善民生既是加强社会建设的重要内容，又是推进社会公平正义、促进社会和谐的重要基础。

民生问题关系老百姓切身利益，只有协调好各方面的利益关系，让所有人过上体面的生活，让所有人对政府产生极大的信任，对未来抱有真实的期待，才能实现社会的安定团结和有序运行，社会和谐方能实现经济与社会的发展。为反映民生民情，应从社保、就业、居民收入以及科教文卫事业等方面综合考量，真实反映人民群众最关心最现实的问题，才能为实现学有所教、劳有所得、病有所医、老有所养、住有所居的目标提供有效信息。

二 评价指标体系构建原则

（1）简明客观性：指标选取根据经济发展方式转变需要，结合数据可得性，精选重要指标。全部支撑数据均来自北京、上海、广州、深圳、天津、苏州城市的统计年鉴及各市统计局网站。

（2）系统全面性：指标体系以结构化方式体现发展方式转变，注重指标之间的内在逻辑关系，发展动因、过程、结果均可在指标体系中得到体现。指标体系结构及部分指标在参考其他指标体系的基础上按照相关理论重新设计，赋予更符合需要的内在意义，指标解释能力更强。

（3）动态可比性：指标体系要有时间可比性，保证指数可动态评估，并且也可以应用于区域间的横向对比，反映区域经济转型发展的差别。基础数据容易取得，能保证数据真实、连续，能较满意地反映所要衡量的领域。

第二节　统计评价指标体系的具体设计

一　评价指标体系

基于上述影响产业转型升级与经济结构调整的因素分析，结合产业转型发展阶段特点，着力反映深圳市产业转型发展情况，产业转型升级与经济结构调整的评价指标体系由综合指数（一级指标）、二级指标和三级指标三个层次的指标体系来体现；二级指标通过经济增长、结构优化、产业升级、创新驱动、环境可持续、民生改善六个方面来考察其综合发展情况；三级指标即为具体指标，需结合深圳经济发展的具体情况及数据的可得性筛选出来。

指标体系从时间上的纵向和地域上的横向两个角度评价深圳产业转型升级效果，从经济增长、结构优化、产业升级、创新驱动、环境可持续、民生改善六个方面入手，结合数据的可获得性，对30个有代表性的指标予以重点关注，并在此基础上根据城际间横向分析的需要，寻找可比性、通用性强的指标予以补充调整，以反映深圳市在产业转型发展中时间上、城际间的优势与不足，进一步充实评价指标体系（见表4—1）。

表 4—1　　深圳产业转型升级与经济结构调整评价指标体系

二级指标	序号	三级指标（纵向比较）	三级指标（横向比较）
经济增长	1	人均 GDP 增长率	GDP
	2	地方公共财政预算收入增长率	地方公共财政预算收入
	3	进出口总额增长率	进出口总额
	4	固定资产投资增长率	固定资产投资额
	5	社会消费品零售总额增长率	社会消费品零售总额

续表

二级指标	序号	三级指标（纵向比较）	三级指标（横向比较）
结构优化	6	最终消费占 GDP 比重	居民消费占 GDP 的比重
	7	单位 GDP 能源消耗降低率	单位 GDP 能源消耗降低率
	8	每平方公里 GDP 产出	每平方公里 GDP 产出
	9	全社会劳动生产率（GDP 与年平均从业人员之比）	全社会劳动生产率（GDP 与年平均从业人员之比）
	10	工业经济效益综合指数	工业经济效益综合指数
产业升级	11	第三产业增加值占 GDP 的比重	第三产业增加值占 GDP 的比重
	12	金融业增加值占 GDP 的比重	金融业增加值占 GDP 的比重
	13	生物产业增加值增长率	战略性新兴产业占 GDP 的比重
	14	互联网产业增加值增长率	
	15	新能源产业增加值增长率	
创新驱动	16	高新技术产业总产值占工业总产值的比重	高新产品出口额占总出口额的比重
	17	自主知识产权的高新技术产品产值占全部高新技术产品产值比重	全社会研发投入占 GDP 比重
	18	R&D 经费支出占主营业务收入的比重	高新技术产业总产值占工业总产值的比重
	19	企业 R&D 人员数	R&D 人员全时当量
	20	发明专利授权数	发明专利授权数
环境可持续	21	可吸入颗粒物年平均值	环境空气质量达标天数比例
	22	二氧化硫排放量	二氧化硫排放量
	23	城市生活污水处理率	污水集中处理率
	24	绿化覆盖面积	绿化覆盖率
	25	工业固体废弃物综合利用率	工业固体废弃物综合利用率
民生改善	26	人均社会保障与就业支出	人均社会保障与就业支出
	27	每万人拥有医院病床数	每万人拥有医院病床数
	28	恩格尔系数	恩格尔系数
	29	城镇居民人均可支配收入	城镇居民人均可支配收入
	30	教育经费（支出）	教育经费（支出）

二 指标说明

对上述具体指标的计算办法和数据来源，用于具体评价时指标的筛选办法可依据国家统计局及相关部门统计指数的现行制度规定执行。

三 评价方法的选择

评价指标体系的基本方法是通过合成指数来反映深圳转型升级的情况，指数的合成关键在于权重的确定。本书指标权重的确定将综合主观及客观因素，运用层次分析法及熵值法结果确定二级指标权重，并进一步结合熵值法确定三级指标权重。

（一）层次分析法

层次分析法解决问题的基本思想与人们对一个多层次、多因素、复杂的决策问题的思维过程基本一致，最突出的特点是分层比较，综合优化。其解决问题的基本步骤如下：

（1）分析系统中各因素之间的关系，建立系统的递阶层次结构，一般层次结构分为三层，第一层为目标层，第二层为准则层，第三层为方案层（见图4—1）。

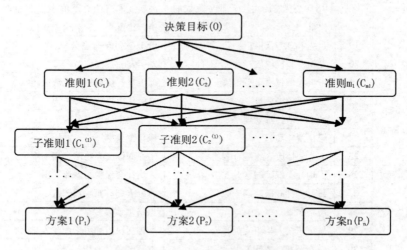

图4—1 层次分析法的层次结构

最高层为目标层（O）：问题决策的目标或理想结果，只有一个元素。本书的目标层即为要求的综合指数。

中间层为准则层（C）：包括为实现目标所涉及的中间环节各因素，每一因素为一准则，当准则多于9个时可分为若干个子层。经济增长、结构优化、产业升级、创新驱动、环境可持续、民生改善六个方面即为本书所考虑的因素层面。

最低层为方案层（P）：方案层是为实现目标而供选择的各种措施，即为决策方案。

（2）构造两两比较矩阵（判断矩阵），对于同一层次的各因素关于上一层中某一准则（目标）的重要性进行两两比较，构造出两两比较的判断矩阵。

设要比较 n 个因素 C_1，C_2，$\cdots$，C_n 对上一层（如目标层）O 的影响程度，即要确定它在 O 中所占的比重。对任意两个因素 C_i 和 C_j，用 a_{ij} 表示 C_i 和 C_j 对 O 的影响程度之比，按1—9的比分标度来度量 $a_{ij}(i, j = 1, 2, \cdots, n)$。于是，可得到两两成对比较矩阵 $A = (a_{ij})_{n \times n}$，又称为判断矩阵，显然

$$a_{ij} > 0, \quad a_{ji} = \frac{1}{a_{ij}}, \quad a_{ii} = 1, \quad (i, j = 1, 2, \cdots, n)$$

（3）由比较矩阵计算被比较因素对每一准则的相对权重，并进行判断矩阵的一致性检验。取判断矩阵 n 个列向量归一化后的算术平均值，近似作为权重，即

$$w_i = \frac{1}{n} \sum_{j=1}^{n} \frac{a_{ij}}{\sum_{k=1}^{n} a_{kj}} (i = 1, 2, \cdots, n)$$

类似地，也可以对按行求和所得向量作归一化，得到相应的权重向量。

（4）计算方案层对目标层的组合权重和组合一致性检验，并进行排序。

（二）熵值法

熵值法运用思路如下：设有 m 个城市，n 个指标，原始指标矩阵为 $x = (x_{ij}) m \times n$（其中，$i = 1, 2, \cdots, m; j = 1, 2, \cdots, n$）。对于某项指标，它的值变化程度越大，信息熵就越小，则该指标的信息量权重越大，反之亦然。所以可以根据各指标值的变异程度，

利用信息熵来计算各项指标的权重，以此来进行转型升级的综合评价。

熵值法所建立的数学模型如下：

（1）逆向指标处理：对逆向指标取倒数，使所有指标都正向化。

（2）标准化处理：用极值法对指标数据进行标准化处理，$x'_{ij} = \dfrac{x_{ij} - \bar{x}_j}{\sigma_j}$。

（3）消除负值：$y_{ij} = x'_{ij} + b$ 式中，b 为指标的平移幅度，$b > |\min(x'_{ij})|$，b 的取值越接近 $\min(x'_{ij})$ 则其评价结果越显著。

（4）同度量化处理：$P_{ij} = \dfrac{y_{ij}}{\sum\limits_{i-1}^{m} y_{ij}}$，（$i = 1, 2, \cdots, m$；$j = 1, 2, \cdots, n$）。

（5）信息熵值计算：$e_j = \dfrac{1}{\ln m} \sum\limits^{m}_{i-1} P_{ij} \ln p_{ij}$，在这里有 $0 \leqslant e_j \leqslant 1$，对于一个信息完全无序的系统，有序度为 0，$e = 1$，（$j = 1, 2, \cdots, n$）。

（6）效应值计算：$g_j = 1 - e_j$，（$j = 1, 2, \cdots, n$）。

（7）确定指标权重：$w_j = \dfrac{g_j}{\sum\limits_{i-1}^{n} g_j}$，（$j = 1, 2, \cdots, n$）。

第三节　转型调整模型的确立

一　样本数据的收集整理

按照指标体系的具体设计，本书从纵向及横向两方面展开分析。纵向分析上本书选取深圳市 2008—2013 年相关统计数据，数据来源为历年《深圳市统计年鉴》、《深圳国民经济和社会发展统计公报》、政府工作报告、《科技统计年鉴》以及《广东省统计年鉴》；横向分析上选取深圳、北京、上海、广州、天津、苏州等城市 2013 年的相关统计数据进行产业转型升级与结构调整的综合评价对比研究，数据来源为这六个城市的统计年鉴、统计公报及政府工作报告，部分数据来自于《中国城市统计年鉴》《中国环境状况公报》《科技统计年鉴》《中国高技术产业统计年鉴》以及国家知识产权局官网。

由于地域差别等因素影响，各地在统计口径、数据披露上有所差别，本书对其中部分数据进行了插补及调整，较为全面地建立起了纵向比较有 30 个指标、横向比较有 28 个指标的综合评价指标体系。

二 数据处理及权重确立

（一）数据处理

数据处理依照熵值法的处理步骤，通过逆向指标处理—标准化处理—消除负值—同度量化处理四个步骤消除了量纲及逆向指标的影响，处理后的数据也将直接运用与计算指数。

（二）指标权重的确立

运用综合加权法确定指标权重。具体步骤为：分别采用层次分析法及熵值法确定六大类指标的权重，由于纵向与横向指标数据不同，可求得两套熵值法权重，也可得到三套权重，如表 4—2 所示，对这三套权重再按 0.5、0.25、0.25 的权重加权综合，可得六大类指标的最终权重。

表 4—2 评价指标体系二级指标最终权重

单位：%

二级指标	x_{11} 熵值法权重（纵向）	x_{12} 熵值法权重（横向）	x_2 层次分析法权重	最终权重 $x=0.25\times x_{11}+0.25\times x_{12}+0.5\times x_2$
经济增长	16.01	16.32	15.23	15.69
结构优化	15.21	16.85	26.08	21.06
产业升级	19.90	10.91	11.79	13.60
创新驱动	17.24	20.81	26.65	22.84
环境可持续	11.06	15.89	9.60	11.54
民生改善	20.58	19.22	10.66	15.28

　　在确认了大类指标权重的基础上，三级指标权重的确定主要从熵值法所得权重结果出发，运用大类指标权重加以调节，计算公式为具体指标权重＝该项指标占大类权重比重×该大类权重。通过计算即可得到横向及纵向数据的两套权重，进一步对两套权重进行调和，最终得到统一的三级指标权重，如表4—3所示。

表4—3　　　　　转型发展评价指标体系各级指标最终权重

单位:%

二级指标	序号	三级指标（纵向比较）	三级指标（横向比较）	权重	
				大类	细类
经济增长	1	人均 GDP 增长率	GDP	15.69	4.74
	2	地方公共财政预算收入增长率	地方公共财政预算收入		2.73
	3	进出口总额增长率	进出口总值		4.43
	4	固定资产投资增长率	固定资产投资额		2.45
	5	社会消费品零售总额增长率	社会消费品零售总额		1.34
结构优化	6	最终消费占 GDP 比重	居民消费占 GDP 的比重	21.06	4.08
	7	单位 GDP 能源消耗降低率	单位 GDP 能源消耗降低率		1.90
	8	每平方公里 GDP 产出	每平方公里 GDP 产出		4.82
	9	全社会劳动生产率（GDP 与年平均从业人员之比）	全社会劳动生产率（GDP 与年平均从业人员之比）		2.17
	10	工业经济效益综合指数	工业经济效益综合指数		8.09
产业升级	11	第三产业增加值占 GDP 的比重	第三产业增加值占 GDP 的比重	13.60	4.18
	12	金融业增加值占 GDP 的比重	金融业增加值占 GDP 的比重		2.10
	13	生物产业增加值增长率	战略性新兴产业占 GDP 的比重		1.31%/–
	14	互联网产业增加值增长率			3.43%/6.90%
	15	新能源产业增加值增长率			3.57%/–

续表

二级指标	序号	三级指标（纵向比较）	三级指标（横向比较）	权重 大类	权重 细类
创新驱动	16	高新技术产业总产值占工业总产值的比重	高新产品出口额占总出口额的比重	22.84	6.68
	17	自主知识产权的高新技术产品产值占全部高新技术产品产值比重	全社会研发投入占 GDP 比重		3.04
	18	R&D 经费支出占主营业务收入的比重	高新技术产业总产值占工业总产值的比重		4.84
	19	企业 R&D 人员数	R&D 人员全时当量		3.14
	20	发明专利授权数	发明专利授权数		5.14
环境可持续	21	可吸入颗粒物年平均值	环境空气质量达标天数比例	11.54	3.88
	22	二氧化硫排放量	二氧化硫排放量		0.18
	23	城市生活污水处理率	污水集中处理率		1.04
	24	绿化覆盖面积	绿化覆盖率		5.35
	25	工业固体废弃物综合利用率	工业固体废弃物综合利用率		1.09
民生改善	26	人均社会保障与就业支出	人均社会保障与就业支出	15.28	3.18
	27	每万人拥有医院病床数	每万人拥有医院病床数		2.31
	28	恩格尔系数	恩格尔系数		3.89
	29	城镇居民人均可支配收入	城镇居民人均可支配收入		3.00
	30	教育支出	教育支出		2.90

第四节 转型调整变动分析（2008—2013 年）

一 数据的收集处理

依照上述模型，本书依据深圳历年统计年鉴资料，对 30 个指标数据做了收集整理，并对 2008—2013 年深圳 6 年的数据进行了同度量化处理，再按权重构建指数，可得各级指数最终得分，如表 4—4 所示。

表4—4 深圳市产业转型升级及经济结构调整评价指标（2008—2013 年）

二级指标	序号	三级指标	2008 年	2009 年	2010 年	2011 年	2012 年	2013 年	权重（%）
经济增长	1	人均 GDP 增长率	0.15	0.04	0.19	0.26	0.18	0.18	4.15
	2	地方公共财政预算收入增长率	0.22	0.06	0.28	0.22	0.07	0.15	2.87
	3	进出口总额增长率	0.12	0.04	0.26	0.21	0.17	0.19	3.47
	4	固定资产投资增长率	0.13	0.28	0.23	0.06	0.07	0.15	3.34
	5	社会消费品零售总额增长率	0.25	0.09	0.21	0.23	0.20	0.02	1.86
结构优化	6	最终消费占 GDP 比重	0.02	0.19	0.20	0.17	0.24	0.19	3.97
	7	单位 GDP 能源消耗降低率	0.08	0.06	0.09	0.24	0.25	0.28	3.55
	8	每平方公里 GDP 产出	0.07	0.08	0.13	0.19	0.24	0.29	5.20
	9	全社会劳动生产率	0.06	0.06	0.12	0.21	0.29	0.26	3.42
	10	工业经济效益综合指数	0.18	0.11	0.30	0.16	0.17	0.08	4.92
产业升级	11	第三产业增加值占 GDP 的比重	0.05	0.15	0.13	0.16	0.24	0.27	4.09
	12	金融业增加值占 GDP 的比重	0.02	0.18	0.20	0.20	0.15	0.24	2.61
	13	生物产业增加值增长率	0.07	0.13	0.28	0.29	0.17	0.06	1.79
	14	互联网产业增加值增长率	0.10	0.14	0.09	0.14	0.21	0.32	2.94
	15	新能源产业增加值增长率	0.11	0.12	0.32	0.19	0.18	0.09	2.17

续表

二级指标	序号	三级指标	2008 年	2009 年	2010 年	2011 年	2012 年	2013 年	权重（%）
创新驱动	16	高新技术产业当年价总产值占工业总产值的比重	0.10	0.11	0.11	0.15	0.19	0.33	5.13
	17	自主知识产权的高新技术产品产值占全部高新技术产品产值比重	0.04	0.08	0.15	0.22	0.24	0.26	4.05
	18	R&D 经费支出占主营业务收入的比重	0.07	0.15	0.07	0.19	0.23	0.29	4.85
	19	企业 R&D 人员数	0.06	0.06	0.18	0.16	0.28	0.25	4.00
	20	发明专利授权数	0.04	0.12	0.16	0.22	0.26	0.20	4.81
环境可持续	21	可吸入颗粒物年平均值	0.05	0.20	0.20	0.20	0.28	0.08	3.36
	22	二氧化硫排放量	0.07	0.07	0.07	0.25	0.24	0.29	1.62
	23	城市生活污水处理率	0.03	0.08	0.17	0.23	0.25	0.25	2.01
	24	绿化覆盖面积	0.13	0.13	0.13	0.12	0.14	0.35	3.28
	25	工业固体废弃物综合利用率	0.09	0.27	0.25	0.25	0.10	0.04	1.27
民生改善	26	人均社会保障与就业支出	0.08	0.10	0.13	0.15	0.24	0.31	3.10
	27	每万人拥有医院病床数	0.07	0.10	0.11	0.15	0.27	0.30	2.72
	28	恩格尔系数	0.16	0.29	0.22	0.07	0.12	0.14	3.76
	29	城镇居民人均可支配收入	0.06	0.09	0.13	0.18	0.24	0.29	2.57
	30	教育支出	0.06	0.10	0.12	0.18	0.25	0.28	3.13

二 评价结果及其分析

根据深圳 2008—2013 年评价指标，运用综合评价方法，可以进行纵向分析，反映深圳产业转型升级与经济结构调整的变化情况；同时，对产业转型升级与经济结构调整中的个别重要指标做进一步分析和对比，可以更加全面、准确分析判断深圳产业转型升级与经济结构调整总体状况及未来提升方向。

（一）转型升级及结构调整综合评价得分分析

根据深圳历年的总指数数据，深圳产业转型升级与经济结构调整呈现如下特征（见图 4—2）：

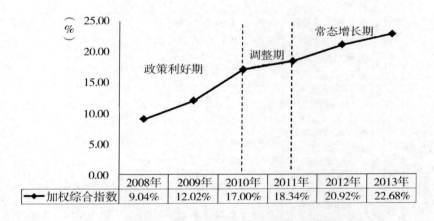

	2008年	2009年	2010年	2011年	2012年	2013年
◆加权综合指数	9.04%	12.02%	17.00%	18.34%	20.92%	22.68%

图 4—2 深圳市产业转型升级及经济结构调整综合指数

一是产业转型发展水平逐年提高，根据综合评价的加权总指数数据，2008 年深圳产业转型发展的综合指数值为 9.04%，到 2013 年达到 22.68%，6 年间综合指数提升 1.51 倍，综合指数总体上升趋势明显。二是产业转型发展的速度不均衡，图 4—2 中数据显示，2008—2010 年，综合指数增长迅猛，产业转型发展有明显的改善；2010—2011 年，综合指数增长放缓，进入短暂调整；2012—2013 年后又再次呈现持续稳定的增长趋势。

结合 2008 年金融危机的国际经济形势与我国的财政、货币政策安排，显然，金融危机以及为应对金融危机而出台的大规模投资计划极大地刺激了深圳的产业转型升级与经济结构调整进程，并在2008—2010年产生了持续性的正面影响，但由于投资对宏观经济的边际效益递减效应，综合指数最终回归长期的稳步增长态势。总体来说，2008—2013年这一时间段内深圳转型升级及结构调整综合评价得分呈现的是短期快速增长而中长期回归常态增长的情况。

结合图4—2的综合评价指数，可直观地看到，以2010年、2011年为节点，可将2008—2013年这6年分为三段：2008—2010年受政策刺激，飞速增长，可称之为"政策利好期"；2010—2011年指数出现下滑，进入"调整期"；2012—2013年指数涨幅收窄，但依然保持较高的增长速度，可称为"常态增长期"。根据古典经济学理论，短期的政策刺激并不能维持长期的经济增长，同时，大规模投资也带来了高利率、高通胀等问题，因此，期望政策刺激经济增长是难以持续的，深圳的经济发展将进入以"常态增长期"为主的时期，之所以仍然有较高的增长速度，是深圳产业转型升级与经济结构调整达到了一个较好的状态，并将在较长一段时期内呈现稳步发展的特征。

（二）深圳市产业转型升级与经济结构调整二级指标分析

根据深圳历年的六大类指标的综合评价指数数据，深圳产业转型升级与经济结构调整进程在2008—2013年间有如下发展特征：

（1）各项二级指标的综合得分在六年间的走势表现出一定的差异。如图4—3所示，综合指数整体呈上升趋势，以2010—2011年为分水岭，2008—2010年增长迅速，而2011—2013年回归稳态增长。与综合指数走势相似的有民生改善、环境可持续以及产业升级三个二级指数。这三个二级综合指数的变化说明，深圳在稳步推进产业转型升级与经济结构调整过程中，人民的生活水平得到了切实的改善，实现了发展成果由老百姓共享的目标。另外，在深圳调整产业的过程中，技术创新的驱动作用、环境可持续发展的客观要求对产业转型发展的影响越来越大，环境与创新将是引领经济转型发展的重要力量。与此相对应的是，创新驱动、结构优化、经济增长这三项指数出现了起伏。同样以2010年为界线，2008—2010年实

现了一定的增长，但 2010—2013 年均出现了调整，可见在后金融危
机时代，随着短期政策刺激效果的消退，深圳经济在总量上的增长、
在结构上的优化以及在产业方面的发展进程有所减缓。而在随后几
年，随着宏观经济维持了中高速的增长，这三项指数也开始企稳向
上，这表明深圳在产业转型升级与经济结构调整方面仍有后劲，能
够支持深圳经济在新常态环境下实现保增长、调结构的目标。

（2）各项二级指数对综合指数得分的贡献不一，按对综合指数
的贡献率从大到小排列，依次为创新驱动、结构优化、民生改善、
产业升级、环境可持续、经济增长。二级指数的这种构成表明，深
圳市在产业转型升级与经济结构调整中改善了民生，真正使发展成
果更多更公平地惠及全市居民，同时也表明深圳越来越关注经济发
展结构的优化及创新对结构调整的促进作用。相对而言，在产业升
级、环境可持续、经济增长方面，深圳尚有潜力可挖，需要进一步
加大对战略性新兴产业的扶持力度，走资源集约型发展路线，同时
还须加强对传统制造业的改造扶持力度，进一步实现经济的高质量
增长。

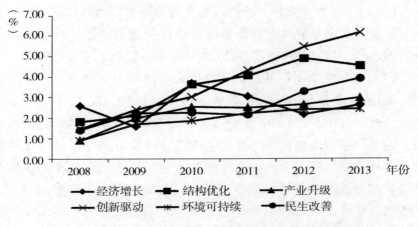

图4—3　深圳市转型升级及结构调整综合评价二级指数

（三）六大领域主要指标发展变化情况

从六大领域看，深圳市近 6 年来提升幅度最大的是创新驱动指

数，从 2008 年的 1.46% 提升到 2013 年的 6.15%，提升了 3.2 倍；其次是产业升级指数，从 2008 年的 0.90% 提升到 2013 年的 2.99%，提升了 2.3 倍；第三是民生改善指数，从 2008 年的 1.40% 提升到 2013 年的 3.93%，提升了 1.8 倍；第四是环境可持续指数，从 2008 年的 0.89% 提升到 2013 年的 2.43%，提升了 1.7 倍；第五是结构优化指数，从 2008 年的 1.81% 提升到 2013 年的 4.54%，提升了 1.5 倍；第六是经济增长指数，从 2008 年的 2.59% 提升到 2013 年的 2.64%，提升了 1.93%。经济增长指标增幅较小，这主要是由于经济增长中的指标均为增长率指标，增幅反映的是经济增长的加速度，而不是简单的总量增长。各项指数变化情况如表 4—5 所示。

表 4—5　　　2008—2013 年深圳转型升级及结构调整二级
综合指数变化情况

单位：%

类别	2008 年	2013 年	2013 年/2008 年
经济增长	2.59	2.64	101.93
结构优化	1.81	4.54	250.83
产业升级	0.90	2.99	332.22
创新驱动	1.46	6.15	421.23
环境可持续	0.89	2.43	273.03
民生改善	1.40	3.93	280.71
加权综合指数	9.04	22.68	250.88

（1）经济增长方面：5 项指标中，人均 GDP 增长率增速提升较快，从 2008 年的 9.4% 提升到 2013 年的 11.1%。固定资产投资增长率变化比较大，从 2008 年的 9.1% 提速到 2013 年的 9.5%。而地方公共财政预算收入增长率和社会消费品零售总额增长率增速回归常态，地方公共财政预算收入增长率从 2008 年的 21.6% 下降到 2013 年的 16.8%，社会消费品零售总额增长率从 2008 年的 17.9% 减缓到 2013 年的 10.6%。增速较快的是进出口总额增长率指标，增

长率从 2008 年的 4.3%提升到 2013 年的 15.1%。（见图 4—4）

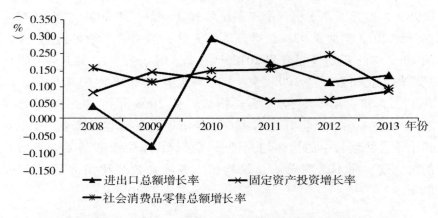

图 4—4　深圳市进出口、投资、消费变动趋势（2008—2013 年）

　　——进出口、投资、消费波动较大，但依然实现较高增长。6 年间，进出口总额增长率、社会消费品零售总额增长率在 2008—2009 年出现低谷，分别降至-0.1%、12.8%，而 2009—2010 年则出现强势增长，并在 2010 年达到高点，接下来的 2010—2013 年出现增速减缓的趋势，至 2013 年分别降到 15.1%、10.6%；固定资产投资增长率的走势与消费、进出口不同，在 2008—2010 年逆势增长，这体现了中央为应对金融危机而出台的投资计划的效果，这也支撑了进出口及消费在 2010 年的高增长，随着投资刺激政策的退出，固定资产投资增长率回落，但在 2013 年再次出现 9.5%的较高增长。2008—2013 年，深圳市进出口、投资、消费三大指标经历了金融危机的考验，迅速从危机中恢复，回到了较高的增长水平，成功地实现了深圳经济"保增长"的目标。

　　——人均 GDP 及地方公共财政预算收入增长出现波动，但 2009 年后，仍保持了 10%以上增长。如图 4—5 所示，2008—2009 年，深圳市人均 GDP 及地方公共财政预算收入增速减缓，尤其是在 2009 年，达到了最低点。而在 2009—2010 年，在政策利好的支撑下，人均 GDP 及财政收入增长回暖，分别达到 12.1%、25.7%的高点。随着投资效应的减退，2010—2013 年增速回调，但仍保持 10% 以上的增速。

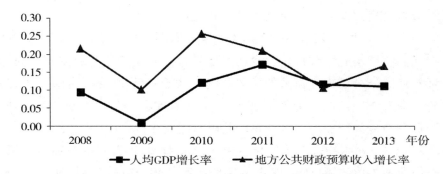

图 4—5　深圳人均 GDP 增长率和地方公共财政预算收入增长率变动图
（2008—2013 年）

（2）结构优化方面：5 项指标中，积极变化最明显的是每平方公里 GDP 产出，从 2008 年的 3.90 亿元增长到 2013 年的 7.26 亿元；单位 GDP 能源消耗降低率的改善也较大，从 2009 年的 -2.76% 优化到 2013 年的 -5.12%；全社会劳动生产率也有很大提高，从 2008 年的 11.71 万元提高到 2013 年的 17.36 万元；最终消费占 GDP 比重有小幅上升，从 2008 年的 37.5% 上升到 2013 年的 41.4%，基本稳定在 40% 左右；工业经济效益综合指数回升较快，从 2008 年的 188.3% 上升到 2013 年的 217.5%。

——深圳 GDP 增长质量不断提高。6 年来，深圳经济在调整中取得长足发展，同时对于土地、能源、人力资源等生产要素的利用效率不断提高。从 2008 年到 2013 年，深圳每平方公里 GDP 产出、单位 GDP 能源消耗降低率、全社会劳动生产率等指标分别提高 76.6%、86.2%、48.2%，地耗、水耗及劳动生产率明显得到改善，"深圳质量"进一步得到提高。

——工业经济效益指数存在波动，但工业发展质量呈向好趋势。2008—2013 年，深圳工业经济效益综合指数的比重在 175%—204% 之间波动，经历了金融危机带来的低谷期之后，近年已呈现迅速回升的态势。从宏观经济环境来看，深圳的工业企业在土地、资金、国际市场方面均面临着压力，深圳的传统制造业竞争力有所降低，但高新产品出口额的增长表明深圳高新技术产业发展向好，工业增长质量有所提高，产业结构不断优化。

（3）产业升级方面：2008年以来，深圳市委、市政府顺应国际产业转移的新趋势和经济自身的发展规律，抓住产业升级的新动向、新机遇，结合国内外需求的发展趋势，出台一系列政策措施大力促进产业升级，第三产业发展速度加快，金融业、生物产业、互联网产业及新能源产业对经济增长的贡献日益突出。

——产业结构进一步优化，第三产业对GDP贡献不断加大。第三产业增加值占GDP的比重从2008年的50.3%提高到2013年的56.6%。

——金融业蓬勃发展。金融业一直以来就是深圳的重点发展产业，近年来，金融业的比重更是不断攀升。2013年，深圳金融业增加值占GDP的比重达到13.9%，比2008年提高1.4个百分点（见表4—6）。

——新兴产业不断发展。早在2009年，深圳已率先推出互联网、生物医药、新能源三大战略性新兴产业发展规划，宣布每年对每个产业投入5亿元支持发展。近年来，战略性新兴产业占GDP比重的持续增长，带动深圳经济竞争力不断攀升。2008—2013年，生物、互联网及新能源等产业增加值的增长率均保持着10%以上的高水平。

表4—6　深圳市各产业增加值增长率变化情况（2008—2013年）

单位:%

年份	金融业增加值占GDP比重	生物产业增加值增长率	互联网产业增加值增长率	新能源产业增加值增长率
2008	12.5	12.0	17.0	15.0
2009	13.5	15.0	19.0	16.0
2010	13.6	23.9	16.7	29.1

续表

年份	金融业增加值占 GDP 比重	生物产业增加值增长率	互联网产业增加值增长率	新能源产业增加值增长率
2011	13.6	24.0	18.9	20.7
2012	13.3	17.2	22.6	19.8
2013	13.9	11.3	28.2	14.1

（4）创新驱动方面：改革开放 30 多年来，历届深圳市委、市政府以敢为天下先的勇气，积极推进自主创新，在科技、教育、人才等科研基础匮乏的情况下，创造了自主创新的奇迹。目前，深圳高新技术企业超过 3 万家，其中销售额超千亿元的 2 家，超百亿元的 13 家，国家级高新技术企业 3836 家。华为、中兴、腾讯等创新型龙头企业牢牢占据行业领先地位，深圳自主创新已结下累累硕果。

——从科技创新投入看，R&D 经费支出占主营业务收入的比重投入强度持续增大，R&D 经费支出占主营业务收入的比重从 2008 年的 1.6% 提高到 2013 年的 2.7%；R&D 人员全时当量从 2008 年的 11.42 万人/年提高到 2013 年的 18.13 万人/年。2013 年与 2008 年相比，深圳在科研人力、物力等方面的投入均有超过 50% 的增长。

——从创新成果看，发明专利授权数逐年上升，从 2008 年的 5409 件提高到 2013 年的 10987 件；高新技术产业当年价总产值占工业总产值的比重从 2008 年的 53.5% 提高到 2013 年的 58.8%；自主知识产权的高新技术产品产值占全部高新技术产品产值比重也从 2008 年的 59.1% 提高到 2013 年的 61.2%。无论是专利取得、高新产业产值还是自主创新创造的产值等方面都有了长足的进步，深圳自主创新已经成为经济发展的强劲动力。

（5）环境可持续方面：深圳以生态文明建设为统领，以建设美丽深圳为目标，深化环境形势分析，通过建立生态文明建设考核机制和指标体系，推进治污保洁工程，推行环境审批制度改革，开展重点污染源环境监管信息公开，宜居生态建设不断深化，污染处理和减排成效显著，全市主要环境指标保持较好水平。

——全市环境空气质量保持良好。就具体指标而言，可吸入颗粒物年平均值从 2008 年的 0.063mg/m³ 降低到 2013 年的 0.062mg/m³；二氧化硫排放量从 2008 年的 3.38 万吨减少到 2013 年的 0.82 万吨；绿化覆盖面积从 2008 年的 97605 公顷增加到 2013 年的 98635 公顷。2013 年，深圳全市环境空气质量指数（AQI）达到国家一级（优）和二级（良）的天数共 324 天，占全年监测有效天数（364 天）的 89.0%，并在环保部门公布的 2013 年 74 个城市的空气质量排名中位列第七，成为前十名当中唯一一个人口过千万的一线城市。

　　——循环经济发展迅速，资源综合利用效率不断提高。2008—2013 年，深圳城市生活污水处理率从 75.0% 提高到 96.2%，显著提高了水资源的回收利用效率；工业固体废弃物综合利用率略微下降，从 99.1% 降至 98.9%，仍处于高效运行范围，但需加大力度，提高对废弃物的利用率。

　　（6）民生改善方面：近十多年来，在经济持续健康发展的同时，深圳人民生活水平日益提高，教育、医疗和社会保障水平得到持续改善。

　　——人均可支配收入较快增长，人民生活水平稳步提高。深圳城镇居民可支配收入从 2008 年的 26729 元提高到 2013 年的 44653 元（见图 4—6），收入名义年均增长 10.8%，高于人均 GDP 名义年均增长 10.4% 的速度。

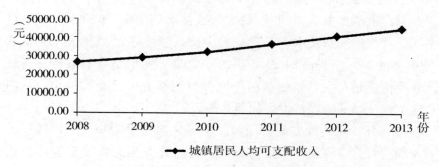

图 4—6　深圳市城镇居民人均可支配收入（2008—2013 年）

　　——恩格尔系数保持较低水平，居民生活质量较高。恩格尔系数指的是居民食品支出占家庭消费总支出的比重，是衡量居民生活水平提高的有效指标。2008—2013 年，深圳居民消费恩格尔系数保持在 35.0%—36.7%的较低水平，居民在衣着、家庭设备、医疗保健、交通通信、旅游、教育文化娱乐等方面的支出比重较高，反映了居民追求更高层次的小康生活，生活质量处于较高水平。

　　——社会保障事业成效显著，百姓就业和健康得到较好保障。在社保建设方面，深圳坚持改革创新，突出问题导向、需求导向，构建更加精细化、更具精准性的政策法规体系，提供更加优质的社保服务，为增进民生福祉、促进城市可持续发展，提供更有力的保障。人均社会保障与就业支出由 2008 年的 397.19 元逐年提高到 2013 年的 738.54 元；每万人拥有医院病床数从 2008 年的 19.32 张增长到 2013 年的 25.48 张。人民群众的社会保障支持力度不断提高，切实保障了基层群众的生活水平。

　　纵观深圳 2008—2013 年产业转型升级与经济结构调整指数的测评结果，不难发现，深圳在此期间，经济运行模式发生改变，经济增长越来越注重环境质量与人民生活质量的提高，深圳速度已经开始向深圳质量转化。在六年的发展过程中，能耗及废弃资源的利用效率仍存在提高的空间，战略性新兴产业及第三产业正蓬勃发展，而传统制造业的改造升级还需更多的投入。随着产业转型升级与经济结构调整的进一步深化，深圳将能享受到更多的"创新红利"，实现以更少的资源消耗、更低的环境成本，创造更多更好的发展成果。

第五节　监测指标体系指标解释

一　基本监测指标

（一）供给与需求

（1）GDP：国内生产总值；衡量一定时期地区生产的最终产品和劳务的价值总和。

（2）第二产业增加值：指第二产业在报告期内以货币形式表现的生产活动的最终成果。

（3）第三产业增加值：指第三产业在报告期内以货币形式表现的生产活动的最终成果。

（4）规模以上工业总产值：指年主营业务收入在 2000 万元及以上的法人工业企业的总产值。

（5）出口总额：指实际从我国国境出口的货物（包括贸易和非贸易）的价值总和。进出口总额反映一个国家在对外经济贸易方面实际进出口货物的总规模。

（6）民营经济增加值：指民营企业在报告期内以货币形式表现的生产活动的最终成果。

（7）社会消费品零售总额：指批发和零售业、住宿和餐饮业以及其他行业直接售给城乡居民和社会集团的消费品零售额。

（8）进口总额：指实际进入我国国境的货物（包括贸易和非贸易）的价值总和。

（9）固定资产投资额：指以货币形式表现的在一定时期内建造和购置固定资产的工作量以及与此有关的费用的总称。固定资产投资包括国有经济单位投资、城乡集体及其他各种登记注册类型的单位投资和城乡居民个人投资。

（10）实际利用外资总额：指批准的合同外资金额的实际执行数，外国投资者根据批准外商投资企业的合同（章程）的规定实际缴付的出资额和企业投资总额内外国投资者以自己的境外自有资金实际直接向企业提供的贷款。

（二）战略性新兴产业与支柱产业

（1）互联网产业增加值：指互联网产业在报告期内以货币形式表现的生产活动的最终成果。

（2）生物产业增加值：指生物产业在报告期内以货币形式表现的生产活动的最终成果。

（3）新能源产业增加值：指新能源产业在报告期内以货币形式表现的生产活动的最终成果。

（4）新材料产业增加值：指新材料产业在报告期内以货币形式表现的生产活动的最终成果。

（5）新一代信息技术产业增加值：指新一代信息技术产业在报

告期内以货币形式表现的生产活动的最终成果。

（6）文化创意产业增加值：指文化创意产业在报告期内以货币形式表现的生产活动的最终成果。

（7）节能环保产业增加值：指节能环保产业在报告期内以货币形式表现的生产活动的最终成果。

（8）金融业增加值：指金融业在报告期内以货币形式表现的生产活动的最终成果。

（9）物流产业增加值：指物流产业在报告期内以货币形式表现的生产活动的最终成果。

（10）文化产业增加值：指文化产业在报告期内以货币形式表现的生产活动的最终成果。

（11）高新技术产业增加值：指高新技术产业在报告期内以货币形式表现的生产活动的最终成果。

（三）工业效益与经济活力

（1）工业经济效益综合指数：是反映工业经济运行质量的总量指标，可以用于考核和评价工业经济效益的实际水平和发展变化趋势。其计算公式为：

工业经济效益综合指数 = $\sum$ （某项指标报告期数值÷该项指标标准值×该项指标权数）÷总权数

（2）工业产品销售率：指一定时期内产品销售收入占工业产值的百分比，是反映工业产品生产已实现销售的程度。其计算公式为：

工业产品销售率 = 产品销售收入额/工业总产值×100%

（3）规模以上工业企业利润总额增长率：指年主营业务收入在2000万元及以上的法人工业企业的利润总额的增长率。其计算公式为：

规模以上工业企业利润总额增长率 = （报告期规模以上工业企业利润额/基期规模以上工业企业利润额）×100%-1

（4）公共财政预算收入：指税收主管部门和其他部门组织的各项税收收入及纳入预算专项收入和各项行政事业收入、各部门罚没收入、其他收入等的总和。

（5）税收收入：包括本地的增值税、营业税、消费税、土地增值税、城市维护建设税、资源税、城市土地使用税、企业所得税、个人所得税、关税、证券交易印花税、车辆购置税、农牧业税和耕地占用税等的总收入。

（6）公共财政预算支出：指财政将筹集起来的资金进行分配使用，以满足经济建设和各项事业的需要的总和。

（7）国内金融机构人民币存款：指企业、机关、团体或居民为了取得一定的利息把货币资金存入国内金融机构的资金总额。

（8）国内金融机构人民币贷款：指国内金融机构按一定利率提供给企业、个人等的资金总额。

（9）上市公司数量：在国内 A 股市场的上市公司个数。

（10）港口集装箱吞吐量：指经水运进出港区范围，并经过装卸的集装箱数量。

（11）货运量：指在一定时期内，各种运输工具实际运送的货物数量。

（12）新增就业人口数：指报告期新增的就业人数。其计算公式为：

新增就业人数＝期末就业人数−期初就业人数

（四）资源利用与生态环境

（1）工业用电量：指一定时期某地区工业企业实际消耗的电量。

（2）工业用水量：指一定时期某地区工业企业实际消耗的水量。

（3）能源消耗量：指一定时期某地区实际消费的各种能源的总和。

（4）城市生活污水处理率：指对城镇居民区和企业事业单位职工集中居住区排放的污水的处理程度。其计算公式为：

城市生活污水处理率＝经过综合处理或利用的城市生活污水量/原城市生活污水量×100%

（5）二氧化硫浓度：二氧化硫是大气污染物之一，我国空气质量标准对空气中二氧化硫的浓度级别有如下规定，一级小于或等于 0.15 mol/L；二级大于 0.15 mol/L 小于或等于 0.50 mol/L；三级大于 0.50 mol/L 小于或等于 0.70 mol/L。

（6）细颗粒物（PM2.5）浓度：细颗粒物是空气污染的一个来

源。其中，空气动力学直径（以下简称直径）小于等于 2.5 微米的颗粒物称为细颗粒物（简称 PM2.5）。

（7）工业固体废弃物综合利用率：指对工业企业在生产过程中产生的固体状、半固体状和高浓度液体状废弃物的处理程度。其计算公式为：

工业固体废弃物综合利用率＝经过综合处理或利用的工业固体废弃物量/原工业固体废弃物量

（8）区域环境噪声平均值：是指城市城区内经认定的环境噪声网格监测的等效声级的算术平均值。

（五）基础设施与民生条件

（1）电信业务量：指以货币形式表示的电信企业为社会提供的各类电信服务的总量。其计算公式为：

电信业务总量＝∑（各类电信业务量×不变单价）＋出租代维及其他业务收入

（2）互联网宽带用户量：指采用分组交换网、DDN 网、帧中继/ATM 网以及模拟专线、数字专线等方式，不经过基础电信运营商的宽带 IP 城域网，直接接入宽带互联网节点的用户量（不含 XDSL、专线和 LAN 专线用户）。

（3）各类文化公共设施数：指图书馆、博物馆、文化馆、艺术馆等文化公共设施的数量。

（4）万人病床数：指每万人平均占有的病床数。其计算公式为：
万人病床数＝病床数/总人口（万人）

（5）人均道路面积：指每个居民平均占有的道路面积。其计算公式为：
人均道路面积＝道路面积/居民人口数

（6）绿化覆盖率：是衡量一个城市绿化水平的主要指标。其计算公式为：
绿化覆盖率＝城市内全部绿化种植垂直投影面积/城市面积×100%

（7）城镇居民人均可支配收入：指居民家庭在支付个人所得税、缴纳的社会保障支出及调查户的记账补贴后可供居民家庭自由支配的收入。其计算公式为：

居民人均可支配收入＝居民可支配收入／总人口

（8）恩格尔系数：是食物支出占个人消费总额的比重。其计算公式为：

恩格尔系数＝（城镇居民食品支出÷消费性支出×100%）×城镇人口比重+（农村居民食品支出÷生活消费支出×100%）×（1-城镇人口比重）

（9）基本社会保障覆盖率：指已参加基本养老保险和基本医疗保险人口占政策规定应参加人口的比重。其计算公式为：

基本社会保险覆盖率＝（已参加基本养老保险的人数÷应参加基本养老保险的人数）×50%+（已参加基本医疗保险的人数÷应参加基本医疗保险的人数）×50%

二　专题监测指标

（一）经济结构优化

1. 产业结构

（1）第二产业增加值与第三产业增加值之比：第二产业增加值与第三产业增加值的比值。其计算公式为：

第二产业增加值与第三产业增加值之比＝第二产业增加值／第三产业增加值×100%

（2）四大支柱产业占 GDP 比：指深圳四个支柱产业增加值占 GDP 的比重。其计算公式为：

四大支柱产业占 GDP 比＝四大支柱产业增加值／GDP×100%

（3）七大战略新兴产业占 GDP 比：指深圳七大战略新兴产业增加值占 GDP 比重。其计算公式为：

七大战略新兴产业占 GDP 比＝七大战略新兴产业增加值／GDP×100%

2. 需求结构

（4）消费率：按照支出法核算，其中，最终消费占 GDP 比重。其计算公式为：

消费率＝最终消费／GDP×100%

（5）投资率：按照支出法核算，其中，资本形成总额占 GDP 比重。其计算公式为：

投资率＝资本形成总额/GDP×100%

（6）互联网实现的商品销售占商品零售总额比重：衡量了互联网销售的活跃程度。其计算公式为：

互联网实现的商品销售占商品零售总额比重＝互联网实现的商品销售额/商品零售总额×100%

（7）房地产开发项目投资额占 GDP 比重：指房地产开发项目投资额与 GDP 的比值。其计算公式为：

房地产开发项目投资额占 GDP 比重＝房地产开发项目投资额/GDP×100%

3. 进出口结构

（8）外贸依存度：通过将进出口总额与 GDP 对比来衡量经济体对贸易的依赖程度。其计算公式为：

外贸依存度＝进出口总额/GDP×100%

（9）一般出口贸易占出口贸易比重：指一般出口贸易占出口贸易的比重。其计算公式为：

一般出口贸易占出口贸易比重＝一般出口贸易/出口贸易×100%

（10）高新产品出口额占总出口额比重：衡量了高新产品在出口中的份额。其计算公式为：

高新产品出口额占总出口额比重＝高新产品出口额/总出口额×100%

4. 劳动力结构

（11）每万人专业技术人员：指专业技术人员在人口中的比例。其计算公式为：

每万人专业技术人员＝专业技术人员总数/总人数（万人）

（12）第二产业从业人员/第三产业从业人员：衡量了劳动力的产业结构特点。其计算公式为：

第二产业从业人员/第三产业从业人员＝第二产业从业人员/第三产业从业人员×100%

（13）人均受教育程度：指一定时期某地区 15 岁及以上人口人

均接受学历教育（包括成人学历教育，不包括各种非学历培训）的年数。其计算公式为：

$$人均受教育年限 = \frac{\sum P_i E_i}{P}$$

其中，P 为本地区 15 岁及以上人口，Pi 为具有 i 种文化程度的人口数，Ei 为具有 i 种文化程度的人口受教育年数系数，i 则根据我国的学制确定。

（14）城镇登记失业率：衡量了城镇劳动人口的失业情况，反映经济中劳动力的利用效率。其计算公式为：

城镇登记失业率＝某时点（期）失业人口÷同时点（期）经济活动人口×100%

5．收入结构

（15）劳动力报酬占 GDP 比重：衡量劳动者获得的收入份额。其计算公式为：

劳动者报酬占 GDP 比重＝劳动者报酬÷GDP×100%

（16）城镇居民人均可支配收入增长／人均 GDP 增长：衡量居民从经济增长中得到的好处。其计算公式为：

城镇居民人均可支配收入增长／人均 GDP 增长＝人均可支配收入增长÷人均 GDP 增长

（17）职工平均工资增长率：衡量职工收入的增长幅度。其计算公式为：

职工平均工资增长率＝报告期职工平均工资／基期职工平均工资

6．空间结构

（18）深圳出入境人数（一线）：衡量了深圳与外部的人员交流。

（19）前海深港现代服务业合作区注册企业数：衡量了前海深港现代服务合作区的发展进程。

（20）深圳异地工业园增加值：指深圳转移创业园在报告期内以货币形式表现的生产活动的最终成果，衡量了区域一体化效果。

7．经济质量

（21）全社会劳动生产率：指每个从业人员平均所创造的 GDP。

其计算公式为：

全社会劳动生产率＝GDP÷全社会从业平均人数

（22）每平方公里 GDP 产出：指每平方公里土地所能创造的 GDP。其计算公式为：

每平方公里 GDP 产出＝GDP÷土地面积

（23）万元 GDP 电耗：指在一定时期内每生产万元国内生产总值（GDP）所消耗的电力数量。其计算公式为：

万元 GDP 电耗＝电力消费总量（千瓦时）÷GDP（万元）

（24）万元 GDP 能耗：指在一定时期内每生产万元国内生产总值（GDP）所消耗的能源数量。计算公式为：

万元 GDP 能耗＝能源消耗总量（吨标准煤）÷GDP（万元）

（二）产业转型升级

1. 产业内优化

（1）规模以上工业企业万元工业增加值能耗降低率：衡量了工业企业的资源利用情况。其计算公式为：

规模以上工业企业万元工业增加值能耗降低率＝报告期规模以上工业企业万元工业增加值能耗/基期规模以上工业企业万元工业增加值能耗×100%－1

（2）先进制造业对制造业的贡献率：衡量了先进制造业对制造业的重要程度。其计算公式为：

先进制造业对制造业的贡献率＝先进制造业增加值/制造业增加值×100%

（3）现代服务业对服务业贡献率：衡量了现代服务业对服务业的重要程度。其计算公式为：

现代服务业对服务业的贡献率＝现代服务业增加值/服务业增加值×100%

（4）电子商务交易额占地区生产总值比重：衡量了电子商务重要程度。其计算公式为：

电子商务交易额占地区生产总值比重＝电子商务交易额/地区生产总值×100%

2. 产业聚集

（5）总部企业新增加数：总部企业增加数量。

（6）100 强企业产值占比：100 强企业的产值占总产值的比例，衡量了集中度。其计算公式为：

100 强企业产值占比＝100 强企业的产值／总产值×100%

3. 重点产业

（7）七大战略新兴产业对 GDP 贡献率：指七大战略新兴产业对 GDP 的贡献程度。其计算公式为：

七大战略新兴产业对 GDP 贡献率＝七大战略新兴产业增加值／GDP×100%

（8）四大支柱产业对 GDP 贡献率：指四大支柱产业对 GDP 的贡献程度。其计算公式为：

四大支柱产业对 GDP 贡献率＝四大支柱产业增加值／GDP×100%

（三）创新驱动

1. 创新投入

（1）研究开发经费支出占 GDP 比重：衡量了地区对研发的资金投入程度。其计算公式为：

研究开发经费支出占 GDP 比重＝研究开发经费支出／GDP×100%

（2）企业研发经费支出占全社会研发支出比重：衡量了企业研发投入对全社会研发投入的重要程度。其计算公式为：

企业研发经费支出占全社会研发支出比重＝企业研发经费支出／全社会研发支出×100%

（3）每万人工业从业人员拥有的研发人员数：衡量了工业企业研发人才投入程度。其计算公式为：

每万人工业从业人员拥有的研发人员数＝研发人员数／工业从业人员数（万人）

（4）大中型企业研究开发人员数：衡量大中型企业研发人员投入量。

（5）创新平台数量：衡量地区研发的载体投入，包括地区拥有的国家级和省市级的工程技术研究中心、重点实验室、工程实验室和企业技术中心数量。

（6）高等院校及科研机构数量：衡量地区研发的载体投入。

2．创新成果

（7）每万人专利授权量：指每万人平均占有的专利授权量。其计算公式为：

每万人专利授权量＝专利授权量／总人口（万人）

（8）全年技术市场交易成交额：登记合同成交总额中，明确规定属于技术交易的金额。

（9）新产品产值率：指一定时期内新产品产值占同期工业总产值的比重，既是直接反映新产品产出对工业总产值贡献率的指标，也是间接反映科技成果产业化水平的一个指标。其计算公式为：

新产品产值率＝（新产品产值÷工业总产值）×100%

（10）工业高新技术产品产值占工业总产值比重：衡量了高新技术生产的成果对工业总生产的贡献。其计算公式为：

工业高新技术产品产值占工业总产值比重＝工业高新技术产品产值／工业总产值

（11）工业高新技术出口产品销售收入占工业出口产品交货值比重：衡量了高新产品出口对总出口的贡献。其计算公式为：

工业高新技术出口产品销售收入占工业出口产品交货值比重＝工业高新技术出口产品销售收入／工业出口产品交货值

3．创新效率

（12）发明专利申请授权量与研究开发经费之比：衡量了研究开发的效率。其计算公式为：

发明专利申请授权量与研究开发经费之比＝发明专利申请授权量／研究开发经费

三　综合监测指标

（一）区域综合因素

1．价格指数

（1）居民家庭消费价格指数：是度量一组代表性消费商品及服务项目的价格水平随时间变动的相对数，是用来反映居民家庭购买消费品及服务的价格水平的变动情况。它一方面同人民群众的生活密切相关，同时在整个国民经济价格体系中也具有重要地位，而且还是进行经济分析和决策的重要指标。

（2）住宅销售价格指数：是综合反映住宅商品价格水平总体变化趋势和变化幅度的相对数，是对房地产市场进行监测的重要指标。

（3）工业生产者出厂价格总指数：是衡量制造商出厂价的变动趋势和变动程度的指数，具有非常高的市场敏感度。

2. 景气指数

（4）深圳企业景气指数：是根据深圳企业负责人对深圳企业综合生产经营情况的判断与预期而编制的指数，用以综合反映企业生产经营状况。

（5）深房景气指数：是反映深圳房地产业综合状态和发展趋势的指数。

3. 金融风险

（6）不良贷款率：是不良贷款占总贷款余额的比重，是评价金融信贷资产安全状况的重要指标。其计算公式为：

不良贷款率＝不良贷款/总贷款余额×100%

（7）地方债务/地方公共财政预算收入：可以反映地方债务的危害程度，从而衡量地区财政风险程度。

4. 市内权威评价指数

（8）深圳市消费者信心指数：是深圳统计局发布的反映消费者信心强弱的指标，能综合反映并量化消费者对当前经济形势评价和对经济前景、收入水平、收入预期。

（9）深圳公交服务指数：公交服务指数是一项反映公交服务与乘客期望之间对应关系的综合指标，不仅反映满意度，更聚焦具体问题。它包括大公交综合指数、公交各方式指数（常规公交、轨道交通、出租车等）、片区服务指数、线路得分、问题分布细项指标等，从宏观至微观，客观反映公交服务的全貌，是制定公交行业发展与改善决策的重要依据。它由深圳市交通委员运输会按季度发布。

（10）深圳市社会建设实绩考核指标：反映了深圳社会建设状况和程度，包含一系列指标。

5. 市外权威评价排名

（11）全球城市指数：是美国杂志《对外政策》在哥伦比亚大学社会学教授萨斯奇亚·萨森等人和一些组织的研究基础上，发表的全球城市排名。此项排名的研究是在五个领域：商业活动、人力资源、信息交流、文化积累及政治参与的基础上开展的。

（12）全球金融中心指数：是全球最具权威的国际金融中心地位的指标指数。2007 年 3 月，该指数开始对全球范围内的 45 个金融中心进行评价，并于每年 3 月和 9 月定期更新以显示金融中心竞争力的变化。该指数着重关注各金融中心的市场灵活度、适应性以及发展潜力等方面。全球金融中心指数的评价体系涵盖人员、商业环境、市场准入、基础设施等指标。

（13）中国城市竞争力排名：是由中国社科院社会科学研究所发布的一个城市综合竞争力排名，涵盖了经济、人民生活水平、环境、教育、科技、政府行政能力等指标。

（14）中国城市电子商务发展指数：是阿里研究院基于阿里巴巴平台的海量数据和"阿里巴巴电子商务发展指数"指标体系，指数的取值范围介于 0—100 之间，数值越大，反映当地电子商务发展水平越高，是衡量地区电子商务发展状况和发展潜力的综合指数。

（二）国内综合因素

（1）工业增加值增长率：是以工业增加值为总量指标计算出来的，用以反映工业生产增减变动的相对数。工业增加值增长率能反映工业经济的运行走势，而工业是经济发展的重要动力，因此，工业增加值增长速度能一定程度判断经济景气程度，研究经济运行状况。

（2）非制造业商务活动指数：是由商务活动、新订单、新出口订单、积压订单、存货、中间投入价格、收费价格、从业人员、供应商配送时间、业务活动预期 10 项扩散指数构成。国际上通常用商务活动指数来反映非制造业经济发展的总体情况，一般来说该指数达到 50% 以上，反映非制造业经济总体上升或增长；低于 50%，反映非制造业经济下降或回落。

（3）制造业采购经理指数（PMI）：是通过对企业采购经理的月度调查结果统计汇总、编制而成的指数，是国际上通用的监测宏观经济走势的先行性指数之一，具有较强的预测、预警作用。PMI 是一个综合指数，由 5 个扩散指数（分类指数）加权计算而成。5 个分类指数及其权数是依据其对经济的先行影响程度确定的。具体包括：新订单指数，权数为 30%；生产指数，权数为 25%；从业人员指数，权数为 20%；供应商配送时间指数，权数为 15%；原材料库存指数，权数为 10%。其中，供应商配送时间指数为逆指数，在合成 PMI 综合指数时进行反向运算。PMI 通常以 50% 作为经济强弱的分界点，PMI 高于 50% 时，反映制造业经济扩张；低于 50%，则反映制造业经济收缩。

（4）克强指数：是英国著名政经杂志《经济学人》用耗电量、铁路货运量和银行贷款发放量结合而成的综合指标。现代工业生产与能源消耗密切相关，因而耗电量可以准确反映我国工业生产的活跃度以及工厂的开工率；铁路作为承担我国货运的最大载体，铁路货运量既能反映经济运行现状，又可反映经济运行效率；而对于间接融资占社会融资总量很大份额的我国而言，贷款发放量既可反映市场对当前经济的信心，又可判断未来经济的风险度。"克强指数"反映经济现状的精确，不仅体现在上述三个指标更切合我国经济特征，还体现在具体数据的易于核实上。与 GDP 的统计相比，由耗电量、铁路货运量和银行贷款发放量三个指标涉及电网、铁路、银行的具体业绩核算，与地方政府的 GDP 崇拜并无干涉，也近乎没有作假掺水的空间和动机，故而所取得的具体数据也更为真实，同时也更真实反映经济的走势。

（5）东证期货大宗商品期货价格综合指数：是涵盖国内三大商品期货交易所上市交易的所有活跃品种的交易型指数。指数以各品种主力合约为跟踪标的，采用全年固定权重法进行编制，能反映我国大宗商品期货价格的变动。而大宗商品多是工业基础，处于最上游，因此反映其供需状况的期货价格变动也能反映经济体系运行状况。

（6）银行间同业拆借利率：是采用报价制度，以拆借利率为基础，对参与银行每天关于各个期限的拆借品种进行的报价加权平均处理后的平均拆借利率。银行间同业拆借利率是银行业整体健康状况的风向标，其利率水平反映着市场的资金供需状况和价格水平。

（7）国房景气指数：是"全国房地产开发业综合景气指数"的简称，这是国家统计局在 1997 年研制并建立的一套针对房地产业发展变化趋势和变化程度的综合量化反映的指数体系。该指数体系是由 8 个分类指数合成运算出来的综合指数，可以从土地、资金、开发量、市场需求等角度显示全国房地产业基本运行状况、波动幅度，预测未来趋势，为国家宏观调控提供预警机制。

（8）阿里指数：是了解电子商务平台市场动向的数据分析平台，根据阿里巴巴网站每日运营的基本数据，包括每天网站浏览量、每天浏览的人次、每天新增供求产品数、新增公司数和产品数这 5 项指标统计计算得出。由于目前阿里巴巴的用户覆盖了我国目前大部分中小企业，所以阿里指数一定程度上能成为我国电子商务市场的一个关键晴雨表。

（三）国外综合因素

（1）人民币对美元等货币的汇率：一国货币（人民币）兑换另一国货币（美元等）的比率，是以一种货币表示另一种货币的价格。

（2）国际原油价格：用美国的 WTI 原油价格来反映，这是因为美国在全球的军事经济能力，WTI 原油已成为全球原油定价的基准之一。而原油作为世界最重要的资源，其价格波动会极大地牵动各国的能源成本，从而影响各国的经济形势和走势。

（3）CRB 指数：又称为路透商品研究局指数，是由美国商品调查局依据世界市场上基本的经济敏感商品价格编制的一种期货价格指数。它包括了核心商品的价格波动，因此，能比现货指数更及时地反映世界主要商品价格的动态信息，可以用于观察和分析商品市场价格波动和宏观经济波动，并能一定程度揭示宏观经济的未来走势。

（4）OECD 综合领先指标：是按照一定标准将国民经济各领域的指标数据合成后构建而成，是反映一个国家宏观经济发展周期的领先指标。OECD 的综合领先指标主要有 6 个月领先指标和趋势领先指标两种。其中 OECD6 个月领先指标是为了提供经济活动扩张与缓慢转折点的提前信号而设计的，对未来经济发展具有预测功能，能够较好地提前预示这些国家的经济发展情况。

（5）全球 PMI 指数：是反映世界各国制造业综合形势和走势的

综合指数，对经济监测和预警有较强的先行性。

第六节　评价指标体系指标解释

一　经济增长

（1）人均 GDP 增长率：是指两年间人均国内总产值的增长变动。其计算公式为：

人均 GDP 增长率＝报告期人均 GDP／上期人均 GDP×100%−1

（2）地方公共财政预算收入增长率：指两年间地方公共财政预算收入的增长变动。其计算公式为：

地方公共财政预算收入增长率＝报告期地方公共财政预算收入／上期地方公共财政预算收入×100%−1

（3）进出口总额增长率：指两年间进出口总额的增长变动。其计算公式为：

进出口总额增长率＝报告期进出口总额／上期进出口总额×100%−1

（4）固定资产投资增长率：指两年间固定资产投资额的增长变动。其计算公式为：

固定资产投资增长率＝报告期固定资产投资额／上期固定资产投资额×100%−1

（5）社会消费品零售总额增长率：指两年间社会消费品零售总额的增长变动。其计算公式为：

社会消费品零售总额增长率＝报告期社会消费品零售总额／上期社会消费品零售总额×100%−1

二　结构优化

（1）最终消费占 GDP 比重：衡量了最终消费占 GDP 的份额。其计算公式为：

最终消费占 GDP 比重＝最终消费总额／当地 GDP×100%

（2）单位 GDP 能源消耗降低率：衡量了生产活动的资源利用情况。其计算公式为：

单位 GDP 能源消耗降低率 = 报告期单位 GDP 能源消耗/基期单位 GDP 能源消耗×100%－1

（3）每平方公里 GDP 产出：指每平方公里土地所能创造的 GDP。其计算公式为：

每平方公里 GDP 产出 ＝ GDP÷土地面积

（4）全社会劳动生产率：指每个从业人员平均所创造的 GDP。其计算公式为：

全社会劳动生产率 = GDP÷全社会从业平均人数

（5）工业经济效益综合指数：是反映工业经济运行质量的总量指标，可以用于考核和评价工业经济效益的实际水平和发展变化趋势。其计算公式为：

工业经济效益综合指数 = ∑（某项指标报告期数值÷该项指标标准值×该项指标权数）÷总权数

三　产业升级

（1）第三产业增加值占 GDP 的比重：衡量了第三产业对 GDP 的贡献。其计算公式为：

第三产业增加值占 GDP 的比重 = 第三产业增加值/GDP×100%

（2）金融业增加值占 GDP 的比重：衡量了金融业对 GDP 的贡献。其计算公式为：

金融业增加值占 GDP 的比重 = 金融业增加值/GDP×100%

（3）生物产业增加值增长率：指两年间生物产业增加值的增长变动。其计算公式为：

生物产业增加值增长率 = 报告期生物产业增加值/上期生物产业增加值×100%－1

（4）互联网产业增加值增长率：指两年间互联网产业增加值的增长变动。其计算公式为：

互联网产业增加值增长率 = 报告期互联网产业增加值/上期互联网产业增加值×100%－1

（5）新能源产业增加值增长率：指两年间新能源产业增加值的增长变动。其计算公式为：

新能源产业增加值增长率=报告期新能源产业增加值/上期新能源产业增加值×100%-1

四　创新驱动

（1）高新产业总产值占工业总产值比重：衡量了高新技术产业在工业中的地位。其计算公式为：

高新产业总产值占工业总产值比重=高新产业总产值/工业总产值×100%

（2）自主知识产权的高新技术产品产值占全部高新技术产品产值比重：衡量了自主知识产权在高新技术产品中的占比。其计算公式为：

自主知识产权的高新技术产品产值占全部高新技术产品产值比重=自主知识产权的高新技术产品产值/全部高新技术产品产值×100%

（3）R&D经费支出占主营业务收入的比重：衡量了企业对研发的投入程度。其计算公式为：

R&D经费支出占主营业务收入的比重=R&D经费支出/主营业务收入×100%

（4）企业R&D人员数：企业研究开发人员的数量。

（5）发明专利授权数：一定时期发明专利的授权数。

五　环境可持续

（1）可吸入颗粒物年平均值：是指城市建成区认证点位测得的单位体积中可吸入颗粒物含量，按日计算的年平均值。其计算公式为：

可吸入颗粒物年平均值=（∑日可吸入颗粒物含量）/年总天数

（2）二氧化硫排放量：即二氧化硫的排放量。

（3）城市生活污水处理率：指对城镇居民区和企业事业单位职工集中居住区排放的污水的处理程度。其计算公式为：

城市生活污水处理率=经过综合处理或利用的城市生活污水量/原城市生活污水量×100%

（4）绿化覆盖率：是衡量一个城市绿化水平的主要指标。其计算公式为：

绿化覆盖率＝城市内全部绿化种植垂直投影面积/城市面积×100%

（5）工业固体废弃物综合利用率：指对工业企业在生产过程中产生的固体状、半固体状和高浓度液体状废弃物的处理程度。其计算公式为：

工业固体废弃物综合利用率＝经过综合处理或利用的工业固体废弃物量/原工业固体废弃物量×100%

六　民生改善

（1）人均社会保障与就业支出：衡量了社会保障程度。其计算公式为：

人均社会保障与就业支出＝社会保障与就业支出/总人口

（2）每万人拥有亿元病床数：指每万人平均占有的病床数。其计算公式为：

万人病床数＝病床数/总人口（万人）

（3）恩格尔系数：是食物支出占个人消费总额的比重。其计算公式为：

恩格尔系数＝（城镇居民食品支出÷消费性支出×100%）×城镇人口比重+（农村居民食品支出÷生活消费支出×100%）×（1−城镇人口比重）

（4）城镇居民人均可支配收入：指居民家庭在支付个人所得税、缴纳的社会保障支出及调查户的记账补贴后可供居民家庭自由支配的收入。其计算公式：

城镇居民人均可支配收入＝居民可支配收入/总人口

（5）教育支出：包括国家财政性教育经费、社会团体和公民个人办学经费、社会捐（集）资经费、事业收入及其他教育经费。

"高、新、软、优"现代产业体系的含义：（1）"高端"，抢占现代产业制高点。大力发展高新技术产业，打造全球性高新技术产业基地；把握经济全球化时代产业链、价值链整合规律，制定产业链配套发展政策，推动高端化发展，提升产业链的整体竞争力；推动高新技术、信息技术向传统产业渗透，推动传统优势产业转型升级，努力实现从规模优势向技术优势转变。（2）扶持新兴产业，增强未来产业话语权。紧紧抓住代表未来发展方向和增长潜力的新技术、新产品、新产业，着眼长远、及早布局，集中力量扶持战略性新兴产业发展，打造新的经济增长点。（3）推动结构"软化"，增强产业发展驱动力。加快发展智力密集型的知识经济、网络经济和服务经济，推动信息技术与制造业、服务业深度融合，增强人力资源、知识技术等"软要素"对产业发展的驱动力。（4）坚持"优质"原则，提升产业国际竞争力。引进和培育一批优质产业，造就一批具有国际竞争力的跨国企业，创造一批具有核心知识产权和高附加值的国际知名品牌。

第七节　与部分国内城市的对比分析（2013 年）

一　数据的收集处理

数据处理与上文深圳市 2008—2013 年的综合评价类似，依照上述模型对深圳、北京、上海、广州、天津、苏州六城市的数据进行处理、计算，得到各个城市的综合评价得分，如表 4—7 所示。

表 4—7　六大城市产业转型升级及经济结构调整评价指标（2013 年）

二级指标	序号	三级指标	深圳	广州	北京	苏州	天津	上海	权重（%）
经济增长	1	GDP	0.12	0.14	0.24	0.08	0.12	0.29	4.08
	2	地方公共财政预算收入	0.10	0.06	0.24	0.18	0.16	0.27	3.08
	3	进出口总值	0.27	0.06	0.22	0.16	0.07	0.22	3.36
	4	固定资产投资总额	0.06	0.11	0.20	0.19	0.27	0.16	3.23
	5	社会消费品零售总额	0.10	0.21	0.27	0.06	0.10	0.26	1.91

续表

二级指标	序号	三级指标	深圳	广州	北京	苏州	天津	上海	权重（%）
结构优化	6	居民消费占 GDP 的比重	0.12	0.24	0.19	0.07	0.09	0.28	3.91
	7	单位 GDP 能源消耗降低率	0.13	0.17	0.15	0.07	0.20	0.28	3.73
	8	每平方公里 GDP 产出	0.30	0.18	0.09	0.14	0.10	0.19	4.94
	9	全社会劳动生产率（GDP 与年平均从业人员之比）	0.20	0.28	0.07	0.15	0.07	0.22	2.97
	10	工业经济效益综合指数	0.06	0.27	0.22	0.10	0.13	0.22	5.84
产业升级	11	第三产业增加值占 GDP 的比重	0.17	0.21	0.28	0.07	0.11	0.16	4.33
	12	金融业增加值占 GDP 的比重	0.27	0.08	0.28	0.08	0.09	0.20	2.13
	13	战略性新兴产业占 GDP 的比重	0.31	0.14	0.13	0.20	0.10	0.12	6.88
创新驱动	14	高新产品出口额占总出口额的比重	0.23	0.05	0.12	0.26	0.16	0.18	5.23
	15	全社会研发投入占 GDP 的比重	0.19	0.10	0.31	0.12	0.13	0.16	4.11
	16	高新技术产业当年价总产值占工业总产值的比重	0.30	0.19	0.13	0.18	0.09	0.11	4.82
	17	R&D 人员全时当量	0.16	0.21	0.29	0.08	0.08	0.18	3.67
	18	发明专利授权数	0.19	0.10	0.31	0.11	0.10	0.19	4.70

续表

二级指标	序号	三级指标	深圳	广州	北京	苏州	天津	上海	权重（%）
环境可持续	19	环境空气质量达标天数比例	0.28	0.20	0.11	0.15	0.07	0.18	3.34
	20	二氧化硫排放量	0.33	0.15	0.15	0.13	0.12	0.12	1.65
	21	污水集中处理率	0.26	0.22	0.14	0.05	0.18	0.15	2.01
	22	绿化覆盖率	0.21	0.10	0.30	0.18	0.09	0.13	3.91
	23	工业固体废弃物综合利用率	0.22	0.18	0.01	0.17	0.22	0.20	1.32
民生改善	24	人均社会保障与就业支出	0.08	0.20	0.27	0.13	0.07	0.25	2.58
	25	每万人拥有医院病床数	0.05	0.26	0.19	0.12	0.12	0.19	2.81
	26	恩格尔系数	0.12	0.20	0.31	0.17	0.10	0.10	3.54
	27	城镇居民人均可支配收入	0.25	0.13	0.17	0.18	0.04	0.23	2.79
	28	教育支出	0.19	0.11	0.21	0.07	0.27	0.15	3.13

注：各指标值为同度量化后数值。

二　评价结果及其分析

（一）深圳市产业转型升级与经济结构调整综合情况分析

根据对深圳、北京、上海、广州、天津、苏州六城市产业转型升级与经济结构调整各级指数的测算情况（见图4—7），在指数的综合得分上，按得分高低依次为北京（20.03%）、深圳（19.11%）、上海（19.05%）、广州（16.14%）、苏州（13.69%）、天津（11.99%）。

从空间分布上看，同属珠三角的深圳与广州在综合得分上有一定的距离，同属长三角的上海和苏州得分差异较大，珠三角、长三角这两大经济带之间城市的得分差距较大，城市间的产业转型升级与经济结构调整同时呈现区域内趋同及区域间分异的两大特点。这两大特点反映了各城市产业结构在经济发展过程中出现的扩散和同步效应。

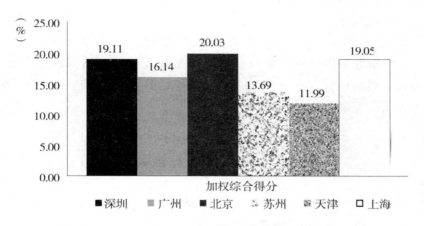

图4—7 六大城市产业转型升级及经济结构调整综合得分（2013年）

所谓扩散效应是指所有位于经济扩张中心的周围地区，都会随着与扩张中心地区的基础设施的改善等情况，从中心地区获得资本、人才等，并被刺激促进本地区的发展，逐步赶上中心地区。在产业结构上，就中小城市而言，其产业结构与中心城市一般为互补型，以实现社会分工的优势，而区域内的中心城市则容易出现产业结构趋同的情况，如广州与深圳、上海与苏州，当中心城市发展到一定阶段，需要进行产业转型升级时，由于地域上十分接近，会产生产业转型升级在时间上的同步，也即区域内的城市同时同步调地进行产业转型升级。

在这两种效应作用下，各个城市产业转型升级进程中在资本、人才、技术等要素上均面临着城市间的竞争。当城市资源禀赋（如资本、人力资源等）相差较大时，城市间差距将拉大，社会再次发生分工，如上海与苏州，在产业结构方面已全然不同，上海逐渐发展金融、高科技产业，而苏州逐步转向制造业为主导的结构。就珠三角而言，深圳与广州各有优势，与广州相比，深圳在产业升级方面已经走在前头，无论是金融业还是各大战略性新兴产业都有长足的发展，这也为深圳产业转型升级在资本及技术上积累了优势。但在创新驱动方面，深圳科研院所、科研人才缺乏的劣势比较明显，尤其在科研及人才的投入方面，尚需加大投入，引进人才，以增强城市的核心竞争力。

（二）深圳市产业转型升级与经济结构调整二级指数分析

二级指数结果反映了各城市产业转型升级与经济结构调整在经济增长、结构优化、产业升级、创新驱动、环境可持续、民生改善六个方面的发展特征，如图4—8所示。

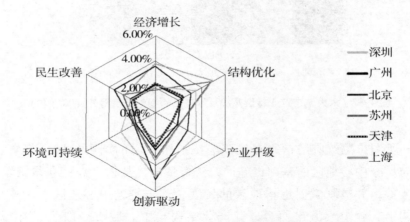

图4—8　六大城市产业转型升级及经济结构调整二级指数一览（2013年）

1. 经济增长

经济增长二级指数包括 GDP、地方公共财政预算收入、进出口总值、固定资产投资额、社会消费品零售总额五项具体指标。经济增长反映一个城市经济发展的大环境，上海、北京、天津名列三甲，其中上海以微弱优势超过北京排名第一，接下来第四、五、六名依次为深圳、广州、苏州，三城市经济增长得分相差不大（见表4—8）。

表4—8　　　　　　　六大城市经济增长指标一览（2013 年）

指标	计量单位	深圳	广州	北京	苏州	天津	上海
GDP	亿元	14500.23	15420.14	19800.81	13015.70	14442.01	21818.15
地方公共财政预算收入	亿元	1731.26	1141.79	3661.11	1331.03	2078.30	4109.51
进出口总值	亿美元	5373.59	1188.88	4299.41	3093.47	1285.28	4413.98
固定资产投资额	亿元	2501.01	4454.55	7032.20	6001.94	9130.25	5647.79
社会消费品零售总额	亿元	4433.59	6882.85	8375.10	3662.24	4470.40	8052.00

从具体细分指标来看，深圳具有下列特点：

——深圳经济规模，尚有较大发展空间。深圳 GDP、地方公共财政预算收入均排名第四，在经济总量发展方面尚存在赶超空间，需要进一步释放"深圳质量"的经济拉动力，以质带量，实现经济的高质量增长。

——"外向型"经济特点显著，消费及投资对经济拉动作用有限。在消费、进出口、投资三个方面，深圳进出口总值排名第一，社会消费品零售总额排名第五，固定资产投资额则排名最后，说明深圳经济发展主要受消费与进出口拉动。与其他城市相较，深圳对投资的依赖更少，趋向于"外向型"经济，而消费及投资方面尚可加大投入，进一步拉动经济增长。

2. 结构优化

结构优化包括最终消费占 GDP 比重、单位 GDP 能源消耗降低率、每平方公里 GDP 产出、全社会劳动生产率、工业经济效益综合指数五个方面。结构优化综合反映了各城市在经济结构上的优化成果。

深圳的结构优化指数得分名列第三，次于上海及广州（见图4—9）。具体来看，深圳具有下列特点：

——居民消费占 GDP 的比重为 21.77%，仅高于苏州、天津，说明深圳在国民收入分配中用于居民消费所占比重偏低，经济的内生增长动力还有提高的空间。

——每平方公里 GDP 产出、全社会劳动生产率、单位 GDP 能源

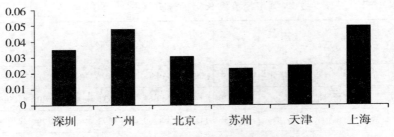

图4—9　六大城市结构优化指数得分（2013年）

消耗降低率方面排名靠前，尤其是每平方公里 GDP 产出，已达到7.26 亿元/平方公里，名列六市第一，体现了深圳经济增长在结构上的高效益与高质量。

——工业经济效益综合指数方面，深圳指数值为 217.5%，和天津、苏州得分相近，与北京、上海、广州存在差距，这表明深圳工业总体经济效益较好，但仍可进一步挖掘潜力，在发展新兴产业的同时加强对传统产业的扶持引导。

3. 产业升级

产业升级方面包括第三产业增加值占 GDP 的比重、金融业增加值占 GDP 的比重、战略性新兴产业占 GDP 的比重三个指标。

产业升级方面深圳排名第一（见图 4—10），效果优异，这主要得益于以下三点原因：

——第三产业增加值占 GDP 的比重达 56.6%，次于北京、广州、上海，第三产业的发展反映了深圳产业结构优化升级的效果良好。

——金融业增加值占 GDP 的比重达 13.8%，仅次于北京，金融业的发展有力地带动了深圳的产业升级。

——战略性新兴产业占 GDP 的比重最高，达 27%，远远超过第二名苏州的 15.9%，反映了深圳战略性新兴产业的飞速增长。

4. 创新驱动

创新驱动包括高新产品出口额占总出口额的比重、全社会研发投入占 GDP 比重、高新技术产业当年价总产值占工业总产值的比

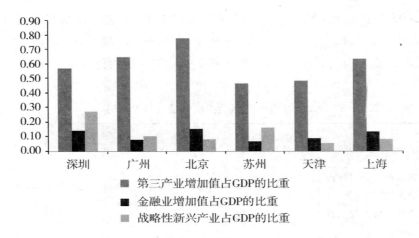

图4—10 六大城市部分指标对比图（2013 年）

重、R&D 人员数、发明专利授权数五个方面。创新驱动主要通过对科研的投入和产出来衡量。深圳在六市中排名第二，得分仅次于北京（见图4—11）。

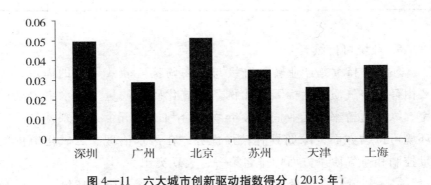

图4—11 六大城市创新驱动指数得分（2013 年）

——从投入上看，全社会研发投入占 GDP 比重排名位列第二，这表明深圳从政府到企业都对科研投入非常重视，向研发领域投入了大量资源。

——从产出来看，深圳 R&D 人员全时当量 18.13 万人/年，在六市中位列第四，但发明专利授权数达 10987 件，仅次于北京的

20695 件；与此同时，深圳高新产品出口额占总出口额的比重达52.04%，仅低于北京（见表4—9）。这说明深圳创新产出的质量和效率很高，有力地推动了技术及贸易的发展，值得进一步加大投入。

表 4—9　　　　六大城市创新驱动指标一览（2013 年）

指标	计量单位	深圳	广州	北京	苏州	天津	上海
高新产品出口额占总出口额的比重	%	52.04	31.05	32.26	57.00	39.30	43.43
全社会研发投入占GDP 比重	%	4.02	1.90	6.08	2.60	2.98	3.60
高新技术产业当年价总产值占工业总产值比重	%	57.97	42.79	34.58	43.54	30.49	20.70
R&D 人员全时当量	万人/年	18.13	23.30	33.42	9.18	14.37	22.68
发明专利授权数	件	10987	4055	20695	4413	3141	10644

5. 环境可持续

环境可持续是产业转型升级与结构调整"软效果"的体现，主要由环境空气质量达标天数比例、二氧化硫排放量、污水集中处理率、绿化覆盖率、工业固体废弃物综合利用率五个方面来衡量。在环境可持续方面，深圳具有较强优势，在污水治理、二氧化硫排放量控制和空气质量方面均排名第一，表现突出。

——环境空气质量六市最优。2013 年，深圳全市环境空气质量指数达标天数达 324 天，占全年监测有效天数（364 天）的 89.0%，是各大城市中质量最好的；二氧化硫排放量 0.82 万吨，远低于其他大城市；绿化覆盖率 45.08%，六市排名第二（见表 4—10）。

——循环经济发展良好，资源得到高效利用。2013 年，深圳城市生活污水处理率达 96.0%，显著提高了水资源的回收利用效率；工业固体废弃物综合利用率 99.16%，排名第一。与其他城市相比，深圳的水资源、废弃物资源上已得到高效利用。

表 4—10　　　六大城市环境可持续指标一览（2013 年）

指标	单位	深圳	广州	北京	苏州	天津	上海
环境空气质量达标天数比例	%	89.00	71.23	48.00	71.80	40.00	66.00
二氧化硫排放量	万吨	0.98	6.57	8.70	18.34	21.68	21.58
污水集中处理率	%	96.00	91.38	84.60	94.54	87.50	84.42
绿化覆盖率	%	45.08	35.65	46.80	42.60	34.39	38.40
工业固体废弃物综合利用率	%	99.16	95.17	78.96	94.30	98.88	97.12

6. 民生改善

民生方面，由人均社会保障与就业支出、每万人拥有医院病床数、恩格尔系数、城镇居民人均可支配收入反映。深圳尽管近年来民生不断改善，但仍名列第五，排名靠后（见图 4—12）。

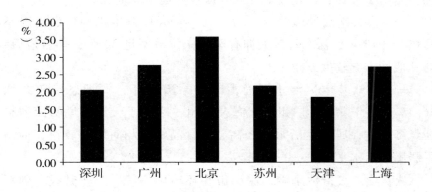

图 4—12　六大城市民生改善指数得分（2013 年）

具体指标上得到的信息如下：

——人民生活水平较高。2013 年，深圳人均可支配收入在各大城市中排名第一，达到 44653 元/人（见表 4—11）。

表 4—11　　　　　六大城市民生改善指标一览（2013 年）

指标	单位	深圳	广州	北京	苏州	天津	上海
人均社会保障与就业支出	元/人	741.4	1537.8	2218.3	1083.4	1557.6	1937.9
每万人拥有医院病床数	张/万人	25.5	55.0	44.5	48.8	34.6	39.0
恩格尔系数	%	36.1	33.9	31.1	34.8	36.7	34.9
城镇居民人均可支配收入	元/人	44653	42049	40321	42748	32658	43851
教育支出	亿元	274.2	122.2	318.5	19.4	458.0	208.1

——教育投入处于较高水平。2013 年，深圳教育财政支出达 274.2 亿元，位列第三，次于天津、北京。与兄弟城市比较，教育投入处于较高水平。

——社会保障体系建设有待加强。2013 年，深圳人均社会保障与就业支出 741.4 元/人，位列最末。这与深圳人口年龄结构偏低，社保支出少有关，但仍需对社保及就业问题予以重视。

——公共基础设施情况一般。其中，医疗卫生机构建设情况不理想，2013 年，深圳每万人拥有医院床位数不足 26 张，排名最后，与其他城市有较大差距。

——群众基本生活水平尚需改善。2013 年，深圳恩格尔系数 36.1%，高于北京、广州、上海及苏州，略低于天津，说明深圳整体经济发达，居民生活水平较高，但食品物价相对增长较快，抑制了居民生活水平的更进一步提高。

从 6 项二级指数来看，深圳市在环境可持续、产业升级、创新驱动等方面处于领先地位，其中，环境可持续方面的优势最强，体现了深圳相对于其他城市在环境的投入和治理方面成绩良好；在产业升级方面排名第一，创新驱动名列第二，并与其他城市拉开较大距离，这体现了深圳在发展第三产业以及金融、战略性新兴产业方面具有较好的效益及效率，且已开始从科研创新中分享到"创新红利"，未来深圳的发展潜力将随着科研创新实力的发展进一步显现。

第五章

深圳市经济运行分析体系

如何准确、全面、系统地分析经济运行状况，把握新常态下经济运行的方向，是贯彻落实科学发展观的要求，也是一个地区明确其战略定位和提升在国际、国内市场竞争力的要求。构建经济运行分析体系，适应新常态下经济发展，加快产业转型升级，着力构建现代产业体系，进一步增强产业核心竞争力，提升经济发展的质量和效益，创造"深圳质量"，建设现代化国际化先进城市的重要任务。因此，构建深圳市经济运行分析体系是非常必要的。

第一节　经济运行分析体系的构建

一　经济运行分析的概念、意义与作用

（一）经济运行分析的概念与意义

经济运行分析，一般是指在统计调查获得的经济信息基础上，对经济体中的诸方面展开对照、比较和分析研究，对其经济内涵、运行过程、显著特点、存在问题和发展趋势做出分析、判断，并力求真实地反映经济运行的本质特征和内在规律。

经济运行分析也称为"经济活动分析"或"经济分析"，从宏观经济或微观经济层面对经济活动、经济发展情况进行分析，包括与历史同期的纵向比较或与国内外同行的横向比较分析。经济运行分析是一项综合运用经济理论、方针政策、统计科学等多种知识及与具体分析对象相关的专业知识，对分析对象进行的一种研究活动。通过经济运行分析，既有利于肯定成绩、解决问题，也有助于总结

经验、指导未来。

　　改革开放之初，我国经济基础薄弱，物资极为短缺，百姓温饱不足。在彼时的"窘态"下，要摆脱贫穷，后来居上，就必须奋起直追，全力加速。因此，运用各种条件促进经济快速增长，是当时经济发展的重中之重，也是经济运行分析的重中之重。经过30多年的高速增长，我国经济的体量已今非昔比，一年的经济增量就相当于以前很多年的全年经济总量。然而，高速的经济增长带来了质量不高、结构失衡、资源紧张、环境污染等问题，同时也是当前经济运行分析常常表现出来的问题。十八大以来，我国经济主动放弃粗放式、外延式、数量型发展模式，致力于精准式、内涵式、质量型发展模式。由于总量和基数变大，每增长一个百分点，在保就业、惠民生方面的效应也明显增大。经济运行的重心发生变化，经济运行分析的内容和要求也要转型。

　　无论是国家还是地方经济的发展，都不再以 GDP 的增长论英雄，而是要做到全面、协调、可持续发展；要统筹城乡发展、区域协调发展，统筹经济、社会、人与自然的和谐发展，统筹国内发展和对外开放。构建经济运行分析体系，针对经济运行的事前、事中和事后分析，从整体上把握经济发展的水平、发展的态势以及存在的问题，为科学决策提供参考，引导经济朝着既快又好的方向发展。因此，构建深圳市经济运行分析体系是非常有必要的。

　　（二）经济运行分析体系的作用

　　经济运行分析反映整体经济运行状况。经济发展的生命力在于能根据自身资源禀赋和比较优势，形成具有地方特色的产业结构、产品结构，以及经济文化和经济运行方式。要评价和引导地方经济的发展，需要构建一套能够反映经济发展规律要求的分析体系，以及时掌握其经济运行的特点、趋势和影响因素，找出运行中存在的问题，揭示经济发展变化的规律性。

　　经济运行分析有助于宏观调控。我国正处于经济改革关键时期，按照中央"稳增长、调结构、促改革、惠民生"的总基调，积极贯彻国家各项宏观调控举措，努力克服国内外经济环境错综复杂和自身结构调整带来的各种困难，通过构建一套相对规范和统一的经济运行分析体系，可以对经济运行状况及时做出判断和评价，并为宏观经济调控政策的制定提供依据，为实现经济发展总体目标服务。

经济运行分析是经济决策的重要基础。宏观经济政策要保持连续性、稳定性，坚持区间调控，突出定向调控，简政放权，减税让利。构建经济运行分析体系是科学开展宏观调控的监视器和检测器，是为经济决策过程提供信息沟通和交流的共同平台，是观测经济发展是否平稳、监督宏观调控措施的有效性、衡量经济发展战略实施效果的基础。

经济运行分析为产业结构转型提供建议。新常态下的明显特征是增长动力实现转换，经济结构实现再平衡。突出表现为：供给结构中服务业取代工业成为经济增长主要动力；需求结构中的投资率明显下降，消费成为需求增长的主体；收入结构中居民收入占比明显上升；动力结构中技术进步和创新成为决定成败的"胜负手"。构建经济运行分析体系，对供给、需求、收入、动力等结构的分析，正是产业结构转型优化升级分析的重点，通过经济运行中的结构分析、转型分析，为加快产业结构转型升级提供方向。

二　经济运行分析的内容与特点

从经济运行分析对象上看，可以是对区域有影响的产业园区的运行分析，也可以是整个地区甚至国家和全球经济的运行分析。对一个地区的经济运行，应分析其优势产业的运营状况，分析其资源是否合理运用，分析各个产业的分布比重及其产值；对一个国家的经济运行，应分析其国民生产总值中消费、投资、进出口等占比，分析工农业增长率、通货膨胀率等问题。对全球经济运行，应站在更宏观的高度，分析全球资源利用现状、产业在全球的分布、各国货币财政等政策的特点与影响，甚至分析各国政治、军事、外交等因素，以便更深层地分析当下的经济运行。

从经济运行分析内容上看，可以通过对经济增速、物价水平、货币供应量、固定资产投资额、社会消费品零售等指标来反映经济运行的整体情况；还可以对当前经济的效益、结构进行分析，从企业、行业角度进行分析等。经济运行分析还应该从整体上全面把握经济运行的状况：总供给方面，从三次产业分析支撑经济增长的因素；总需求方面，从投资、消费分析拉动经济增长的因素；效益方面，从财政收入、企业利润收入和居民收入分析经济效益。

经济运行分析的特点包括以下几个方面：

（1）分析趋势变化，一是要看同比，也要看环比；二是要看当期，也要看远期；三是要看相关指标的变化情况，也要看指标的水平状况；四是要有前瞻性，分析形势要多看一步。

（2）分析结构变化，国民经济中存在大量结构性问题，如 GDP 结构、工业结构、固定资产结构、消费结构、外贸结构、收入结构、空间结构等。

（3）分析质量效益及其变化，不仅要关注规模与速度，还要关注劳动生产率、资金效率、土地效率、能源效率，要分析技术水平的提高及在经济增长中的作用，还要分析指标的含金量、环境质量的提高、老百姓获得的实惠，进而分析综合国力和竞争力的提高。

（4）分析各种指标的构成特点与各指标之间的关系，例如，平均指标的构成，相对指标的分析，变异指标、均衡指标的深度分析。

（5）在分析中，可以根据规模水平、速度、结构、效率等指标方法展开分析，可以通过产业链及发展因素展开分析，可以通过时间序列开展纵向分析，可以通过与国内外相关区域的发展做横向对比。

（6）在分析方法上，可以采用定性分析方法、时间序列分析方法、计量经济模型分析法、投入产出分析法、统计模型、监测预警模型等数量分析相结合的方法。

三　经济运行分析体系设计原则

体系是一个由某种规则构成的、具有相互作用或相互信赖的关系统一起来的事物的总体或集合体。经济运行分析涉及的领域和内容非常广泛，在构建经济运行分析体系方面，需遵循以下原则：

（1）科学性与可操作性相结合的原则。应依据经济发展和经济增长，能够科学地、客观地、真实地反映经济运行与运行质量，有助于科学地认识经济发展的规律性；同时，要求分析方法既科学又简便，数据能够方便取得，具有较强的可操作性。

（2）现实性与前瞻性相结合的原则。应当主要反映经济运行的现实状况，但同时也应具有前瞻性，能够为经济转型发展提供方向，使政府能够更好地简政放权，有力推进改革，让市场主体真正放开手脚，激发市场活力、发展动力和社会创造力，为经济的发展起导航作用。

（3）全面性与敏感性相结合的原则。不仅要反映经济建设与社会发展，而且要涵盖人与自然的和谐发展，地区之间、城乡之间经济的协调发展与辐射作用。其涵盖面要广，但同时也要具有敏感性，经济运行出现状况，能够及时反映。

四 经济运行分析体系的构建

经济运行分析报告，可因其时间、范围、分析对象和分析内容的不同分为不同类型。例如，按时间分，可分为定期、不定期预测分析报告，事前预测分析报告、事中预测分析报告、事后预测分析报告以及短期、中期和长期经济运行分析报告或预测报告等；按分析范围划分，可分为宏观经济分析报告、中观经济分析报告和微观经济分析报告；按分析对象分，既有整个地区宏观经济分析，也有行业经济运行分析，还有以某一企业为分析对象的微观经济分析；按分析内容分，既有单一经济问题的分析，也有专题经济现象的分析，还有综合性问题的分析。

区域经济运行分析中，归纳整理各地统计部门开展的统计分析工作实践，结合深圳产业转型升级和经济结构调整的现实要求，构建一套适合深圳经济运行的相对规范和统一的经济运行分析体系，大体上可以概括为以下三个方面的内容：

（1）经济运行基本面的分析，包括工业、服务业、固定资产投资、消费市场、劳动就业、进出口、生态环境、社会民生等常规项目的分析。

（2）转型升级与结构调整分析，包括创新驱动措施、传统产业转型升级、新兴产业发展、重点行业发展动态、重点企业改革实效、优化环境节能减排、民生福利改善等领域的分析。

（3）与可持续发展相关的综合问题分析，包括往年历史资料的分析与发展规律的探讨、可持续发展问题的分析；区域合作与对外交往战略分析、政府重大政策执行情况的分析、产业园区和重点发展区域的分析、制造业与服务业融合发展问题的分析等，特别是近期热点、难点和问题的分析。

第二节　经济运行分析体系的设计

探索新常态下的经济运行分析新框架主要包括以下内容：

一　基本情况分析

（1）总体发展水平与发展速度分析。经济运行中，发展速度是衡量经济运行的基本指标，过去 30 多年，我国 GDP 增速都在以 10% 的速度高速前进，我国 GDP 增速自 2009 年以来跌至 8% 以下。当年的"年中定调"指出"要把稳增长放在更加重要的位置"，"促进经济平稳较快发展"。2013 年的"年中定调"则没有将稳增长表现出来，而是重点强调"以提高经济发展质量和效益为中心，统筹稳增长、调结构、促改革"。截至 2015 年底，我国 GDP 增速已连续低于 8% 的速度运行，理性看待经济增速也已成为官方宏观调控的重要基调，因此也是经济运行分析的基本内容，保持国内生产总值合理增长、努力实现经济发展质量和效益得到提高又不会带来后遗症的速度。

（2）产业运行分析。推动国民经济的运行发展，主要靠第二产业，特别是高耗能产业的高速增长，工业仍然是支柱产业，但是粗放型的增长已经不再适应我国的经济发展。第二产业的自身转型升级，第三产业的迅速崛起，是带领我国经济平稳发展的关键。加快产业转型升级，加速构建现代产业体系，增强产业核心竞争力，突破发展瓶颈，拓展产业空间，是经济运行分析中结构分析的主要目标。第二产业与第三产业的结构、协调发展速度，第二产业中，更多关注规模以上工业企业特别是现代制造业、高技术制造业的发展带动作用，新兴产业、重点支撑企业的发展速度与运行效益；第三产业中，关注高端服务业、批发零售业、物流、金融业等的企业利润。

（3）投资方向及其效益分析。投资是拉动我国经济增长的主要方式之一。投资结构的转变反映经济发展方向的转变。投资结构不断优化，投资方式由"大水漫灌"改为"喷灌"和"滴灌"；投资投向由以往的粗放式"面投"改为精准式"定投"；投资更加注重向补齐城乡基础设施等民生短板倾斜。经济运行分析不仅要关注投资额，更要关注投资效益。我国固定资产投资效益不高，与投资结构不平衡也有很大的关系，投资结构的偏差制约了整体效益的提高。经济运行分析包括三次产业的固定资产投资额以及投资的领域，更多关注第二产业与第三产业的投资比重，第二产业的投资中，技术改造投资、战略性新兴产业投资所占的投资比例，第三产业中的高新技术产业投资，房地产业、金融业等的投资。投资规模的大小、投资增幅的高低、投资的持续发展，需要一个强有力的资金基础作保障。投资来源由政府投资、港澳台外商投资和民间投资三部分构成，民间投资的增多，对于改善投资结构，提高投资效益，具有重要意义。

（4）消费水平及其规律分析。"十二五"时期，是国际金融危机后全球经济结构重构的关键时期，我国的经济结构调整必须向更深更广的领域进军，进一步优化消费、投资、出口三大需求的配置比例，并以扩大内需作为转方式、调结构的重要任务。2015年，最终消费对 GDP 贡献为 51.6%，资本形成为 45.0%，而净出口则为 3.4%，消费成为 GDP 主要贡献力量。经济运行在对社会零售商品总额进行分析的同时，还需要对增长迅速的各部分加以分析。新型城镇化、收入分配制度改革、政府改革、金融改革、财税改革、土地改革等措施，都将有利于缩小收入差距，从而提高社会的平均消费率。另外，节能环保、信息消费、健康养老、智能电子等新兴领域也将创造新的消费动力。

（5）进出口贸易及其影响分析。进出口作为拉动经济发展的三驾马车之一，对经济发展有着重要影响。进出口受国际市场需求影响，对于经济增长带来不确定性。随着人口红利减弱、资金成本提高、资源环境压力增大，我国不仅经济潜在增长率下滑，而且对外贸易传统的成本与价格优势逐步弱化，部分出口产品市场份额被周边国家侵蚀。在这种情况下，外向型企业更加重视提高管理效率、降低经营成本、加强技术创新，同时政府部门加强对出口质量的管理，打击出口假冒伪劣和侵犯知识产权商品，全面推进以质取胜战略，贸易出口软实力有所提高。充分利用产业扶持、政策优惠等手段，加快高新技术产业和资金密集型产业的发展，为出口提供更多的高附加值产品，提高我国商品的国际竞争力。在出口商品结构调整过程中，应当通过信贷等手段支持机械、电子、交通运输设备等高新技术产业扩大出口，提高出口商品的档次。

（6）民生福利与生活水平变动分析。经济运行的好坏反映人们的生活水平与民生福利。除国防、公共卫生、环境保护、公益设施等具备纯公共产品性质的公共福利外，那些具有准公共产品性质的公共福利，如教育、医疗、住房、交通及社会保障等，通常也要以国家为责任主体而由社会提供。公共福利享有的多少，反映一个国家居民生活水平的高低。改革开放后，人民整体生活水平快速提高，但相对于经济的快速发展，以民生为重点的社会建设有些滞后，反映在收入分配领域，出现贫富不均甚至两极分化的情况。一个良好的经济运行分析体系需要在衡量经济增长的同时，更多地关注民生福利以及人民生活质量的提升，特别是在收入、医疗保险、教育、生态环境、公共设施等方面开展分析。例如，人均基本公共服务支出、城镇居民人均可支配收入和人均 GDP 比例、每万人拥有医院病床数、绿地覆盖率、环境空气质量达标天数比例等方面的分析。

二　转型调整分析

（一）新常态下的经济运行特点分析

传统发展模式下，经济增长更多依赖投资和出口，出口需求受外部环境影响会经常变化，投资需求也会随着经济周期出现过热过冷的波动。而新常态下，更多依赖消费拉动的经济增长将相对稳定，周期性波动的波幅会明显缩小。在新常态下，特别是在当今经济结构调整和产业转型升级阶段，就业充分、收入均衡、社保完善、增长平稳、物价稳定、质量提升，需要纳入到效益分析体系中。在经济增速放缓的过程中，经济质量的提高则是展示经济效益提升的最佳途径，即实现就业充分、企业盈利、财政增收、民生改善、风险控制、资源环境可持续。

新常态下经济运行的特点包括：（1）物价稳定，经济平稳增长是物价稳定的基础。比如，深圳物价在 2014 年和 2015 年分别上涨 2.0%、2.2%。（2）质量提升。随着资源环境约束强化，我国经济转向创新驱动，经济增长的质量和效益将成为企业和社会追求的更高目标。（3）充分就业。2015 年深圳第二产业每亿元 GDP 吸纳就业 586 人左右，第三产业 470 人左右。产业转型升级，保持经济增长，就业状况就会明显改善。（4）收入分配均衡。就业充分和扩大消费的政策，使劳动者收入提升有了保障；最低工资和社会保障制度的普遍推行，保障低收入群体的收入水平提高；产业空间布局调整，推动地区差距的缩小，使收入分配趋向合理。（5）完善社保。要消除居民消费的后顾之忧，就应精心编织世界上最大的社会保障网，建立更加全面的社会保障体系，也是经济效益提升的体现。

（二）产业转型升级重点领域分析

战略性新兴产业的发展。新兴产业是指随着新的科研成果和新兴技术的发明、应用而出现的新的部门和行业。其中，人们关注的战略性新兴产业主要包括节能环保、新一代信息技术、生物、高端装备制造、新能源、新材料和新能源汽车七大产业。在政策的鼓励和扶持下，我国战略性新兴产业呈现良好发展态势，产业规模持续扩大，一批关键性技术取得突破，对经济发展的拉动作用不断增强，支柱产业地位日益凸显。

以新一代信息技术产业为例，新一代信息技术产业是随着人们日趋重视信息在经济领域的应用以及信息技术的突破，在以往微电子产业、通信产业、计算机网络技术和软件产业的基础上发展而来，一方面具有传统信息产业应有的特征，另一方面又具有时代赋予的新特点。新一代信息技术是转变生产方式的强力引擎，代表了产业现在和未来的技术发展趋势，国际金融危机之后，促使世界经济复苏的重要驱动力就是信息技术。

国家"十二五"规划中明确了战略新兴产业是国家未来重点扶持的对象,在国家的战略性新兴产业"七剑客"中,新一代信息技术产业是唯一一个指向"国际竞争力"的产业,将被重点推进。它包含了下一代通信网络、物联网、三网融合、新型平板显示、高性能集成电路和以云计算为代表的高端软件等相关产业。这些产业其实代表着全世界未来产业发展的方向,也是各国重点竞争的领域。

受全球经济低迷的影响,2015 年我国电子信息制造业增速有所放缓,传统信息产业增长乏力。但让人眼前一亮的是,新一代信息技术产业不断发挥引领作用。在移动互联网的带动下,通信设备行业发展最快。通信设备制造业仍然引领产业发展,但较 2014 年增速下降明显。通信设备行业实现销售产值同比增长 11.2%,高出全行业平均水平 6.3 个百分点,明显低于 2014 年同期增长水平,但移动通信基站的增幅有望拉动后续产业发展。大中城市家庭的智能手机、平板电脑、智能电视拥有率已达到 80%。家庭宽带接入、网络视频、网络购物等业务已成为信息消费的主要增长点。

随着政策带动、市场拉动、创新能力推动效应的逐步放大,新一代信息技术逐步进入快速成长期,新一代信息技术产业"钱景"看好。我国信息网络及应用市场规模至少达到数万亿元,数字电视终端和服务未来 6 年累计可带动近 2 万亿元的产值。"十二五"时期,新一代信息技术产业销售收入年均增速将超过 25%,到 2015 年销售收入超过 4.5 万亿元。

传统产业改造升级。传统产业是指在工业化进程中,相对于新兴主导产业来说,前一个阶段主导产业高速增长后保留下来的一系列产业。典型的传统产业包括纺织业、采矿业、冶金业、机器制造业、化工业、塑料业、制药业以及 20 世纪发展起来的半导体集成电路制成的模拟电视等行业。产业升级主要是指产业结构的改善和产业素质与效率的提高。产业结构的改善表现为产业的协调发展和结构的提升;产业素质与效率的提高表现为生产要素的优化组合、技术水平和管理水平以及产品质量的提高。产业升级必须依靠技术进步。因此,传统产业升级的含义也可以指传统产业结构的改善和传统产业素质与效率的提高。传统产业改造与升级的主要障碍包括：从技术上看，我国虽具有完善工业体系，但缺乏相匹配的技术体系；从投入上看，国家对传统产业技改投入逐年增加，但尚未出现重大的、全面的成效；从社会关注上看，除部分垄断行业，很多传统产业部门受到社会资本、人才的冷落；从动力上看，虽然传统产业改造升级进入信息化带动的阶段，但信息产业自身的优势还不够强。

因此，要想消除传统产业改造与升级的主要障碍，必须从以下方面努力：

一是用高新技术改造提升传统产业。将高新技术与传统优势产业相融合，用高新技术改造传统产业的装备，提高技术装备水平，开发生产高新技术产品，提高产品科技含量和附加值。

二是将先进的管理理念和方法植入传统产业。围绕工业产品研发设计、流程控制、企业管理、市场营销、人力资源开发等环节，提升自动化、智能化和管理现代化水平，应用计算机技术，改造传统和落后的企业管理模式，使传统产业的企业管理跨入现代化管理轨道。

三是优化产业布局，提高产业集中度。从重视数量转到重视质量，坚持发展特色园区，形成具有竞争力和聚集力的产业园区。积极打造传统产业基地和园区，创建国家、省新型工业化产业示范基地，推进产业集群内传统产业链条的完善和企业间的协作，探索建立传统产业技术创新联盟，进一步提升产业集聚效应。

例如，在广东省，具有相当生产规模且市场前景尚好的传统优势产业主要包括纺织、服装、食品、饮料、玩具、陶瓷、建材、塑料、轻型机械等。通过改造升级，使用现代技术、设备和先进适用的工艺流程嫁接、装备传统企业，以提高产品的技术含量和档次。改变过去依赖政府投入进行技术革新的传统科技开发机制，建立以企业为主体的技术创新体系，增强自主创新能力，推动产业发展。

例如，服装鞋帽行业是典型的劳动密集型和出口密集型行业。在劳动力价格、原材料价格、水电气价格、融资成本、物流成本上涨、人民币持续升值等诸多因素影响下，服装鞋帽行业的低成本优势明显减弱，企业利润大幅降低。以出口业务为主的企业受影响更大，部分出口订单流失，一些外国知名品牌的代工业务开始迁往周边低成本地区和国家。一些有实力的企业顺应市场变化，进行结构性调整和技术改造。一是进行设备更新改造，提高劳动生产率、产品质量与档次。二是从低端加工制造环节向产业价值链的高端发展，提高产品附加值。例如，加大研发和设计投入，培育自主品牌和销售渠道；一些品牌企业为了避免商业成本，发展电子商务和直销店等。三是以品牌企业为龙头，整合国内外企业和生产要素，实现产业重组。一方面，一些品牌企业改进生产组织和创新商业模式，如发展加工外包，兼并重组中小企业，或将加工车间转移到低成本地区等。另一方面，推进自主品牌商品出口。四是调整行业布局，发展战略性新兴产业。例如，进入生物技术领域、新能源领域等，以非主营业务盈利支持服装鞋帽发展。

再如，建材行业是高耗能行业，其规模效益比较明显。随着环境和节能减排压力增加，国家提高环境保护和节能减排的标准，加强执法力度，迫使企业进行节能减排技术改造。除了提高产品档次、开发新产品和延伸产业链以外，建材企业的技术改造主要以节能、降耗、减排为目标，改造现有工艺，更新换代设备。如一些公司和国外公司合作开发余热发电设备，不仅可以为企业集团内部节能减排和循环利用的技术改造提供装备，还可以为专门从事余热发电设备制造和提供余热发电钥匙工程服务。还有一些公司通过与国内大专院校和科研院所、环保设备生产企业联合进行技术攻关，进行余热发电和脱硫除尘治理，提高了能源利用率，降低了废气污染物排放。

（三）创新驱动措施及其效果分析

创新驱动主要是指利用科学技术的创新推动经济的增长，通过技术变革提高生产要素的产出率。推进经济发展方式转变和经济结构调整，必须实施创新驱动发展战略：要推动以科技创新为核心的全面创新，坚持需求导向和产业化方向，坚持企业在创新中的主体地位，发挥市场在资源配置中的决定性作用和社会主义制度优势，增强科技进步对经济增长的贡献度，形成新的增长动力源泉，推动经济持续健康发展。其中，体制机制、市场、人才在创新驱动措施中发挥了关键性作用。

经济运行分析中，创新驱动主要包括创新驱动措施和创新驱动成果的分析。在具体措施方面，可以着重分析以下内容：

一是发挥政府的作用，形成有利于创新的体制机制。让创新成为一种常态，首先必须要深化科技体制改革，深化收入分配体制改革，使创新能获得更多收益，激励创新的积极性。坚持市场经济改革取向，强化政府公共服务职能。深化行政审批制度和资源要素市场化等改革，降低创新人才创业门槛，让有创意、懂科技的创新人才低成本创办科技型和创新型企业。积极推进科技与教育相结合的改革，大力实施大学生科技创新人才培养计划，增强学生创新精神和创业能力。使高校、科研机构、企业、政府形成合力，建立协同创新的体制，建立好知识产权保护体系、对风险的分担和投入体制、协同创新的体制等。

二是发挥企业的作用，让企业成为技术创新的主体。创新驱动战略必须以市场经济为基础，市场经济的核心就是要满足民生的各种需要，所以创新驱动不能单纯从高科技发展、海外投资、金融创新等创新驱动本身寻找动力，更多的是要通过创新驱动满足民生和经济转型的需求，在这个基础要求上来考虑创新。为此，在创新中要坚持企业的主体地位，发挥市场的决定性作用。过去，我们的科研体制、经济体制更多的是把科研和企业发展分割开来，今后要让科研和创新投资都能落实到企业发展中去，通过企业产品和服务的创新，让成果转化为经济效益健全、企业主导技术的创新机制，注重培育市场化的科技服务组织，引导科技企业孵化器、创新型孵化器聚集发展，为企业创新提供专业化服务。进一步强化政策措施，推动企业成为技术创新决策、研发投入、科研组织和成果转化应用的主体。充分发挥政府政策和资金支持的乘数效应，进一步加大对创新的支持力度，还应该包括国家重大项目的投入、研发项目的投入、国家省市中心的建设、关键核心技术的突破、高端人才的引入等，特别是通过政府支持带动民间科技创新投入的大幅提高。

三是发挥人才的作用，构建更为灵活的人才引进和使用机制。扩大科技开放与合作，实施海内外人才引进专项计划，支持各类人才工作室、创业基地建设。完善科技项目经费管理机制，提高经费使用自主权，增强对关键岗位、核心骨干的激励。

实施创新驱动，加快实现由低成本优势向创新优势的转换，为我国持续发展提供强大动力；为全面提升经济增长的质量和效益，有力地推动经济发展方式转变；加快产业技术创新，用高新技术和先进适用技术改造提升传统产业，既可以降低消耗、减少污染，改变过度消耗资源、污染环境的发展模式，又可以提升产业竞争力。

一个国家创新效率的高低主要受下面几个因素的影响：

（1）良好的制度环境，其核心在于政府作用与市场机制的有效互补。凡是市场机制能够发挥作用的领域和方面，就充分发挥市场的作用，在市场失效或低效的领域，可通过政府干预加以补充，以减少各子系统中潜在机会主义行为，降低合作创新的交易成本，加强系统整合，如国家重大项目的投入、研发结构的投入等。

（2）政府提供一系列鼓励合作的优惠政策和相应的服务，如税收减免、资金支持、技术咨询、人员培训等。尤其值得关注的是，一是发挥政府支持的大型科技计划在推动合作方面的重要作用，并通过国家工程中心建设计划、企业技术中心计划等鼓励大学、研究机构同企业共建工程研究中心、技术中心等；二是通过深化科技体制、教育体制和企业制度改革，引导、鼓励科研机构进入企业，转为企业或为企业服务的技术开发中心；三是鼓励小企业特别是高新技术小企业的创新活动。

（3）技术创新中介服务活动的社会化和产业化，建立有利于创新的社会服务体系。具体做法包括：由政府支持和资助设立一些创新咨询服务中心，向企业提供产业技术发展的动向，帮助对技术进行鉴定和评价，提供创新管理方面的知识；建立科技咨询业协会，同时制定咨询师、技术经纪人的资格认定和管理办法、培训制度、职业规范等，以实现规范化、制度化管理；鼓励高校、科研院所、企业、社会团体建立各种服务机构，鼓励一批科研机构向服务性科技企业发展，鼓励科学家、工程师开展业余咨询服务活动，努力促进技术创新中介服务行业的发展；为中小企业使用创新咨询服务提供财政支持，建立企业孵化器；帮助建立先进的信息系统、信息通信网络。

三　综合问题分析

由于现实经济运行的复杂性，宏观经济形势分析具有很大的挑战性。一份优秀的经济形势分析报告背后，必然包含分析者对工作的高度敬业精神，对数据、资料的缜密分析，对经济运行的敏锐观察，对分析方法和手段的独到运用。

（一）宏观综合统计分析

宏观经济分析主要是对国家及地区整体状况的统计调查分析，包括经济普查、人口普查等全国性的重大调查项目的综合分析。通过各项调查，了解经济、社会、环境、科技等方面的基本情况，有利于经济运行的宏观把控。

经济普查综合分析，可全面掌握国家和地区第二产业和第三产业的发展规模及布局，了解产业组织、产业结构、产业技术的现状以及各生产要素的构成，摸清各类企业和单位能源消耗的基本情况，建立健全覆盖国民经济各行业的基本单位名录库、基础信息数据库和统计电子地理信息系统，为加强和改善宏观调控、科学制定中长期发展规划提供科学准确的统计信息支持。普查主要内容包括单位基本属性、从业人员、财务状况、生产经营情况、生产能力、能源消耗、科技活动情况等。分析项目主要包括：企业单位数和从业人员、主要工业产品产量、资产负债和所有者权益、主营业务收入和利润总额、企业科技活动。随着经济转型升级，经济普查也需要与时俱进，增加更多关于经济运行质量效益方面的分析，以及对我国经济结构转型情况的分析，以便更好地把握经济运行状态。

人口普查综合分析内容包括国家和地区的总人口、人口增长、家庭、性别年龄构成、民族构成、受教育程度、城乡人口、人口流动等特征的分析，是国家制定社会、经济、科教等各项发展政策所必需的。通过掌握各种文化程度人口的比重以制定教育政策；各行业人口的分布以制定人口的就业政策；就业人口的行业分布为产业政策的制定和调整提供科学基础。此外，社会保障和福利政策、民族政策、老年人口政策等，都需要根据人口资料进行研究。人口普查的综合分析可以为产业转型升级和经济结构调整提供准确的人口数据。

R&D 普查综合分析主要包括研究与试验发展（R&D）经费投入情况、财政科学技术支出情况、研究机构情况、R&D 活动主要产出情况等分析。科研对国家和地区经济的未来发展有着至关重要的作用，政府和企业纷纷意识到研发投入不仅影响着科技的进步，更关系到国家或者企业本身科技竞争力的提升及市场地位的提高。研发活动的高风险性成为企业从事 R&D 活动的障碍，对于风险承受能力弱、资金有限的企业而言更为不利；由于 R&D 活动的外部性、公共性等特征，使得进行研发的企业不能完全占有其 R&D 活动的收益。于是，在市场竞争机制下，企业对 R&D 活动的投入规模可能低于社会理想水平，这都为政府介入研发活动提供了理由。通过分析可为政府对企业 R&D 活动的资助、增加对企业的税收优惠等提供依据。针对 R&D 研究的统计分析也应该赶上经济发展的步伐，加大统计研究力度，更好地掌握我国科研水平以及对经济的贡献作用。

另外，宏观综合统计分析还包括全国农业普查综合分析、全国污染普查综合分析、全国单位 GDP 能耗降低率水平研究等有关全国和地方综合调查方面的统计分析。

（二）区域问题统计分析

针对本地区特点开展的专项调查，形成专题及区域问题的统计分析，包括具体经济项目运行分析、区域政策实施效果分析、区域人口发展专题分析、区域环境保护与生态文明、民生福利水平方面的分析研究等。

具体经济项目运行分析：例如，规模以上服务业发展状况分析、制造业采购经理指数调查与分析、外贸进出口分析、旅游市场前景分析、交通运输业分析，以及固定资产投资、消费品市场、互联网金融业发展研究等方面的分析。

政策实施效果分析：例如，调控下的汽车行业分析、房地产行业现状分析、转型发展水平研究、"营改增"试点中的新情况新问题分析、追赶"亚洲四小龙"回顾与思考、"十二五"以来能源结构状况等方面的分析。

人口领域的专题分析：例如，人口素质现状分析、人口发展现状研究、就业人口受教育状况研究、人口性别构成研究、人口红利现状、老年人口健康状况简析等方面的分析。

环境保护与生态文明专题分析：例如，自然资源和生态环境统计监测报告、生活垃圾分类减量状况调查分析、节能减排与降耗情况分析、基于温室气体清单编制的基础统计现状研究、能源集约水平研究、基于循环经济的生态工业园区产业链研究等方面的分析。

民生福利水平专题分析：例如，社会指标体系研究、养老机构入住老人专题调研报告、药品安全调查分析、市民对噪音扰民意见调查、市民文明意识和行为调查报告、共享智慧城市建设成果、外来务工人员参加社会保障状况等方面的分析。

（三）"四新"专题统计分析

针对新技术、新产品、新业态、新商业模式进行的研究分析是新常态下重点关注的领域。

"四新"具有以下特点：一是相互渗透，比如某些新领域本身就是新技术应用后形成的新模式或新业态，部分新模式新业态大规模发展后引起产业体系根本性变革产生新产业；二是动态变化，随着最新技术、模式等突破，其内容和形态也将不断变化；三是跨界融合特征显著，如制造业和服务业融合，跨界、异业联盟发展迅速等；四是渗透到传统产业改造提升的各个环节；五是更加依赖有利于创新的宽松氛围，需要鼓励创新、容忍失败、减少规制的基础环境；六是呈现轻资产化，以知识智力资产的开发和转化应用为核心，依赖核心人才团队建设。

新技术不是简单的产品技术或实验室技术，而是指可实际推广、替代传统应用和形成市场力量的新技术，如 3D 打印、物联网技术、云计算、储能技术、页岩气技术、机器人、M2M、高温超导材料、有机发光二极管（OLED）、智能驾驶、可穿戴设备等。例如，在物联网技术及其应用专题分析中，介绍了物联网的建设和应用主要涉及的四大关键技术，即无线射频识别（RFID）技术、WSN（传感器网络）技术、M2M（自动识别与物物通信）技术、自动化与智能化融合技术等关键技术。它在民用和军事上具有广泛的用途。物联网技术的发展将会极大地促进信息技术的创新与发展和相关产业或产业链的建立和繁荣，极大地改变人们的生产和生活方式，可能导致信息化社会进入智能化时代。

新产品就是在产业体系变革之中，常常伴随着新技术、新模式出现的为人们生活服务的新产品和新应用。例如，在我国互联网电视 SWOT 分析中，对新出现的互联网电视而进行的专题分析。以乐视互联网电视为例，作为国内互联网电视的领路人，独树一帜，在趋之若鹜的市场里打造乐视模式。摒弃单一的内容分发业务，打造出垂直化的产业链条，整合起"内容+平台+应用+终端"四大核心路径，形成独具特色的生态圈。内容就是注意力，平台就是生活方式，应用就是生态链，终端就是入口。在点出优势的同时，也分析了互联网电视的不足之处：（1）内容同质化，受制于市场优秀制作的缺乏、版权制度的不完整，各家电视内容同质化严重，损害到整个电视产业的生态；（2）市场发展缓慢，新的体验意味着消费者需要付出更多的费用，消费者的付费习惯转变艰难。而目前国内互联网电视产业还处于起步阶段，从终端到内容的成本还比较高昂，规模经济的效应还不明显。通过新产品专题分析，在发现优点与缺点的同时，促进整个互联网电视的发展。

新业态就是新的经济活动，是指伴随信息等技术升级应用，从现有领域中衍生叠加出的新环节、新活动。例如，在移动通信、卫星定位等技术发展之后，汽车服务带动的导航、车载信息、车联网等新增值服务；移动互联网领域随着移动终端的普及推出位置应用服务；社会经济领域海量数据挖掘分析形成大数据应用服务，互联网企业介入银行核心业务形成互联网金融等。再如，互联网金融业发展专题调查的分析，就是新业态的专题分析的一个案例。随着阿里巴巴的成功，人们对互联网的关注大大超过了以往。尽管互联网金融起步发展仅短短几年时间，但已渗透进居民的日常生活。目前，购买或使用互联网金融产品和服务，如第三方支付、网络理财产品、网络小额贷款等，第三方支付为买卖双方资金提供便捷通道的同时，也解决了商品安全问题，尤其是网上购物，已成为不可或缺的交易平台，也是老百姓在互联网上使用较多的支付工具。互联网金融使用方便快捷、覆盖面广，贴近老百姓生活需求，给传统金融服务带来一定冲击。依托于电子商务的发展，互联网金融得到快速增长，老百姓有了更多的投资选择，投资理财开始进入寻常百姓家。对于互联网金融产品和服务的发展前景保持乐观态度。通过经济分析，目前人们对互联网金融产品和服务的发展前景表示担忧的方面主要有：尚无明确监管、用户权益缺乏保障、网上交易资金安全隐患、互联网金融机构防御风险能力不足等。

新模式则是以市场需求为中心，打破原先垂直分布的产业链及价值链，实现重新高效组合，如制造业与服务业融合、制造业平台化、平台经济、联盟经济等。例如，对我国制造业与服务业融合面临的主要问题与政策建议的分析报告，就是一个对新商业模式的专题分析。制造业与服务业融合发展是实现我国经济结构调整、产业转型升级的加速器。目前仍存在融合发展认识不够、融合的互动机制不健全等问题，这从根本上制约了产业融合的发展。通过经济运行分析，结合目前产业实际来看，制约我国制造业与服务业融合发展的因素主要是：对产业融合发展认识不够、制造业整体水平较低、对服务业需求不足、服务业与制造业的互动机制不健全等，服务业还没有充分发挥出应有的拉动作用，制造业也没有展现出强大的基础性推动作用。为了加快融合发展，可以从以下几个方面入手：从扩大需求与供给层面加快制造业与服务业融合；推动制造业与服务业融合的发展模式、组织模式创新；加大财税、金融等优惠政策扶持生产性服务业发展；制定为高端服务业提供智力资源的人才战略等。

第三节　基于深圳的经济运行分析

为进一步加强经济运行分析工作，针对深圳的现实情况，着力打破原有分析框架的桎梏，反映产业转型特点、亮点，注重效益分析、结构分析、产业链分析、企业转型分析、产业预测预警分析等。

一　注重效益分析

效益分析是经济运行分析的核心部分，效益水平的高低直接反映经济运行质量的好坏，效益分析又贯穿于其他各部分之中；结构分析反映当前经济运行整体结构状况，新常态下，经济运行结构是否合理，直接影响经济的长远发展，关系到经济增长的持久动力；产业链分析与企业转型分析则为产业结构转型升级；企业是经济运行的基础，企业运行好坏不仅影响经济效益，而且影响到经济的转型升级，企业自身的转型升级，淘汰低端落后企业，引进高端重大项目。

2015 年深圳规模以上工业企业主要经济指标中，在利润总额方面：计算机、通信及其他电子设备制造业利润总额达到 1070.67 亿元，为所有工业规模以上企业最高；利润总额达百亿元以上的有电力、热力的生产和供应业（112.91 亿元），石油和天然气开采业（100.65 亿元）；专用设备制造业、医药制造业、通用设备制造业、仪器仪表制造业利润总额均达到 30 亿元以上水平。在主营业务收入方面，达到千亿元水平的企业行业有计算机、通信及其他电子设备制造业、电气机械和器材制造业；超过 500 亿元的企业行业有文教、工美、体育和娱乐用品制造业，汽车制造业，电力、热力的生产和供应业。

2015 年深圳规模以上工业企业主要经济效益指标中，在成本费用利润率方面，石油和天然气开采业最高为 44.4%，石油加工、炼焦和核燃料加工业为 36.4%，相比于 2014 年均有所下降；烟草制品业 36.2%，燃气生产和供应业 33.0%，水的生产和供应业 26.8%，电力、热力生产和供应业 16.4%，除了这些依靠自然资源或者垄断行业外，医药制造业成本费用利润率达到 29.0%，皮革、毛皮、羽毛及其制品和制鞋业 13.6%，印刷和记录媒介复制业 12.8%，专用设备制造业 12.0%，仪器仪表制造业 10.3%，金属制品、机械和设备修理业 9.9%；排名较后的几个行业中，黑色金属冶炼和压延加工业 0.03%，有色金属冶炼和压延加工业 0.7%，文教、工美、体育和娱乐用品制造业 1.6%；作为深圳市利润利税总额较高的行业，计算机、通信和其他电子设备制造业成本费用利润率为 7.7%，均有待提高。在总资产贡献率方面，深圳市平均水平为 10.8%，除了烟草制品业、石油加工、炼焦和核燃料加工业、石油和天然气开采业等行业外，资产贡献率较高的行业有酒、饮料和精制茶制造业，皮革、毛皮、羽毛及其制品和制鞋业，电力、热力生产和供应业，金属制品、机械和设备修理业，计算机、通信和其他电子设备制造业，废弃资源综合利用业，印刷和记录媒介复制业，医药制造业等；文教、工美、体育和娱乐用品制造业，木材加工和木、竹、藤、棕、草制品业，有色金属冶炼和压延加工业，煤炭开采和洗选业，非金属矿采选业等均是资产贡献率较低的行业。

运用常见的财务报表分析法对 2015 年深圳市 41 个按工业行业分类的所有规模以上工业企业进行分析，通过盈利能力分析、资产结构分析、经济运行能力（规模）分析，初步了解深圳市各行业的经济运行情况。

盈利能力分析：资产总贡献率反映企业全部资产的获利能力，是企业经营业绩和管理水平的集中体现，是评价和考核企业盈利能力的核心指标。成本费用利润率指标表明每付出一元成本费用可获得多少利润，体现了经营耗费所带来的经营成果。该项指标越高，利润就越大，反映企业的经济效益越好。通过这两项指标总结出深圳市各行业盈利能力排名前十名与最后十名（见表 5—1）。

表 5—1 深圳市规模以上工业企业各行业的盈利能力（2015 年）

前十名	后十名
烟草制品业	造纸和纸制品业
石油和天然气开采业	黑色金属冶炼及压延加工业
燃气生产和供应业	木材加工及木、竹、藤、棕、草制品业
石油加工、炼焦及核燃料加工业	有色金属冶炼和压延加工业
金属制品、机械和设备修理业	橡胶和塑料制品业
医药制造业	家具制造业
电力、热力生产和供应业	金属制品业

前十名	后十名
印刷和记录媒介复制业	文教、工美、体育和娱乐用品制造业
皮革、毛皮、羽毛及其制品和制鞋业	食品制造业
仪器仪表制造业	化学纤维制造业

　　资产结构分析：资产负债率是期末负债总额除以资产总额的百分比，也就是负债总额与资产总额的比例关系，该指标是评价公司负债水平的综合指标。通过该指标可得出深圳市规模以上工业企业各行业资产负债率前十名与后十名（见表5—2）。

表5—2　深圳市规模以上工业企业各行业的资产负债率（2015年）

前十名	后十名
石油和天然气开采业	废弃资源综合利用业
有色金属冶炼及压延加工业	石油加工、炼焦及核燃料加工业
黑色金属冶炼及压延加工业	烟草制品业
汽车制造业	皮革、毛皮、羽毛及其制品和制鞋业
文教、工美、体育和娱乐用品制造业	医药制造业
计算机、通信和其他电子设备制造业	农副食品加工业
酒、饮料和精制茶制造业	开采辅助活动
木材加工和木、竹、藤、棕、草制品业	纺织业
食品制造业	化学纤维制造业
电力、热力的生产和供应业	其他制造业

　　经济运行能力（规模）分析：行业规模也是反映各行业经济运行能力的一个重要指标，它包括主营业务收入、总资产等指标。

　　通过对深圳市规模以上工业企业41大行业的分析，可以初步筛选出深圳市一批具有经济推动力和发展优势的行业，如计算机、通信和其他电子设备制造业，汽车制造业，文教、工美、体育和娱乐用品制造业等；同时也发现了一些运行效率相对较低的行业，有待调整和优化，如废弃资源综合利用业、黑色金属冶炼及压延加工业、农副食品加工业、纺织业、化学纤维制造业等（见表5—3）。

表 5—3　　　　　深圳市规模以上工业企业各行业的经济运行
能力（规模）（2015 年）

前十名	后十名
计算机、通信和其他电子设备制造业	废弃资源综合利用业
电气机械及器材制造业	化学纤维制造业
文教、工美、体育和娱乐用品制造业	木材加工及木、竹、藤、棕、草制品业
电力、热力的生产和供应业	金属制品、机械和设备修理业
橡胶和塑料制品业	开采辅助活动
通用设备制造业	石油加工、炼焦及核燃料加工业
专用设备制造业	其他制造业
金属制品业	烟草制品业
石油和天然气开采业	食品制造业
医药制造业	黑色金属冶炼及压延加工业

二　注重结构分析

深圳市经济运行分析中，不仅要分析规模效益，还要分析结构，关注一些结构因素引起的经济质量变动的分析。通过分析产业结构、投资结构、布局结构、能源结构以及企业自身发展的内部结构等方面，掌握经济结构的分析。

产业结构方面，产业结构根据经济发展的历史和逻辑序列从低级水平向高级水平的发展，包括在整个产业结构中由第一产业占优势比重逐级向第二、第三产业占优势比重演进；由劳动密集型产业占优势比重逐级向资金密集型产业、技术知识密集型产业占优势比重演进；由制造初级产品的产业占优势比重逐级向制造中间产品、最终产品的产业占优势比重演进。2015 年深圳市第二产业增加值增长率有所下降，从 2011 年的 11.8% 降至 2015 年的 7.3%。2015 年深圳市第三产业比重持续增高，增加值增长 10.2%，占 GDP 比重达 58.8%，经济重心也由第二产业进一步向第三产业转移。

在第三产业中，2015 年交通运输、仓储和邮政业增加值 526.51 亿元，增长 7.6%，占 GDP 比重 3.0%；批发和零售业增加值

2006.90 亿元，增长 2.6%，占 GDP 比重 11.5%；住宿和餐饮业增加值 340.72 亿元，增长 4.0%，占 GDP 比重 1.9%；金融业增加值 2542.82 亿元，增长 15.9%，占 GDP 比重 14.5%，比 2014 年提高 0.8 个百分点；房地产业增加值 1627.77 亿元，增长 16.8%，占 GDP 比重 9.3%，比 2014 年提高 1 个百分点。

　　投资结构方面，首先，以产业结构高级化为目的，即随着生产力的发展，促使产业结构以第二产业为主，再向第三产业转换，着重关注在三个产业中的投资结构以及投资方向；其次，以产业升级为目的，即随着科学技术的发展，通过调控投资结构，促使各产业由劳动密集型向资金、技术、知识密集型转化，提高产业竞争力，着重关注投资在教育、科技创新领域的投资。2015 年全市固定资产投资额 3298.31 亿元，增长 21.4%，比 2014 年提高 7.8 个百分点。从三次产业看，第一产业投资 0.62 亿元；第二产业投资 591.05 亿元，比上年增长 13.4%，其中，工业投资 590.80 亿元，增长 13.5%；第三产业投资 2706.64 亿元，增长 23.3%，比平均增速高 1.9 个百分点，占固定资产投资额比重 82.1%。城市更新改造投资 287.46 亿元，占固定资产投资额比重为 8.7%。投资不断向第三产业靠拢，也说明了产业结构转型中投资结构的改变。

　　工业行业结构方面，根据规模以上工业企业 2010 年以来的数据显示，在资产总额方面，计算机、通信和其他电子设备制造业、电气机械及器材制造业依旧维持行业前两名，原排第三的电力、热力的生产和供应业资产总额不断缩减，文教、美工、体育和娱乐用品制造业近两年发展迅猛，排在第三位。其中，计算机、通信和其他电子设备制造业资产总额由 5000 亿元水平增长到近 8000 亿元，大大超过排名第二位的电气机械及器材制造业，在行业调整中，作为龙头行业的计算机、通信和其他电子设备制造业依旧是深圳市经济高速平稳发展的有力保障；而文教、工美、体育和娱乐用品制造业则是深圳市着力发展的行业之一，资产总额从 2010 年度的 9.5 亿元增加到 2015 年度的 359 亿元，增幅最大。此外，通用设备制造业、医药制造业等高端制造业也由发展滞后行业变为支柱行业之一，这与深圳市产业结构转型升级以及大力发展高新技术产业是密不可分的。对于一些落后行业，则逐步进行淘汰或者减少行业企业数量，例如木材加工及木、竹、藤、棕、草制品业，由 2009 年的 44 家企业减少到 2015 年的 20 家；造纸及纸制品业由 305 家减少到 148 家。深圳市重视经济发展与环境保护并重，废弃资源和废旧材料回收工业的出现填补了深圳市在废弃资源回收利用方面的空缺。

　　空间结构方面，产业集聚为产业向高端发展时空间结构优化的重要特征。产业布局结构的变化，产业聚集度、工业园区聚集度等是空间结构分析的重点。产业聚集区的形成，表现为：第一，具有较强的创新能力，获得与新技术相关联的新的生产函数，能够实现"产业突破"，提高经济增长率；第二，具有很强的扩散效应，能广泛地采取多种手段带动或启动其他产业的增长；第三，对其他产业的增长产生广泛的直接和间接的影响。在集聚高端要素方面，2015 年，世界 500 强企业总部位于深圳的有 4 家，少于北京和上海，还有待继续提高，吸引更多的企业，形成总部经济效应。鼓励行业并购和重组，支持优势企业做大做强，形成更多跨国企业集团。推动加工贸易企业转型升级，加快加工贸易企业的本土化融合，培育外贸转型示范基地，推进非法人来料加工企业法人化转型。加快低端企业退出，综合运用法律、经济、技术和必要的行政手段，清理和淘汰低端企业。

　　能源结构方面，需加快产业结构优化升级，大力发展高新技术产业和服务业，坚持走科技含量高、资源消耗低、环境污染少、经济效益好、安全有保障的能源发展道路，严格限制高耗能、高耗材、高耗水产业发展，淘汰落后产能，促进经济发展方式的根本转变，加快构建节能型产业体系，最大限度地实现能源的全面、协调和可持续发展。2015 年深圳市全年单位 GDP 能耗下降 3.26%，全年单位 GDP 电耗下降 5.01%，每平方公里 GDP 产值 8.76 亿元，为全国最高。而深圳万元 GDP 能耗和水耗却处于全国较低水平。深圳用更低的资源成本、更少的能耗投入和大手笔的生态建设，走出创造"深圳质量"的绿色低碳新路径。

三　注重产业链分析

传统的行业分析视角局限在工业行业中，但随着产业转型升级，企业不断向价值链高端延伸，联通制造业和服务业的产业链也不断延伸。

深圳在强化产业集群发展方面，形成了通信设备及终端、半导体照明、平板显示、生物医药和器械、新能源、网络内容、数字装备、计算机及外设等一批超千亿元的产业集群。这些产业集群的形成，离不开相关产业链的不断完善。从延续产业链这一角度，开展针对深圳生产性服务业和先进制造业的综合分析，进一步完善产业链，构建深圳现代产业体系。

深圳电子信息产业就是产业链不断完善的典型案例。经过 20 多年的发展，深圳市通过突破关键技术瓶颈，弥补产业缺失环节，加快产业结构优化升级步伐，形成了比较完整的八大产业链条，使深圳成为全球电子信息产业的重要基地。这八大链条包括：一是通信产业链；二是计算机及外设产业链；三是软件产业链；四是数字视听产业链；五是集成电路产业链；六是新型平板显示产业链；七是 LED 产业链；八是第三代移动通信产业链。

深圳电子信息产业的各个产业链的发展，从低端到高端、从设计到制造、从产品到品牌，各产业链的重点发展领域还在不断地聚集完善之中，各产业链关键技术也在不断提升。分析整理相关产业链的各个环节及状态，对于产业转型升级有着重要的作用。2014 年上半年，深圳市电子信息产业累计实现规模以上工业增加值 1659.9 亿元，占全市规模以上工业增加值的 57%，同比增长 13.5%，高于全市工业整体增速 5.8 个百分点；实现规模以上工业总产值 6121.63 亿元，同比增长 8.4%。同期，深圳市电子信息产业的万元工业增加值电耗为 424.36 千瓦时，仅为同期全市工业电耗水平的 58.5%。附加值较低的加工贸易企业负增长和产业技术的不断升级是电子信息制造业电耗较低的主要原因。

四　注重企业转型分析

企业运行方面，关注工业和生产性服务业企业共有的财务指标，对总产出、总利润、总税金、总投资、总研发投入、总从业人员等指标进行分析，全面反映产业发展情况，特别是注意对质量效益的监测分析，推动重点企业或相关财务指标列于前 100 的企业的运行监测分析，对于发展速度比较迅速的小微高新科技企业的监测分析，出台扶持政策，推动深圳市企业竞争力的进一步提高。

深圳加快推动产业转型升级，淘汰低端产能。2014 年，深圳淘汰、转移、转型各类低端企业 3145 家；扶持传统优势产业迈向高端化，鼓励企业加大技术改造力度，全年完成技术改造项目核准备案 421 项，同比增长 47.2%，备案项目总投资 97.7 亿元，同比增长 26.9%。

制造业高端化取得新进步。2015 年全年先进制造业增加值 5165.57 亿元，增长 11.3%，增速高于全市规模以上工业 3.6 个百分点，占规模以上工业增加值比重 76.1%，比 2014 年提高 1.9 个百分点；全年高技术制造业增加值 4491.36 亿元，增长 9.6%，增速高于全市规模以上工业 1.9 个百分点，占全市规模以上工业增加值比重 66.2%，比 2014 年提高 3.0 个百分点。制造业高端化发展的关键是要走高新技术和自主创新路线，推动制造业向价值链高端延伸，与高新技术产业融合互动发展。

战略性新兴产业对经济增长拉动作用凸显。全年战略性新兴产业增加值达 7003.48 亿元，增长 16.1%，占全市 GDP 比重 40.0%。七大生物产业增加值 254.68 亿元，增长 12.4%；新能源产业增加值 405.87 亿元，增长 10.1%；新材料产业增加值 329.24 亿元，增长 11.3%；新一代信息技术产业增加值 3173.07 亿元，增长 19.1%；互联网产业增加值 756.06 亿元，增长 19.3%；文化创意产业增加值 1757.14 亿元，增长 13.1%；节能环保产业增加值 327.42 亿元，增长 12.0%。互联网、电信产业发展快速，电信业务量 615.71 亿元，增长 22.9%，互联网用户（含家庭视讯）671.46 万户。

五　注重产业预测预警分析

产业风险预警是指以产业预警指标体系为中心，利用经济、管理、统计和计算机技术等多种学科的相关知识，采用定性与定量相结合的方法，对产业的发展态势进行过程刻画、追踪分析和警情预报，以避免危害在不知情或准备不足的情况下发生，从而最大限度地减低危害所造成的损失。

以战略性新兴产业为例，全国上下掀起了发展战略性新兴产业的热潮。为了抢占发展先机，国家的具体发展规划尚未出台，各地政府、企业已纷纷布局，力求在此次产业革命中占领高地。高回报往往意味着高风险，战略性新兴产业作为新兴事物，产业发展没有可以模仿的成功路径，发展过程蕴藏着许多不确定性。如果只注重新兴产业可能带来的巨大效益而忽略产业发展的风险，不采取有效的防范措施，新兴产业的发展就可能多走很多弯路，甚至以失败告终。战略性新兴产业的发展主要面临市场风险、技术风险、金融风险、政策风险四大风险。

市场风险，即目标市场对产品的接受程度和市场配套体系完善程度等。例如，新产品要受到用户的转换成本、用户的消费习惯、市场规模和特点等因素的影响，变数很大，如果不能把新产品有效地引入市场，产业就很难发展。处在发展初期的新兴产业，面临与现有同类产品相比成本比较高、市场配套体系不完整等问题。

技术风险，比如关键技术受制于人，国内企业更多的是只能在产业链的某个环节上展开竞争，无法形成产业互补发展。比如物联网，很多挂着"国产"标牌的设备应用中，使用的依然是外资品牌的核心芯片、传感器。

金融风险，可以用金融资本市场规模与健全程度、资本市场投资收益率、利率变动情况、产业融资能力、创新资金需求等指标来共同监测。

政策风险，主要是一些改革举措和政策措施落实不到位，新兴产业监管方式创新与法规体系建设相对滞后，还无法适应新旧动能接续转换、产业结构加速升级的需求，需进一步统筹政策落地，提升施策水平与质量。

　　不同产业的风险预警指标也有所区分，指标的选取可以邀请产业内的专家进行综合评判并决定指标权重。如技术风险，可以用产业科技水平、生产设备的技术情况、技术人员实力、技术积累程度、技术成熟程度、技术可替代性、技术复杂程度和难度等来衡量战略性新兴产业在技术上存在的风险水平。

　　将重点企业纳入预测预警工作网络，形成若干重点工业集团和重点服务业企业组成的预测预警分析体系；综合开展先行指标分析、产业发展影响因素分析及模型预测，提高预测能力和水平，把握服务业和工业运行态势和走向。

第四节　案例分析

一　企业与行业的分析

　　以腾讯公司为例做一简要分析。腾讯公司是目前我国最大的互联网综合服务提供商之一，也是我国服务用户最多的互联网企业之一。自 1998 年成立后的十多年间，腾讯始终处于高速发展的状态，目前建立了一个跨通信、SNS 及社交媒体的多平台社交网络，并通过 QQ 社区、朋友网、微信、腾讯微博等不断巩固行业领先者地位，在社交网络行业中处于领导地位。截至 2015 年底，活跃账户超过 8亿户。通过打造我国最大的网络社区，腾讯满足了互联网用户沟通、资讯、娱乐和电子商务等各方面的需求。

　　腾讯在成长过程中十分注重产业链整合，向互联网产业上下游积极延伸。2002 年自即时通信软件 QQ 注册用户突破 1 亿后，公司推出了 QQ 游戏并自主研发游戏软件，进入互联网娱乐领域；2005年，腾讯打造出基于 QQ、腾讯网、QQ 游戏以及 QQ3G 移动门户的在线生活产业模式；2008 年，腾讯手机 QQ 开始进入智能机时代，到 2011 年全面向移动终端发力；2011 年腾讯推出了基于移动终端的新媒体——微信，能够通过网络快速发送语音短信、视频、图片等，打通了传统通信和移动互联网间的界限，迅速成为公众交流的新平台。

通过整合，腾讯逐渐形成了以网络广告、移动及电信增值服务、互联网增值服务为主的三大业务模式，其中网络广告是互联网企业的传统盈利模式，移动及电信增值服务为用户提供即时通信及增值服务，包括短信、彩信、手机 IM、手机游戏等，互联网增值业务是在即时通信平台之上，为 QQ 用户提供更加丰富多彩的个性化增值服务和虚拟物品消费服务，主要服务包括会员特权、网络虚拟形象、个人空间网络社区、网络音乐、交友等。在网络社区及商业模式取得成功后，腾讯继续向网络产业链上下游渗透。2011 年对华谊兄弟进行战略投资，与该公司结成战略联盟，在影视和新媒体方面共同发展；通过收购金山软件股权，成为其第一大股东，与金山软件在网络安全、应用软件和游戏领域开展合作。同时，腾讯开始重点布局电子商务产业，通过增持易迅网成为其第一大股东，将电子商务业务交由易迅网来承担，由于阿里巴巴和淘宝网在电商行业中处于领先地位，QQ 商城与好乐买、1 号店等其他 B2C 网站共享优质商家，结合整个腾讯的平台开放战略，采用平台切入的方式逐步把用户群和流量开放出来，并全面整合 QQ 邮箱、QQ 空间、腾讯微博、朋友网、财付通等产品，为众多电商建立了一个比较有效的流量分配模式，推出一个大型的 B2B2C 电子商务平台，并将电子商务从社交平台业务中剥离出来独立运作，使腾讯专注于社交平台业务，电商业务可以更加灵活地向传统领域渗透，形成一条从产品制造商、产品供应商（代理商）—电子商务 B2C 厂商—用户—支付厂商—物流配送的全产业链。其电商业务运行不足 1 年已超过传统的网络广告业务，成为仅次于互联网增值业务、电信增值业务的第三大收入来源。未来腾讯将以提升消费者体验为核心，建立一个类似亚马逊的一站式社交电商综合平台。

创新是促进企业进步的源泉，在更新换代迅速的互联网行业尤为如此。因此，提高创新能力对腾讯的可持续发展至关重要。发展至今，腾讯自主研发了很多产品。然而，互联网流动性大的特点决定了微小的创新还不足以为腾讯的长远发展提供动力。因此，腾讯必须进行更大的创新，推出更新颖的产品和服务，以保留现有用户并吸引更多新用户。

二   企业亮点和重点的分析

2009 年 5 月国务院批准的《深圳市综合配套改革总体方案》，提出把自主创新作为城市发展的主导战略，完善自主创新的体制机制和政策环境，优化配置创新资源，提高创新能力，推进核心技术的自主创新，实现电子信息、生物、新材料、新能源、航空航天、环保、海洋等产业技术的跨越式发展，打造国际化高技术产业基地，率先建成国家创新型城市，成为有国际影响力的创新中心。

建立重点企业库，跟踪监测全市服务业重点领域中主营业务收入排名前百位的企业，同时发动各区密切关注在创新技术、创新业态、创新商业模式上比较突出的 1000 家潜力企业，并加强扶持和培育，形成市、区两级共同跟踪监测和培育"四新"企业的机制。先从市级层面建立起百家重点企业库的监测指标体系，同时也发现了企业普遍存在一些诉求，如为服务业企业进行产业链对接，扩大"营改增"范围，改变不合理税制，改进行业管理发挥市场在资源配置中的决定性作用，打破市场壁垒建设全国统一的市场等，继续坚持监测、分析和服务，及时反映"四新"企业的发展特点和亮点。

随着自主创新示范区的批复，科技部对深圳市国家级高新技术企业的认定也给予特别的关注和支持，认定大幅提速，申报企业越来越多。截至 2015 年，深圳累计集聚高科技企业超过 3 万家。很多企业产品的科技含金量较高，成为细分行业"龙头"或"领跑者"，有力激发地方经济发展活力。事实上，在 3D 打印、石墨烯、超材料、基因测序等看似高深的前沿技术方面，深圳企业都跻身其中。坚持科技创新，这些企业用一个个"颠覆式产品"、一项项"前沿技术"，为深圳在未来市场竞争中争得了"话语权"，演绎了一幕幕后来居上、精彩发展的"好戏"。

通过企业实地调研，对新技术、新产品、新业态、新商业模式进行分析探讨，梳理出"四新"可能集中涌现领域，例如，互联网金融、电子商务、研发设计与服务、节能环保、平台经济、第 N 方物流、品牌运作模式、智慧产业、总集成总承包、专业服务等。

新型研究机构不仅是原始创新的排头兵，更积极致力于产业化。深圳市科创委相关负责人介绍，近年来，企业自建的国家实验室、各区引进的重点创新平台如雨后春笋，令新兴产业有了跻身国家平台的实力。为促进研发与生产更紧密衔接，深圳以市场化、产业化为导向，先后组建了基因、云计算、移动互联网、超材料和新材料等产学研资联盟。同时，在智能电网、智能机器人等领域构筑了9个省部产学研创新联盟。

依靠科技创新实现新发展，不仅需要"老典型"做榜样引领转型，还需要不断增加"生力军"。近年来，深圳对科技型企业支持力度不断加大，一批科技含量高的科技型企业发展迅速，并开始跻身国内外的"第一方阵"。而在实力雄厚的深圳企业中，"走出去"寻找的创新资源早已"落地开花"。截至2015年底，华为在全球建立了16个研究所/院、36个联合创新中心和45个培训中心；中兴通讯在全球布局建设了20个研发机构；华大基因成功收购全球知名的美国CGI基因测序公司。在外资企业方面，微软、甲骨文、三星、法雷奥集团等近30家跨国公司在深圳设立了研发中心．深圳国际科技商务平台引进了60多家海外科研机构。

在新技术方面，在我国经济发展新常态的大环境下，深圳经济可持续、有质量增长的背后，创新型经济的"主引擎"地位日渐凸显。近年来，深圳科技创新正加速向引领式创新迈进。2014年全社会研发投入占GDP比重达到4.0%；PCT国际专利申请量达到13308件，超过英法等国，大幅领先国内其他城市（北京4490件，上海1060件），连续10年稳居全国首位；战略性新兴产业实现增加值超7000亿元，增长16.1%。2015年以来，深圳市科技创新体系进一步完善，自主创新能力进一步提升，有效助推了经济发展方式加快转变。

在产业创新和转型方面，2015年国内企业PCT申请量排名前十名中，来自深圳的企业就有六家，其中深圳六家企业PCT申请量占全国前十名申请总量的78.4%，华为以3538件高居全国首位，中兴通讯紧随其后。华星光电成为全球第五大液晶电视面板厂商，深圳位居2015福布斯我国商业城市榜第三位。4家本土企业入选世界

500强，30家企业进入《财富》我国500强。

在新能源领域，深圳有着像比亚迪这样的电动汽车研发和制造企业。2008年比亚迪推出第一款新能源汽车产品插电混合动力车F3DM后，就开始了对新能源汽车市场化模式的摸索。随后，比亚迪相继推出了纯电动汽车E6和纯电动大巴K9。2013年底，比亚迪推出了第二代双模混合动力"秦"。2015年6月，比亚迪"唐"上市，配备了比亚迪自主研发的2.0Ti发动机以及两台分别布置在前后桥的永磁同步电机，比亚迪也由此成为国内新能源汽车产业发展的主力军。新能源汽车核心部件包括电机和动力电池。在动力电池领域，深圳同样集聚了一批在行业内堪称龙头的上市公司，涉及动力锂电池的四大关键部件正、负极材料，电解液，隔膜等细分领域。我国宝安子公司贝特瑞是国内最大锂电池负极材料生产商，该公司还拥有当前被认为很有前景的石墨烯技术专利；新宙邦是国内三大电解液生产商之一，该公司产品已经进入三星供应链体系；拟上市公司星源材质是国内锂电池隔膜龙头企业，该公司还主导起草锂电池隔膜国家标准。在新材料领域，长园集团、沃尔核材两家上市公司分羹了国内辐射功能材料的大部分市场份额。深圳惠程则在国内率先实现了聚酰亚胺应用领域的突破。

在电子商务领域，据不完全统计，深圳目前每天多达200万个货值不高的小包裹，通过各种物流途径进出境。如果以最低每个包裹25美元计算，货值高达5000万美元。这些包裹主要以数码产品、电子配件等电子产品为主，占整个包裹量的8成左右。这也得益于深圳电子信息产业重镇的地位。目前，深圳是全国乃至全球重要的通信设备、平板显示、计算机及外部设备、电子元器件、家用视听和软件的研发、生产、出口基地。大量的国际包裹，使深圳成为跨境电商这一新兴业态高速成长的"高地"，也使得大量国际包裹有望走向规范化运作。目前，深圳跨境电商发展迅速，拥有独立B2C企业和大卖家超过5000家，占据了全国跨境电商的半壁江山。仅深圳前海湾保税港区，已吸引兰亭集势、华强沃光、万方网络、汉威视讯等多家跨境电商巨头，入区开展试运作。上下游企业加快进驻，前海已聚集华为、中兴等大型出口加工企业，吸引了DHL等一批世界级物流巨头入驻，拥有财付通、钱宝等一批优秀支付企业，京东、国美、苏宁等也积极与前海联系，表达入驻意向。

在商业模式方面，全新的外贸进出口模式值得期待。2015 年，深圳跨境电子商务交易额超 300 亿美元，约占全市进出口总额的 7.2%。目前，深圳继成功开展前海湾保税港区"特殊区域出口"的电商直购出口和网购保税出口试点后，正加快推进在机场快件监管中心、邮政快件监管中心、邮政国际邮件处理中心等区域开展"电商包裹出口"试点，深圳跨境电商进出口有望迎来爆发式增长。

三　R&D 及其核算的分析

研究与开发（R&D）支出是为增加知识储备并利用这种知识储备开发新的应用，并系统性地从事创造性工作而支出的价值，在联合国 SNA（1993 年）中，R&D 支出是作为中间消耗处理的。为了进一步反映人类经济发展观以及对财富认识的变革，反映可持续增长和包容性增长的发展理念，在寻找新的经济增长动力中更加重视科技创新，对 R&D 活动的加强及其产出投资性质的深入认识，GDP 核算也做了相应的调整。在 SNA（2008 年）中，R&D 能为研究者未来带来经济收益，并形成资本，将其作为固定资产项下的"知识产权产品"而列入资产负债表中。国家统计局发布了关于改革研发支出核算方法、修订国内生产总值核算数据的公告。

研发（R&D）支出包括各单位在产品、技术、材料、工艺、标准等的研究、开发过程中发生的各种费用。2012 年美国研发支出占GDP 的比重（R&D 投入强度）达到 2.5%；澳大利亚和加拿大在采用了研发费用后的新核算标准，GDP 上调了约 1.1%—1.6%；如果将研发费用纳入 GDP，日本的名义 GDP 有望被推高 3.1%—3.4%；世界公认创新型国家的 R&D 投入强度都在 3%左右。我国近年来在实现经济快速发展的同时，以 R&D 等为代表的新型经济也实现了飞跃发展。R&D 支出（全社会研究与试验发展经费）从 2007 年的 3710 亿元增加到 2015 年的 14220 亿元左右，增长 2.8 倍，占 GDP 比重从 1.4%提升到 2.1%左右。

根据近年来的统计资料对比分析，深圳市 R&D 投入与支出增长速度快，形成的规模大、强度高，在全国乃至全球都位居前列。总规模位居全国大中城市第三，投入强度位居第三。深圳市 R&D 经费支出位居北京、上海之后，在全国大中城市排第三位，R&D 经费支出占 GDP 的比重仅次于北京市、西安市，位居全国大中城市第三。深圳是广东的 R&D 投入大户，总规模占广东省的四成，投入强度超过 4%，已达到国际创新型国家水平。经初步测算，若 R&D 经费支出纳入 GDP 核算，会使深圳市 GDP 总量增加约 2.5%。

第五节　民生净福利指标体系

一　制定《指标体系》有着重要意义

《指标体系》是一个全面衡量深圳市经济社会和谐发展程度的评价体系，也是深圳经济特区各级党政领导干部工作决策的"指挥棒"；它为考察各级领导班子的工作业绩提供了客观的指标尺度，也为检验是否为民办实事提供了重要的参考标准，有利于促进党政领导和各职能部门加快形成新的决策导向和政绩观导向，对于推进和谐深圳、效益深圳和国际化城市、国家创新型城市建设具有重要意义。

二　《指标体系》的主要内容

《指标体系》以福利经济学为理论背景，立足深圳实际，坚持以人为本，实现人的全面发展和社会公平。民生净福利以物质财富的增长为基础，以政府有效提供公共产品和公共服务作为保障社会公平的重要条件，内容涵盖市民的生活安全、教育质量、健康水平、舒适程度以及自然和社会环境等方面。《指标体系》力求从收入分配、政府公共产品和公共服务等多环节反映深圳市民的生存、生活和福利状况，从国民收入三次分配、群众能分享到的直接福利和间接福利等多角度反映深圳市民公平分享经济社会发展成果的水平。

三　设置《指标体系》遵循的原则

（1）采用广义概念。从民生净福利的基本内涵出发，对民生净福利在经济学上作广义的理解，根据现实需要进行科学设计。（2）客观实在。选取最能反映人民群众生存、发展状况的指标，客观真实地反映市民群众分享经济社会发展成果的水平。（3）可操作性。按有利于实施现有统计报表制度来设计，能实现分区核算，并能通过一定的统计设计、统计调查方式获得可靠数据。（4）深圳特色。《指标体系》既反映了人的生存和发展的一般规律，又反映了深圳经济社会发展实际，特别是人口构成的特殊性以及社会整体福利水平的状况。

四　《指标体系》的基本框架

《指标体系》共选用21项指标，并用民生净福利指数综合反映居民的生活福利状况。其主要指标设置为：（1）居民人均可支配收入增长率；（2）基尼系数；（3）主要农产品质量安全监测超标率；（4）药品安全抽样合格率；（5）达到Ⅰ级和Ⅱ级空气质量天数；（6）主要饮用水源水质达标率；（7）交通事故死亡率；（8）城镇登记失业率；（9）零就业家庭户数；（10）应届大中专毕业生就业比例；（11）社会保险综合参保率；（12）劳务工工伤保险参保率；（13）劳务工医疗保险参保率；（14）社会保障和就业支出占财政支出比例；（15）社会捐赠款；（16）财政性教科文工体支出占财政支出比例；（17）财政性环保投资经费占财政支出比例；（18）财政性公共基础设施建设支出占财政支出比例；（19）人均受教育年限；（20）职工在职培训学时数；（21）人均公共图书馆馆藏图书。

具体数据的采集、权数分布及来源渠道如表5—4所示。

表5—4　　　　　　深圳市民生净福利指标体系

指标名称	单位	代码	权数	指标性质	来源渠道
深圳市民生净福利指数	%		100		统计部门
居民人均可支配收入增长率	%	1			统计部门
基尼系数		2			统计部门
主要农产品质量安全监测超标率	%	3		逆向指标	农林渔业部门
药品安全抽样合格率	%	4			食品药品监督部门

续表

指标名称	单位	代码	权数	指标性质	来源渠道
达到Ⅰ级和Ⅱ级空气质量天数	天	5			环保部门
主要饮用水源水质达标率	%	6			环保部门
交通事故死亡率	十万分之一	7		逆向指标	公安部门
城镇登记失业率	%	8		逆向指标	劳动社保部门
零就业家庭户数	户	9		逆向指标	劳动社保部门
应届大中专毕业生就业比例	%	10			人事部门
社会保险综合参保率	%	11			劳动社保部门
劳务工工伤保险参保率	%	12			劳动社保部门
劳务工医疗保险参保率	%	13			劳动社保部门
社会保障和就业支出占财政支出比例	%	14			劳动、财政、民政部门
社会捐赠款	万元	15			民政部门
财政性教科文卫体支出占财政支出比例	%	16			财政部门
财政性环保投资经费占财政支出比例	%	17			财政部门
财政性公共基础设施建设支出占财政支出比例	%	18			财政部门
人均受教育年限	年	19			统计、教育部门
职工在职培训学时数	小时	20			劳动社保部门
人均公共图书馆馆藏图书	册	21			文化部门

五　《指标体系》的实施与监测

（1）《指标体系》由市政府组织实施，每年考核一次；（2）《指标体系》的内容及具体指标由市统计局负责解释并依《中华人民共和国统计法》《深圳经济特区统计条例》进行统计和公布；（3）《指标体系》为动态发展变化，将随着深圳经济社会发展适时调整，并在实践中不断探索、深化、完善。

六　《深圳市民生净福利指标体系》的指标解释

（1）居民人均可支配收入增长率。居民人均可支配收入是指家庭成员得到可用于最终消费支出和其他非义务性支出以及储蓄的总和，即居民家庭可以用来自由支配的收入。其计算公式为：

居民人均可支配收入增长率＝（报告期数值－基期数值）／基期数值

（2）基尼系数。基尼系数用来说明社会收入分配"平等"程度的指标，根据洛伦茨曲线计算收入分配而得。把洛伦茨图中绝对平均线 a 与实际收入曲线 b 之间的面积计为 A，以实际收入曲线 b 以下的面积计为 B。其计算公式为：

基尼系数＝A／（A+B）

当 A＝0 时，基尼系数等于零，这时收入绝对平均；当 B＝0 时，基尼系数等于 1，这时收入绝对不平均。

（3）主要农产品质量安全监测超标率。它是指报告期蔬菜农药残留抽检平均超标率、畜产品"瘦肉精"污染平均检出率、大宗水产品违禁药物残留检出率，超标率越低，农产品质量安全程度越高。其计算公式为：

主要农产品质量安全监测超标率（1）＝蔬菜农药残留平均超标率（0.4）+畜产品"瘦肉精"污染平均检出率（0.3）+大宗水产品违禁药物残留检出率（0.3）

（4）药品安全抽样合格率。它是指报告期对药品进行安全抽样检查合格率，用药品计划监督抽验合格率作为考核数值。

（5）达到Ⅰ级和Ⅱ级空气质量天数。它是指报告期空气质量 API 指数在报告期达到国家Ⅰ级标准（优）空气质量的天数和达到Ⅱ级（良）空气质量的天数。

（6）主要饮用水源水质达标率。它是指报告期城市市区从集中式饮用水水源地取得的水量中，其地表水水质达到《地表水环境质量标准》（GB3838—2002）Ⅲ类和地下水水质达到《地下水质量标准》（GB／T14848—93）Ⅲ类的数量占取水总量的百分比。

（7）交通事故死亡率。它是指报告期因交通事故死亡的人数占平均常住人口的比率。

（8）城镇登记失业率。它是指报告期城镇登记失业人员与城镇单位从业人员（扣除使用的农村劳动力、聘用的离退休人员、港澳台及外方人员）、城镇单位中的不在岗职工、城镇私营业主、个体户主、城镇私营企业和个体就业人员、城镇登记失业人员之和的百分比。该指标的统计口径按照国家现有统计标准设定。其计算公式为：

城镇登记失业率＝城镇登记失业人数／〔（城镇单位就业人员－使用的农村劳动力－聘用的离退休人员－聘用港澳台及外方人员）＋不在岗职工＋城镇私营业主＋城镇个体户主＋城镇私营企业和个体就业人员＋城镇登记失业人数〕×100%

（9）零就业家庭户数。它是指报告期在法定劳动年龄内，有就业要求和就业能力人员的家庭中，没有就业人员的户数。

（10）应届大中专毕业生就业比例。它是指报告期内深圳应届大中专毕业生的就业人数占应就业应届大中专毕业生的比重。

（11）社会保险综合参保率。它是指报告期养老保险、医疗保险、失业保险、工伤保险、生育保险已参保人数占法定应参保人数的比重。鉴于我国社会保障的特点及统计口径，该指标只是统计户籍人口。其计算公式为：

社会保险综合参保率＝（基本养老保险实际参保人／基本养老保险应参保人）×比重＋（基本医疗保险实际参保人／基本医疗保险应参保人）×比重＋（工伤保险实际参保人／工伤保险应参保人）×比重＋（失业保险实际参保人／失业保险应参保人）×比重＋（生育保险实际参保人／生育保险应参保人）×比重

其中：比重＝各险种参保人／5项险种参保人之和

（12）劳务工工伤保险参保率。它是指报告期已参加劳务工工伤保险的劳务工人数占登记居住证劳务工人数的比重。

（13）劳务工医疗保险参保率。它是指报告期已参加劳务工医疗保险的劳务工人数占登记居住证劳务工人数的比重。

（14）社会保障和就业支出占财政支出比例。它是指报告期社会保障和就业支出与财政支出的比值。社会保障和就业支出包括社会保障和就业管理事务、民政管理事务、财政对社会保险基金补助，补充全国社会保障基金、行政事业单位离退休、企业关闭破产补助、就业补助，抚恤、退役安置、社会福利、残疾人事业、城市居民最低生活保障，其他城镇社会救济、自然灾害生活救助、红十字事务等。

（15）社会捐赠款。它是指报告期捐助中心收到的捐赠款和慈善会收到的捐赠款。

（16）财政性教科文卫体支出占财政支出比例。它是指报告期财政性教育支出、财政性科学经费支出、财政性文化经费支出、财政性卫生经费支出、财政性体育经费支出之和与财政支出的比值。

（17）财政性环保投资经费占财政支出比例。它是指报告期财政性环保投资经费与财政支出的比值。

（18）财政性公共基础设施建设支出占财政支出比例。它是指报告期财政性公共基础设施建设支出占财政支出的比值。

（19）人均受教育年限。它是指报告期 15—64 岁人群受教育年数总量与该年龄段总人数的比值。

（20）职工在职培训学时数。它是指报告期对企业内部具有劳动关系的劳动者所进行的提高教育的时间，在职培训也称职工教育。

（21）人均公共图书馆馆藏图书。它是指报告期期末拥有的公共图书馆馆藏图书与期末常住人口的比值。

第六节　深圳市"五大发展理念"统计评价指标体系

一　制定《指标体系》的意义

《指标体系》是衡量和监测深圳市贯彻落实"五大发展理念"的评价体系，也是全市各级党政领导干部工作决策的重要参考，既为科学评价"五大发展理念"落实成效提供参考标准，也为及时了解贯彻"五大发展理念"的短板和问题提供指标尺度。制定《指标体系》，是深圳市深入贯彻落实党的十八大和十八届三中、四中、五中全会，习近平总书记系列重要讲话及对深圳工作重要批示精神的具体体现，有利于促进深圳市各级党政领导班子和各职能部门加快形成新的决策导向和政绩观导向，对于推进"五大发展理念"的贯彻落实和努力建成现代化国际化创新型城市具有重要意义。

二 《指标体系》的主要内容

《指标体系》以统计学、经济学主要理论方法为依据，紧紧围绕"五大发展理念"深刻内涵，立足深圳实际，体现深圳特色，凸显创新发展，共设置 37 个评价指标，从创新、协调、绿色、开放、共享五个部分构建，以总指数和分项指数度量、监测"五大发展理念"贯彻落实情况。

三 指标选取原则

（1）全面性。"五大发展理念"内涵丰富，指标选取力求系统全面，又突出前瞻性。

（2）代表性。选取具有高度代表性的指标，以充分反映"五大发展理念"的主要内涵。

（3）适用性。按照指标的准确性、可获得性和可操作性，客观真实地反映全市"五大发展理念"贯彻落实情况。

（4）深圳特色。《指标体系》既紧扣中央提出的"五大发展理念"，又紧密结合深圳实际和特色。

四 《指标体系》的基本框架

《指标体系》共选用 37 个指标，并用总指数和分项指数分别反映总体变化情况和分项变化情况（见表 5—5）。

（1）创新：R&D 经费支出占 GDP 比重、万人发明专利拥有量、PCT 国际专利申请量、平均受教育年限、进入世界 500 强企业数量、国家级高新技术企业数量占规模以上企业比重、新兴产业增加值占 GDP 比重。

（2）协调：第三产业增加值占 GDP 比重、产业结构与就业结构偏离度、现代服务业增加值占服务业增加值比重、高技术制造业增加值占规模以上工业增加值比重、东部五区固定资产投资额占全市比重、居民消费支出占 GDP 比重。

（3）绿色：万元 GDP 能耗、万元 GDP 水耗、万元 GDP 二氧化碳排放量、万元 GDP 污染物排放量、PM2.5 年均浓度、空气质量优良率、水环境质量综合指数、建成区绿化覆盖率、生活垃圾资源化利用率。

（4）开放：一般贸易出口额占出口总额比重、服务贸易进出口额占对外贸易总额比重、对外经济辐射供应链企业发展速度、境外游客占旅游游客比重、外商直接投资发展速度、对外直接投资发展速度、国际航线数、在深常住外国人数量、在深国际组织数量。

（5）共享：居民人均可支配收入、新增供应人才住房和保障性住房、城镇登记失业率、公共交通占机动化出行分担率、千人病床数、亿元 GDP 生产安全事故死亡人数。

表 5—5　　　深圳市"五大发展理念"统计评价指标体系

类别	序号	指标	指标类型
创新（24%）	1	R&D 经费支出占 GDP 比重（%）	正向型
	2	万人发明专利拥有量（件）	正向型
	3	PCT 国际专利申请量（件）	正向型
	4	平均受教育年限（年）	正向型
	5	进入世界 500 强企业数量（家）	正向型
	6	国家级高新技术企业数量占规模以上企业比重（%）	正向型
	7	新兴产业增加值占 GDP 比重（%）	正向型
协调（19%）	8	第三产业增加值占 GDP 比重（%）	正向型
	9	产业结构与就业结构偏离度（%）	逆向型
	10	现代服务业增加值占服务业增加值比重（%）	正向型
	11	高技术制造业增加值占规模以上工业增加值比重（%）	正向型
	12	东部五区固定资产投资额占全市比重（%）	正向型
	13	居民消费支出占 GDP 比重（%）	正向型

续表

类别	序号	指标	指标类型
绿色 （19%）	14	万元 GDP 能耗（吨标准煤）	逆向型
	15	万元 GDP 水耗（立方米）	逆向型
	16	万元 GDP 二氧化碳排放量（吨）	逆向型
	17	万元 GDP 污染物排放量（吨）	逆向型
	18	PM2.5 年均浓度（微克/立方米）	逆向型
	19	空气质量优良率（%）	正向型
	20	水环境质量综合指数	正向型
	21	建成区绿化覆盖率（%）	正向型
	22	生活垃圾资源化利用率（%）	正向型
开放 （19%）	23	一般贸易出口额占出口总额比重（%）	正向型
	24	服务贸易进出口额占对外贸易总额比重（%）	正向型
	25	对外经济辐射供应链企业发展速度（%）	正向型
	26	境外游客占旅游游客比重（%）	正向型
	27	外商直接投资发展速度（%）	正向型
	28	对外直接投资发展速度（%）	正向型
	29	国际航线数（条）	正向型
	30	在深常住外国人数量（万人）	正向型
	31	在深国际组织数量（个）	正向型
共享 （19%）	32	居民人均可支配收入（万元）	正向型
	33	新增供应人才住房和保障性住房（套）	正向型
	34	城镇登记失业率（%）	逆向型
	35	公共交通占机动化出行分担率（%）	正向型
	36	千人病床数（张）	正向型
	37	亿元 GDP 生产安全事故死亡人数（人）	逆向型

五　《指标体系》的实施与发布

《指标体系》由市政府组织实施，每年发布一次。

《指标体系》的内容及具体指标由市统计局负责解释，并依《中华人民共和国统计法》《深圳经济特区统计条例》统计、公布。

《指标体系》将随着深圳经济社会发展适时调整，并在实践中不断完善。

六　《指标体系》的指标解释

（一）创新指标

（1）R&D 经费支出占 GDP 比重：是指一定时期科学研究与试验发展（简称 R&D）经费支出占同期 GDP 比重。研究与试验发展是指在科学技术领域，为增加知识总量以及运用这些知识去创造新的应用所进行的系统的创造性活动，包括基础研究、应用研究和试验发展三类活动。其计算公式为：

R&D 经费支出占 GDP 比重＝R&D 经费支出/GDP×100%

（2）万人发明专利拥有量：是指每万人拥有经国内知识产权部门授权且在有效期限内的发明专利件数，是衡量一个国家或地区科研产出质量和市场应用水平的综合指标。其计算公式为：

万人发明专利拥有量＝年末有效发明专利拥有量/年末常住人口（万人）

（3）PCT 国际专利申请量：是指通过《专利合作条约》（PCT）途径提交的国际专利申请数量，反映一个国家或地区的创新能力和水平。

（4）平均受教育年限：是指一定时期某地区 15 岁及以上人口人均接受学历教育（包括成人学历教育，不包括各种非学历培训）的年数。其计算公式为：

$$平均受教育年限 = \sum P_i E_i / P$$

上式中，P 为本地区 15 岁及以上人口，P_i 为具有 i 种文化程度的人口数，E_i 为具有 i 种文化程度的人口受教育年数系数，i 根据我国的学制确定。

（5）进入世界 500 强企业数量：是指深圳市进入美国《财富》杂志每年公布的世界 500 强排行榜的本土企业数量。

（6）国家级高新技术企业数量占规模以上企业比重：是指深圳辖区内的国家级高新技术企业（工业和服务业）数量。国家级高新技术企业又称国家高新技术企业，是根据《高新技术企业认定管理办法》规定，在国家重点支持的高新技术领域内，持续进行研究开发与技术成果转化，形成企业核心自主知识产权，并以此为基础开展经营活动，在中国境内（不包括港、澳、台地区）注册一年以上的居民企业。其计算公式为：

国家级高新技术企业与规模以上企业比重＝国家级高新技术企业数量/规模以上企业总量×100%

（7）新兴产业增加值占 GDP 比重：是指在 GDP 中，新兴产业增加值所占比重。其计算公式为：

新兴产业增加值占 GDP 比重＝新兴产业增加值/GDP×100%

（二）协调指标

（1）第三产业增加值占 GDP 比重：是指在 GDP 中，第三产业增加值所占比重。其计算公式为：

第三产业增加值占 GDP 比重＝第三产业增加值/GDP×100%

（2）产业结构与就业结构偏离度：是指三次产业的 GDP 结构与从业人员结构差距百分点的总和。其计算公式为：

产业结构与就业结构偏离度＝∑（三次产业 GDP 比重－三次产业从业人员比重）

（3）现代服务业增加值占服务业增加值比重：是指服务业增加值中现代服务业的占比，现代服务业按照广东省统一的统计标准进行汇总。其计算公式为：

现代服务业增加值占服务业增加值比重＝现代服务业增加值/服务业增加值×100%

（4）高技术制造业增加值占规模以上工业增加值比重：是指规模以上工业增加值中高技术制造业增加值的占比，高技术制造业按照广东省统一的统计标准进行汇总。其计算公式为：

高技术制造业增加值占规模以上工业增加值比重＝高技术制造

业增加值/规模以上工业增加值×100%

（5）东部五区固定资产投资额占全市比重：是指深圳罗湖区、盐田区、龙岗区、坪山新区和大鹏新区的固定资产投资额之和占全市固定资产投资总额的比重。其计算公式为：

东部五区固定资产投资额占全市比重＝（罗湖区固定资产投资额+盐田区固定资产投资额+龙岗区固定资产投资额+坪山新区固定资产投资额+大鹏新区固定资产投资额）/全市固定资产投资总额×100%

（6）居民消费支出占 GDP 比重：也即消费率，是指按支出法核算的 GDP 中，居民消费支出所占的比重。其计算公式为：

居民消费支出占 GDP 比重＝居民消费支出/GDP×100%

（三）绿色指标

（1）万元 GDP 能耗：是指在一定时期内每生产万元生产总值（GDP）所消耗的能源数量。其计算公式为：

万元 GDP 能耗＝能源消耗数量/ GDP×100%

（2）万元 GDP 水耗：是指在一定时期内每生产万元生产总值（GDP）所消耗的水资源量。其计算公式为：

万元 GDP 水耗＝水资源消耗数量/ GDP×100%

（3）万元 GDP 二氧化碳排放量：是指在一定时期内每生产万元生产总值（GDP）所排放的温室气体的二氧化碳当量。其计算公式为：

万元 GDP 二氧化碳排放量＝二氧化碳排放当量/GDP×100%

（4）万元 GDP 污染物排放量：是指在一定时期内每生产万元生产总值（GDP）所排放的二氧化硫、氮氧化物、化学需氧量和氨氮四类主要污染物总量。其计算公式为：

万元 GDP 污染物排放量＝二氧化硫、氮氧化物、化学需氧量和氨氮四类主要污染物排放总量/GDP×100%

（5）PM2. 5 年均浓度：是指直径小于或等于 2. 5 μm 的尘埃或飘尘在环境空气中的年平均浓度。

（6）空气质量优良率：是指达到《环境空气质量标准》（GB 3095—2012）二级以上标准的天数占全年有效天数的比例。其计算公式为：

空气质量优良率＝本年度达到《环境空气质量标准》(GB 3095—2012) 二级以上标准的天数相加之和/全年有效天数×100%

(7) 水环境质量综合指数：由于深圳市不同区域间的环境功能区划要求、水环境质量状况、水环境治理工作成效等方面均存在差异，为科学评价水环境质量，全面反映深圳市的水环境质量状况和治理工作成效，选取水环境质量状况指数、水环境治理措施指数两个参数综合计算得出水环境质量综合指数。其计算公式为：

水环境质量综合指数＝水环境质量状况指数＋水环境治理成效指数

其中，水环境质量状况指数反映水环境达标状况，权重占50%，包含水环境达标状况与水环境质量改善 2 个参数；水环境治理成效指数反映水环境治理工作的成效，权重占 50%，包含污水处理规模指数、管网增加指数 2 个参数。

(8) 建成区绿化覆盖率：是指城市建成区内绿化植物的垂直投影面积占城市总用地面积的比值。其计算公式为：

建成区绿化覆盖率＝城市建成区内绿化植物垂直投影面积/城市建成区面积×100%

(9) 生活垃圾资源化利用率：是指通过再生资源回收、焚烧、生物处理等方式资源化利用的生活垃圾量占全市生活垃圾产生总量的比例。其计算公式为：

生活垃圾资源化利用率＝年度生活垃圾再生资源回收、焚烧、生物处理等方式利用生活垃圾量/年度生活垃圾产生量×100%

(四) 开放指标

(1) 一般贸易出口额占出口总额比重：是指在一个地区出口总额中，一般贸易出口额所占比重的大小。其计算公式为：

一般贸易出口额占总出口额比重＝一般贸易出口额/出口总额×100%

(2) 服务贸易进出口额占对外贸易总额比重：是指在对外贸易总额（包含服务贸易和货物贸易）中服务贸易进出口总值的占比。其计算公式为：

服务贸易进出口额占对外贸易总额比重＝服务贸易进出口额/对

外贸易总额×100%

（3）对外经济辐射供应链企业发展速度：是指体现经济对外影响和辐射的深圳商业供应链企业销售额和服务业供应链企业营业收入的发展速度。

（4）境外游客占旅游游客比重：是指旅游游客中境外游客的占比。其计算公式为：

境外游客占旅游游客比重＝境外游客/旅游游客×100%

（5）外商直接投资发展速度：是指以上年为100，外商直接投资增长率的指数化。由于注册资本认缴制改革，目前外商投资企业的到资率普遍下降，但新设项目数、合同外资仍在增长，如仅以实际使用外资增长率作为评价指标，不能真实反映外商投资情况，因此取新设项目数、合同外资、实际使用外资平均增长率的加权合计数，其中新设项目数平均增长率占25%权重，合同外资平均增长率占10%权重，实际使用外资增长率占65%权重。其计算公式为：

外商直接投资发展速度＝1+（新设项目数增长率×25%+合同外资增长率×10%+实际使用外资增长率×65%）

（6）对外直接投资发展速度：是指以上年为100，对外直接投资增长率的指数化。

（7）国际航线数：是指深圳与国外的航空运输线，包括客运航线和货运航线。

（8）在深常住外国人数量：是指持有效半年以上签证或居留许可的在深外国人数量。

（9）在深国际组织数量：是指在深设立的国际组织总部及分支机构数量。

（五）共享指标

（1）居民人均可支配收入：是指调查户可用于最终消费支出和其他非义务性支出以及储蓄的总和，即居民家庭可以用来自由支配的收入。它是家庭总收入扣除交纳的个人所得税、个人交纳的社会保障支出以及调查户的记账补贴后的收入。其计算公式为：

居民人均可支配收入＝家庭总收入−交纳个人所得税−个人交纳的社会保障支出−记账补贴

（2）新增供应人才住房和保障性住房：是指本年新增供应的人才住房和保障性住房数量。

（3）城镇登记失业率：是指报告期内在劳动保障部门登记的失业人数占期末从业人员与期末实有登记失业人数之和的比。其计算公式为：

城镇登记失业率＝城镇登记失业人口／（城镇登记失业人口＋城镇就业人口）×100%

（4）公共交通占机动化出行分担率：是指城市居民出行方式中选择公共交通（包括公共汽电车、城市轨道交通、出租车）的出行量占机动化出行总量的比率，这个指标是衡量公共交通发展、城市交通结构合理性的指标。其计算公式：

公共交通占机动化出行分担率＝公共交通出行量／机动化出行总量×100%

（5）千人病床数：是指每千人的卫生机构病床数。其计算公式为：

千人病床数＝卫生机构病床数／年末常住人口（千人）

（6）亿元 GDP 生产安全事故死亡人数：是指报告期内生产安全事故死亡人数与 GDP 之比。其计算公式为：

亿元 GDP 生产安全事故死亡人数＝生产安全事故死亡人数／GDP（亿元）

七　《指标体系》试算结果

2016 年，深圳将构建《深圳市"五大发展理念"统计评价指标体系》纳入市政府年度重点工作。目前，已从全面性、代表性、适用性、深圳特色原则出发，设立了涵盖创新、协调、绿色、开放、共享 5 方面内容 37 个代表性指标，完成了 3 轮不同层面、相关部门及专家、人大代表、政协委员、民盟盟员、民建会员征求意见，并根据定期指数和环比指数对 2011—2015 年数据分别进行试算，初步编制出深圳市"五大发展理念"统计评价指标体系，顺利通过国家、省统计局和中国人民大学顶层专家评审。

初步试算，深圳市"五大发展理念"统计评价指标体系总指数逐年提升，2012—2015年分别增长4.9%、6.1%、7.9%、9.9%（见表5—6）。其中，创新指数提升最快，这与创新作为深圳的灵魂、深圳一直把创新作为驱动发展主导战略紧密相关，也反映深圳动能转换主要来自创新。

表5—6 2012—2015年深圳市落实"五大发展理念"年度变化统计评价

类别	2012年	2013年	2014年	2015年
总指数	104.9	106.1	107.9	109.9
创新指数	110.6	112.0	112.2	113.2
协调指数	99.6	101.0	101.7	102.4
绿色指数	105.9	106.4	109.1	110.1
开放指数	101.8	102.8	107.1	114.0
共享指数	106.0	106.8	107.8	107.8

第七节 构建反映深圳"三新"经济统计体系

"三新"经济目前没有一个严格的学科定义，按照国家统计局的解读，"三新"（新产业、新业态、新商业模式）是分别从经济活动性质、服务业载体形态、要素组合模式等方面，对新出现经济活动的总体描述。新产业是指应用新科技成果、新兴技术而形成一定规模的新型经济活动。新业态是指顺应多元化、多样化、个性化的产品或服务需求，依托技术创新和应用，从现有产业和领域中衍生叠加出的新环节、新链条、新活动形态。新商业模式是指为实现用户价值和企业持续盈利目标，对企业经营的各种内外要素进行整合和重组，形成高效并具有独特竞争力的商业运行模式。

深圳处于我国改革开放前沿，市场化程度高，经济发展活跃。尤其是近年来深圳实施创新驱动发展战略，大力发展质量型经济，着力完善集科技创新与金融创新、产业创新、商业模式创新等为一体的综合创新生态体系，新产业、新业态、新模式蓬勃发展。"三新"经济日益成为推动深圳经济有质量的稳定增长和可持续全面发展的重要力量。为顺应经济发展新常态及市领导对统计改革创新的新要求，在国家统计局的重视和大力支持下，深圳市统计局针对深圳较早出现的"新产业、新业态、新模式"等"三新"经济形态，积极探索统计改革创新方法。

一 先行先试，获得首个全国"三新"及新经济统计改革试点批文

（1）制定方案，明确责任。为反映新产业、新业态、新商业模式等"新经济"发展情况，为政府加强经济管理和宏观调控，加快实现发展动力转换提供参考，深圳市统计局针对"三新"工作积极制定工作方案，明确责任分工，成立"三新"统计工作领导小组及专业委员会，提供制度保障及机制创新，减节增效。

（2）专程汇报，积极反馈，获首个全国"三新"及新经济统计改革试点批文。3月15日，深圳市统计局杨新洪局长专程赴国家统计局汇报深圳市"三新"统计工作，获得国家顶层的重视与面对。积极向国家统计局反馈深圳市"三新"统计制度的相关意见，获首个全国"三新"及新经济统计改革试点批文。鲜祖德总统计师充分肯定了深圳已开展的"三新两试"统计改革，并表示一如既往大力支持。国家统计局专门发文（国统办设管函〔2016〕137号文）做了批准，同意深圳积极探索，及时总结经验，为"三新"统计调查制度建设、"新经济"统计先行先试。

二 完成国家"三新"制度分解，修订深圳"三新"统计报表制度

（1）积极反映深圳市"三新"经济情况，初步完成国家"三新"制度的分解、布置。国家统计局于2015年4月份下发了《新产业、新业态、新商业模式专项统计报表制度》，深圳市统计局根据深圳"三新"发展情况提出相关反馈意见及建议，并就国家统一下发的"三新"统计制度先后召开"三新"专业委员会会议共14次，逐项分解、研究、讨论相关的报表制度，初步完成了细分和布置工作。

（2）修订深圳市《新产业、新业态、新商业模式专项统计报表制度》，将深圳市"三新"统计改革试点项目列为深圳市统计局2016年度重大行政决策事项。根据国家统计局下发的《新产业、新业态、新商业模式专项统计报表制度》，通过现有提取、加工整理、部门收集、上级部署等方式，初步形成具有深圳特色的"三新"统计报表制度。

三　《新产业、新业态、新商业模式专项统计报表制度》

目前深圳市实施的"三新"统计制度以国家"三新"统计制度为主体，并结合深圳实际，做了部分调整，主要包括提质增效转型升级、工业战略性新兴产业、新产品、新服务、高技术产业及新技术、科技企业孵化器、四众（众创、众包、众扶、众筹）、电子商务、城市商业综合体、开发园区、供应链企业商品销售和库存、大个体商品销售和库存等12个"三新"重点领域的相关指标。

与国家制度相比，取消了互联网金融统计，包括互联网支付交易金额、个体直接借贷借款金额（P2P）、小额贷款公司网络小额贷款发放金额、股权众筹融资金额、互联网销售基金金额、互联网销售保险产品金额、互联网销售信托产品金额、互联网消费金融贷款金额共8项内容。互联网金融统计数据由人民银行提供，由于金融制度限制，互联网金融无法分解到市级，暂不统计，待制度完善，再行补充。增加了在深圳具有一定规模和代表性，在现行统计制度中可获取且数据质量可靠的供应链企业统计和大个体统计，以及根据深圳市发展规划要求，对七大战略性新兴产业和四大未来产业进行统计。

随着"三新"的不断发展和对"三新"研究认识以及统计工作水平的提升，制度将不断修改完善，逐步充实内容。

（1）提质增效转型升级包括服务业增加值占GDP比重、居民消费率、城镇化率、高技术制造业增加值占工业增加值比重、文化及相关产业增加值占GDP比重、税收与GDP之比、GDP与固定资产投资之比、全社会劳动生产率、工业企业总资产贡献率、R&D经费与GDP之比、科技进步贡献率、每万名就业人员R&D人员全时当量、R&D 经费与主营业务收入之比、单位 GDP 能源消耗降低率、居民人均可支配收入与人均 GDP 之比 15 项指标，涵盖服务业、工业、投资、能源、科技、文化、人民生活等方面，综合反映经济发展质量。

（2）工业战略性新兴产业统计七个产业的企业数、工业总产值和工业增加值指标，包括节能环保产业、新一代信息技术产业、生物产业、高端装备制造业、新能源产业、新材料产业、新能源汽车。七个产业指标统计均取自《工业统计报表制度》。

此外，根据深圳实际，同时进行本市的战略性新兴产业及未来产业统计。深圳战略性新兴产业统计起步较早，始于 2011 年底，在国家统计局公布《战略性新兴产业分类（2012）》（试行）之前，积极进行相关专题统计方法研究和数据测算工作，获得市委、市政府 2013 年年度课题研究一等奖。到 2015 年，已形成新一代信息技术、互联网、新材料、生物、新能源、节能环保、文化创意七大战略性新兴产业统计方法制度。2015 年 6 月，首次对航空航天、生命健康、机器人、可穿戴设备和智能装备、海洋等未来产业进行试统试算。

深圳新兴产业统计经历了产业由少到多、统计口径由"四上"①到全口径的过程，统计方法制度不断完善。主要做法是：

在标准认定和范围界定上，由相关经济职能部门提供。深圳战略性新兴产业范围根据本市相关发展规划的产业定义来确定，主要采用企业法。即由市发展改革委联合市科技创新委、市经贸信息委、市委宣传部等职能主管部门共同认定符合政策条件的法人单位，形成涵盖工业、商业、服务业和建筑业等四个行业的战略性新兴产业单位名录库。在此基础上，按照企业一套表制度，对企业进行规模认定，筛选出符合一套表平台统计范围的"四上"企业，生成战略性新兴产业常规统计调查单位库。目前，深圳市七大战略性新兴产业在统的"四上"企业超过 3000 家。

---

① "四上"：指工业企业年产值 2000 万以上、拟发企业 2000 万以上、零售业 500 万以上，服务业 500 万或 50 人以上的企业，称为"四上"企业。

　　在数据来源上，立足现有"四上"一套表企业数据库提取。以国家联网直报系统为依托，直接从一套表平台上采集企业数据，实现由间接采集转为直接采集，从而提高数据处理效率和数据生成过程的透明度和可控性。对"四上"企业，采取全面定期统计报表调查方法测算相关统计指标，按照企业行业归属，采集对应行业报表数据，分行业测算企业增加值。对"四下"企业，利用第三次全国经济普查数据及抽样调查推算相关统计指标。

　　在质量控制上，与相关部门指标比对修订调整。加强与地税局、国税局等相关部门联系，对新兴产业企业相关指标数据进行比对和验证，修正、补充、完善深圳市统计局的统计数据，提高数据质量。

　　（3）新产品包括主要工业新产品产量和主要新能源产品产量。主要工业新产品产量统计包含碳纤维增强复合材料、稀土磁性材料、石墨烯、工业机器人、新能源汽车、动车组、城市轨道车辆、光纤、光缆、太阳能电池（光伏电池）、服务器、3D打印设备、智能手机、智能电视共14种产品。主要新能源产品产量统计包含煤层气、页岩气、致密砂岩气、煤制天然气、垃圾焚烧发电量、生物质发电量、核能发电量、风力发电量、太阳能发电量、潮汐能发电量、地热能发电量、生物乙醇、生物柴油共13种产品。

　　（4）新服务主要统计从事新服务活动的法人单位营业收入、利润总额、从业人员平均人数等指标，包含节能环保技术服务，生物技术服务，新一代信息技术服务，高端装备制造服务，新能源、新材料技术服务，其他研发与技术服务，金融服务，人力资源管理与培训服务，租赁服务，商务服务，运输与快递服务，文化、体育和旅游服务，居家、养老和健康服务共13个行业。

　　（5）高技术产业及新技术包含高技术制造业情况及高技术服务业情况。高技术制造业主要统计企业数、营业收入、利润总额、出口交货值和平均用工人数等指标，包括医药制造业，航空、航天器及设备制造业，电子及通信设备制造业，计算机及办公设备制造业，医疗仪器设备及仪器仪表制造业，信息化学品制造业共6个行业，以及R&D人员、经费、专利申请数等相关内容。高技术服务业主要统计规模以上服务业法人单位的企业数、营业收入、利润总额和从业人员平均人数指标，包括信息服务、电子商务服务、检验检测服务、专业技术服务业的高技术服务、研发与设计服务、科技成果转化服务、知识产权及相关法律服务、环境监测及治理服务、其他高技术服务共 9 个行业。

（6）科技企业孵化器统计范围为科技部认定的所有科技企业法人单位，包括孵化器数量、孵化器使用总面积、孵化器内企业总数、在孵企业产业人员、毕业企业平均孵化时限、当年毕业企业、在孵企业总收入、在孵企业获得风险投资额、孵化器孵化基金总额、在孵企业 R&D 投入、当年知识产权申请及授权数等共 30 项指标，由市科创委提供数据。

（7）四众包括四众平台企业情况和采用四众模式企业情况。四众平台企业情况主要统计从事众创服务、众包服务、众扶服务、众筹服务等活动为主的平台企业企业数、期末从业人员、营业收入和利润总额指标。采用四众模式的企业是指为从事创业创新相关活动，而通过四众平台企业获得各种模式的众创、众包、众扶、众筹等服务的企业，主要统计企业单位数、期末从业人员、营业收入等指标。现行常规（专项）调查制度中不包括四众统计，目前深圳市统计局已根据《国家统计局关于印发〈新产业、新业态、新商业模式专项统计报表制度〉的通知》（国统字〔2016〕62 号）要求和国家、省统计局的统一部署，发文开展四众统计调查。

（8）电子商务包括企业电子商务应用情况和电子商务交易平台情况。电子商务应用情况统计电子商务销售金额和电子商务采购金额指标，统计范围为规模以上工业、有资质的建筑业、限额以上批发和零售业、限额以上住宿和餐饮业、房地产开发经营业、规模以上服务业法人单位。电子商务交易平台情况统计电子商务交易平台交易金额指标，包括非自营平台、B2B+B2G、B2C+C2C、商品、服务、跨境等。

与国家制度相比，取消了网上零售额和网购替代率分类情况两张报表。网上零售额统计因技术限制目前只分到省一级，市级数据无法获取，待制度补充完善再行统计。网购替代率分类情况需要开展问卷调查，由调查队统一布置安排，主要了解网购用户线上消费对线下消费的替代比率。

（9）城市商业综合体统计范围为辖区内的城市商业综合体，主要包括自营、联营部分的零售业、餐饮业、服务业和租赁部分的零售业、餐饮业、服务业的商户数、商户从业人员期末人数、营业面积、商户销售额和租金总额等指标统计。

（10）开发园区包括国家高新技术产业开发区情况、国家经济技术开发区情况和省级开发园区情况，主要统计开发（园）区数量、注册企业、营业收入、出口总额、利润总额、税收收入、从业人员等指标，由市科创委提供数据。

（11）供应链企业商品销售和库存统计范围为限额以上供应链企业，分别在规模以上服务业、批发和零售业中提取统计，包括粮油、食品类、服装、鞋帽、针纺织品类、日用品类、书报杂志类、文化办公用品类、通信器材类、汽车类等共 27 种商品类别。

（12）大个体商品销售和库存统计范围为限额以上大个体，统计商品类别与供应链企业相同，包括 27 种商品。主要采用"大个体+协会"统计调查新模式，把具有一定规模的个体商业户纳入限额以上商业统计。深圳各种专业市场发达，针对现行统计制度反映不了经济发展多样性的实际情况，从 2011 年开始加大专业市场统计力度，对深圳华强北电子市场、水贝珠宝市场、大芬村油画市场等专业市场的大个体户开展统计创新试点，逐步填补各类专业市场统计调查上存在的空白。通过创新机制，向保健协会、大芬美术产业协会、电子行业协会、茶叶流通协会等 16 家行业协会（事务所）购买统计服务，制定并试行《深圳市统计局关于加强专业市场"大个体"统计数据质量工作业务指引》，确保"大个体"上报数据质量。

第八节　新兴产业统计指标体系

一　设计原则

深圳市新兴产业包括战略性新兴产业和未来产业两部分。自 2009 年起，深圳市陆续出台了生物、互联网、新能源、新材料、新一代信息技术、节能环保、文化创意、生命健康、海洋、航空航天、机器人、可穿戴设备和智能装备等新兴产业振兴发展规划；2010 年国务院出台了《关于加快培育和发展战略性新兴产业的决定》，提出发展战略性新兴产业已成为世界主要国家抢占新一轮经济和科技发展制高点的重大战略。由于当时对新兴产业的概念界定和分类标准模糊，产业分类目录尚未建立，缺乏统一规范的统计口径，无法准确把握新兴产业发展现状和存在的问题，不利于把新兴产业每一个领域和方向细化落实到重点企业和重点项目上，不利于相关部门有针对性地出台配套财税政策。因此，急切需要构建适应新兴产业发展需要的、比较系统的统计指标体系，建立一套可操作的调查方法制度，以便开展新兴产业统计调查监测，掌握各门类产业增加值的贡献程度、发展速度等情况，为制定政策提供参考。新兴产业统计指标体系的设计原则如下：

（1）适应性。与现行统计方法制度相适应，与新兴产业发展基本情况相适应，要能满足政府、行业主管部门制定政策、规划的需要，尽可能与未来新兴产业统计工作的方向契合。

（2）合理性。能科学、合理地反映深圳市新兴产业的发展现状及与国民经济核算的关系。每个指标并不是孤立存在的，而是具有相互关联的特点，各项统计数据要有充分的统计依据。

（3）可操作性。新兴产业的统计工作由于尚处起步阶段，统计基础相当薄弱，因此，应立足于现实，少而精、可操作、易搜集，紧密结合现行统计制度和财务体制，尽可能地利用现有的国家统计报表制度、统计指标、统计核算方法进行统计，减少基层负担，提高效率。

（4）统一性。由于新兴产业涉及面广，涉及的政府职能部门比较多，统计的企业名单统一由深圳市发展和改革委员会、深圳市经济贸易和信息化委员会、深圳市科技创新委员会和深圳市人居环境委员会等职能部门确认，确保各部门使用统一的企业名单。

二　调查目的

发展新兴产业是推进深圳市产业结构升级、加快经济发展方式转变的重大举措，统计是其中一项重要的基础性工作。构建新兴产业统计指标体系对于准确掌握各个产业、各个门类的发展情况，科学推动深圳市新兴产业加快发展具有重要意义。根据《国务院关于加快培育和发展战略性新兴产业的决定》，以及深圳市陆续出台的生物、互联网、新能源、新材料、新一代信息技术、节能环保、文化创意、生命健康、海洋、航空航天、机器人、可穿戴设备和智能装备等新兴产业振兴发展规划的要求，为全面了解和反映深圳市新兴产业调查单位生产经营情况，为政府制定相关产业发展政策、进行经济管理与调控提供依据，依照《中华人民共和国统计法》的规定，结合工作实际，制定《深圳市战略性新兴产业统计报表制度》和《深圳市未来产业统计报表制度》。

三 统计范围

新兴产业的统计范围为辖区内规模以上工业、限额以上批发和零售业、规模以上服务业和有资质的建筑业的法人单位。确定各行业的标准为：

（1）规模以上工业：年主营业务收入 2000 万元及以上的工业法人单位。

（2）限额以上批发和零售业：年主营业务收入 2000 万元及以上的批发业、年主营业务收入 500 万元及以上的零售业法人单位。

（3）规模以上服务业：年主营业务收入 1000 万元以上，或年末从业人员 50 人及以上的服务业法人单位，包括交通运输、仓储和邮政业，信息传输、软件和信息技术服务业，租赁和商务服务业，科学研究和技术服务业，水利、环境和公共设施管理业，教育、卫生和社会工作，以及物业管理、房地产中介服务、自有房地产经营活动和其他房地产等行业。

年营业收入 500 万元及以上，或年末从业人员 50 人及以上的服务业法人单位，包括居民服务、修理和其他服务业，文化、体育和娱乐业。

（4）有资质的建筑业：具有建筑业资质的所有独立核算建筑业企业（包括没有工作量的建筑业企业）及所属产业活动单位。

四 调查单位确定

生物、互联网、新能源、新材料、新一代信息技术、节能环保、生命健康、海洋、航空航天、机器人、可穿戴设备和智能装备产业的调查单位由深圳市发展和改革委员会、深圳市经济贸易和信息化委员会、深圳市科技创新委员会和深圳市人居环境委员会等职能部门确认，符合深圳市新兴产业振兴发展政策条件的、从事新兴产业经营活动的法人单位；文化及相关产业的调查单位为国家统计局现行"一套表"范围内的规模以上工业、限额以上批发和零售业、规模以上服务业和有资质的建筑业中从事文化及相关产业的法人单位。

五 综合汇总表

（1）深圳市战略性新兴产业增加值情况月报表

深圳市战略性新兴产业增加值情况月报表如表5—7所示。

表5—7 深圳市战略性新兴产业增加值情况月报表

综合机关名称：　　　　　　20　　年　月　　　　　　　计量单位：亿元

| | 1—本月止累计 | 其中 | | | | 上年同期累计 | 累计比上年增减（%） |
		工业	服务业	批发零售业	建筑业		
	①	②	③	④	⑤	⑥	⑦
战略性新兴产业合计							
按产业分组							
其中：新一代信息技术产业							
互联网产业							
新材料产业							
生物产业							

续表

	1—本月止累计	其中				上年同期累计	累计比二年增减（%）
		工业	服务业	批发零售业	建筑业		
新能源产业							
节能环保							
文化创意产业							

单位负责人： 填表人： 报出日期：20 年 月 日

（2）深圳市未来产业增加值情况月报表

深圳市未来产业增加值情况月报表如表5—8所示。

表5—8 深圳市未来产业增加值情况月报表

综合机关名称： 20 年 月 计量单位：亿元

	1—本月止累计	其中				上年同期累计	累计比上年增减（%）
		工业	服务业	批发零售业	建筑业		
	①	②	③	④	⑤	⑥	⑦
未来产业合计							
按产业分组							
其中：海洋产业							
航空航天产业							
机器人、可穿戴设备和智能装备产业							
生命健康产业							

单位负责人： 填表人： 报出日期：20 年 月 日

六 涉及主要指标含义

新兴产业增加值＝战略性新兴产业增加值＋未来产业增加值

战略性新兴产业增加值=工业战略性新兴产业企业增加值+批发和零售业战略性新兴产业企业增加值+服务业战略性新兴产业企业增加值+建筑业战略性新兴产业企业增加值

未来产业增加值=工业未来产业企业增加值+批发和零售业未来产业企业增加值+服务业未来产业企业增加值+建筑业未来产业企业增加值

工业总产值（当年价格） 是指工业企业在报告期内生产的以货币形式表现的工业最终产品和提供工业劳务活动的总价值量。

商品销售额 是指对本单位以外的单位和个人出售的商品金额（包括售给本单位消费用的商品，含增值税）。在批发和零售业中，本指标反映在国内市场上销售商品以及出口商品的总量。

建筑业总产值 是指以货币表现的建筑业企业在一定时期内生产的建筑业产品和服务的总和。建筑业总产值包括建筑工程产值、安装工程产值和其他产值三部分内容。

固定资产折旧 是指企业在固定资产的使用寿命内，按照确定的方法对应计折旧额进行系统分摊。

累计折旧 是指企业在报告期末提取的历年固定资产折旧累计数。根据会计"累计折旧"科目的期末贷方余额填报。

本年折旧 是指企业在报告期内提取的固定资产折旧合计数。

营业收入 是指企业经营主要业务和其他业务所确认的收入总额。营业收入合计包括"主营业务收入"和"其他业务收入"。

主营业务收入 是指企业确认的销售商品、提供劳务等主营业务的收入。

营业成本 是指企业经营主要业务和其他业务所发生的成本总额。营业成本包括企业（单位）在报告期内从事销售商品、提供劳务等日常活动发生的各种耗费。营业成本合计包括"主营业务成本"和"其他业务成本"。

主营业务成本 是指企业经营主要业务所发生的成本总额。

营业税金及附加 是指企业因从事生产经营活动按税法规定缴纳的应从经营收入中抵扣的税金和附加，包括营业税、消费税、城市维护建设税、教育费附加等。

主营业务税金及附加　是指企业经营主要业务应负担的营业税、消费税、城市维护建设税、教育费附加等。

其他业务利润　是指企业经营除主要业务以外的其他业务实现的利润。

销售费用　是指企业在销售商品和材料、提供劳务的过程中发生的各种费用，包括保险费、包装费、展览费和广告费、商品维修费、预计产品质量保证损失、运输费、装卸费等以及为销售本企业商品而专设的销售机构（含销售网点、售后服务网点等）的职工薪酬、业务费、折旧费等经营费用。

管理费用　是指企业为组织和管理企业生产经营所发生的费用，包括企业在筹建期间内发生的开办费、董事会和行政管理部门在企业经营管理中发生的，或者应当由企业统一负担的公司经费等。

税金　是指企业按照规定从管理费用中支付的房产税、印花税、车船使用税和土地使用税。

财务费用　是指企业为筹集生产经营所需资金等而发生的筹资费用，包括企业生产经营期间发生的利息支出（减利息收入）、汇兑损失（减汇兑收益）以及相关的手续费等。

利息收入　是指非金融企业存款业务所确认的利息金额。

利息支出　是指企业短期借款利息、长期借款利息、应付票据利息、票据贴现利息、应付债券利息、长期应付引进国外设备款利息等利息支出。

资产减值损失　是指企业计提各项资产减值准备所形成的损失。

公允价值变动收益　是指企业的交易性金融资产、交易性金融负债，以及采用公允价值模式计量的投资性房地产、衍生工具、套期保值业务等公允价值变动形成的应计入当期损益的利得或损失。

投资收益　是指企业确认的投资收益或投资损失，反映企业以各种方式对外投资所取得的收益。

营业利润　是指企业从事生产经营活动所取得的利润。

营业外收入　是指企业发生的与经营业务无直接关系的各项收

入，包括非流动资产处置利得、非货币性资产交换利得、债务重组利得、政府补助、盘盈利得、捐赠利得等。

补贴收入　是指企业实际收到的补贴收入，包括实际收到的先征后返的增值税；企业按销量或工作量等，依据国家规定的补助定额计算并按期给予的定额补贴。

营业外支出　是指企业发生的与经营业务无直接关系的各项支出，包括非流动资产处置损失、非货币性资产交换损失、债务重组损失、公益性捐赠支出、非常损失、盘亏损失等。

应交所得税　是指企业按税法规定，应从生产经营等活动的所得中缴纳的税金。

应交增值税　是指企业按税法规定，从事货物销售或提供加工、修理修配劳务等增加货物价值的活动本期应交纳的税金，不含期初未抵扣税额。

进项税额　是指企业在报告期内购入货物或接受应税劳务而支付的、准予从销项税额中抵扣的增值税额。

销项税额　是指企业在报告期内销售货物或提供应税劳务应收取的增值税额。

利润总额　是指企业在一定会计期间的经营成果，是生产经营过程中各种收入扣除各种耗费后的盈余，反映企业在报告期内实现的盈亏总额。

应付职工薪酬　是指企业为获得职工提供的服务而给予各种形式的报酬以及其他相关支出，包括职工工资、奖金、津贴和补贴，职工福利费，医疗保险费、养老保险费、失业保险费、工伤保险费和生育保险费等社会保险费，住房公积金，工会经费和职工教育经费，非货币性福利，因解除与职工的劳动关系给予的补偿，其他与获得职工提供的服务相关的支出。

七　深圳市人民政府关于新兴产业发展规划的目录

《深圳市人民政府关于印发深圳生物产业振业发展规划（2009—2015）的通知》（深府〔2009〕179号）

《深圳市人民政府关于印发深圳互联网产业振业发展规划

（2009—2015）的通知》（深府〔2009〕237号）

　　《深圳市人民政府关于印发深圳新能源产业振业发展规划（2009—2015）的通知》（深府〔2009〕239号）

　　《深圳市人民政府关于印发深圳新材料产业振业发展规划（2011—2015）的通知》（深府〔2011〕123号）

　　《深圳市人民政府关于印发深圳市文化创意产业振业发展规划（2011—2015）的通知》（深府〔2011〕174号）

　　《深圳市人民政府关于印发深圳新一代信息技术产业振业发展规划（2011—2015）的通知》（深府〔2011〕209号）

　　《深圳市人民政府关于印发深圳节能环保产业振业发展规划（2014—2020）的通知》（深府〔2014〕32号）

　　《深圳市人民政府关于印发深圳市海洋产业发展规划（2013—2020）的通知》（深府〔2013〕112号）

　　《深圳市人民政府关于印发深圳市航空航天产业发展规划（2013—2020）的通知》（深府〔2013〕118号）

　　《深圳市人民政府关于印发深圳市生命健康产业发展规划（2013—2020）的通知》（深府〔2013〕121号）

　　《深圳市人民政府关于印发机器人、可穿戴设备和智能装备产业发展规划（2014—2020）的通知》（深府〔2014〕96号）

第九节　社会建设评价指标体系

一　社会建设考核指标体系的主体内容

　　社会建设，主要是指政府和社会组织为促进社会系统良性运行，动员社会力量，整合社会资源，发展社会事业，健全社会体制，培育社会组织，完善社会功能，为经济建设、政治建设、思想文化建设及整个社会系统协调发展创造有利的社会环境。一般来说，社会建设应包括以下内容：社会结构、社会管理等社会制度的完善；社会公正、社会参与、社会融合等社会机制的健全；以教育、文化、就业与再就业服务、生态环境、公共设施、社会治安为主要内容的社会公共服务事业的发展；以社会保险、社会救助、社会福利、慈善事业为主要内容的社会保障体系的完备；社区、社会中介组织、社会自治组织等社会组织的成熟。我们认为，从建立考核指标体系上讲，社会建设侧重的是主观努力过程，而社会发展侧重的是主客观作用的结果。

《中共中央关于构建社会主义和谐社会若干重大问题的决定》把构建和谐社会的目标和主要任务分为以下八个方面：民主法制、收入和分配格局、就业和社会保障体系、公共服务体系、民族素质、社会活力、社会管理体系、生态环境。《中共中央关于制定国民经济和社会发展第十二个五年计划的建议》要求从促进就业和构建和谐劳动关系、合理调整收入分配关系、健全覆盖城乡居民的社会保障体系、加快医疗卫生事业改革发展、全面做好人口工作以及加强和创新社会管理等方面加强社会建设，建立健全基本公共服务体系。

根据以上决定和建议以及统计学等理论要求，在参照国内外有关指标的基础上，应围绕广大市民最关心、最直接、最现实的利益问题，从市民生活、公共服务、社区服务、社会管理、社会服务产业五大领域来设置统计指标。

社会建设考核指标体系与其他考核指标体系的关系和区别是：社会建设考核指标体系是从社会领域落实科学发展观的考核指标体系，与经济领域落实科学发展观的考核指标体系相平行、相补充，两者共同构成了落实科学发展观的考核指标体系；是社会领域的综合、系统的考核指标体系。

二　选取社会建设考核指标的原则和方法

（1）以人为本原则。我们选取五大领域的指标，分别从人口规模、就业、居家生活（吃、住、行等）、提高自身素质、健康、保障、公共服务产品、社区服务、社会秩序等角度反映市民的生存和发展环境。

（2）创新原则。一是市委、市政府决定在市一级建立社会建设考核指标体系本身就是一种创新；二是在社会建设的内容上也是一种全新的分类；三是许多指标第一次列入考核，个别指标在我国的指标体系中第一次被提出，如社会服务产业、社区服务满意率、信访满意率等。

（3）科学性原则。所选指标以统计学为基础，参照国家统计标准和现行统计制度而设立。部分指标力求与国际通用指标对接，如平均预期寿命、恩格尔系数等。

（4）可得性原则。所选指标一方面数据要便于取得，另一方面又要方便对比、分区和考核。

（5）主客观指标相结合的原则。我们选取的指标大部分是客观指标，但是对于社会治安状况、社区服务设施、政府绩效、信访等内容的考核，我们倾向于分别采用社会治安满意率、社区服务满意率、政府绩效满意率、信访满意率等主观指标。

（6）简明性原则。指标数目力求少而精。同一项内容一般只用一个指标；能用综合指标的不用专项指标，如社会事业和公共服务支出占财政一般预算支出的比重集中反映了政府推进公共财政和民生财政的状况，包含了教育、文化、体育与传媒、社会保障与就业、医疗卫生、城乡社区住宅等科目的支出情况。

根据以上原则，采用层次分析法选取了 29 个指标。

三　社会建设考核指标体系的考核方法

由于以上 29 个指标不便于总体上、直接地判断一个区的社会建设状况，应采用指数法编制社会建设指数，用一个数量概念来反映社会建设考核指标体系。编制社会建设指数的步骤如下：

（1）确定权数。对不同的指标，根据其在体系中的重要程度，通过专家法赋予相应的权数。

（2）计算综合指数。把 29 个不能直接相加的指标，通过赋予不同的权数，加权计算出社会建设指数。即：

社会建设指数 $= \sum$（$N1 \times W1 + N2 \times W2 + \cdots + N29 \times W29$）$\times 100\%$

四　建立社会建设考核指标体系的主要参考内容

（1）ASHA（美国卫生协会指数）、美国 PQCI（生活质量指数）、美国 ISP（社会进步指数）、联合国 HDI（人类发展指数）。

（2）国家统计局、省统计局有关社会统计报表制度和全面建设小康社会指标体系。

（3）中国人居环境奖基本指标体系，《广东省市厅级党政领导班子和领导干部落实科学发展观评价指标体系及考核评价办法（试行）》。

（4）《深圳市城市总体规划（2010—2020）》，深圳市原有的效益深圳指标体系、民生净福利指标体系、文明指数等。

（5）北京市、盐田区等地的社会领域指标体系。

五 设置深圳市社会建设主要考核指标体系

深圳市社会建设考核指标体系如表 5—9 所示。

表 5—9 深圳市社会建设考核指标体系

领 域	序号	指 标 名 称	单 位	工作责任单位	统计责任单位
		深圳市社会建设指数	%		市统计局
市民生活	1	常住人口增长率	%	各区（管委会）	市统计局
	2	平均预期寿命	岁	各区（管委会）、市卫生人口计生委	市卫生人口计生委
	3	平均受教育年限	年	各区（管委会）	市统计局
	4	居民人均可支配收入增长率	%	各区（管委会）	深圳调查队
	5	恩格尔系数	%	各区（管委会）	深圳调查队
	6	保障性住房建筑面积累计增幅	%	各区（管委会）、市住房建设局	市住房建设局

续表

领 域	序号	指 标 名 称	单 位	工作责任单位	统计责任单位
公共服务	7	高中普及率	%	各区（管委会）、市教育局	市教育局
	8	每万人病床数	张	各区（管委会）、市卫生人口计生委	市卫生人口计生委
	9	每万人公共文化设施面积	平方米	各区（管委会）、市文体旅游局	市文体旅游局
	10	公共交通出行分担率	%	各区（管委会）、市交通运输委	市交通运输委
	11	每万人社会组织数	个	各区（管委会）、市民政局	市民政局
	12	基本保险覆盖率	%	各区（管委会）、市人力资源保障局	市人力资源和社会保障局
	13	政府绩效公众满意率	%	各区（管委会）、市监察局	市府绩效办、市统计局
	14	社会事业和公共服务支出占财政一般预算支出的比重	%	各区（管委会）、市财政委	市财政委
社区服务	15	每万人持证职业社工人数	人	各区（管委会）、市民政局	市民政局
	16	社区服务设施达标率	%	各区（管委会）、市民政局	市民政局
	17	社区直选率	%	各区（管委会）、市民政局	市民政局
	18	社区服务满意率	%	各区（管委会）、市民政局	市民政局

续表

领域	序号	指标名称	单位	工作责任单位	统计责任单位
社会管理	19	登记失业率	%	各区（管委会）、市人力资源保障局	市人力资源和社会保障局
	20	残疾人就业率	%	各区（管委会）、市残联	市残联
	21	国民经济各行业平均工资标准差系数	%	各区（管委会）	市统计局
	22	主要农产品质量安全监测超标率	%	各区（管委会）、市农业和渔业局	市农业和渔业局
	23	药品安全抽样合格率	%	各区（管委会）、市药监局	市药监局
	24	生产、交通、火灾死亡人口比率	十万分之一	各区（管委会）、市应急办（安监局）	市应急办（安监局）
	25	每万人刑事警情报案数	件	各区（管委会）、市公安局	市公安局
	26	非户籍人口登记率	%	各区（管委会）、市综治办	市综治办
	27	社会治安满意率	%	各区（管委会）	深圳调查队
	28	信访满意率	%	各区（管委会）、市信访办	市信访办
社会服务产业	29	社会服务产业增加值占 GDP 比重	%	各区（管委会）	市统计局

六　相应指标的指标解释

1. 深圳市社会建设指数

深圳市社会建设指数是将一系列不能直接相加和不能直接对比的指标，通过特定的方法，计算为社会建设指数。它是将全部指标综合为一个量化数字以反映总体的变化，指数越高越好。它是各类指标体系中必备的总体综合指标。

2. 常住人口增长率

常住人口增长率是指当年常住人口的增长速度。其计算公式为：

$$常住人口增长率 = \frac{当年常住人口年平均人口数 - 上年常住人口年平均人口数}{上年常住人口年平均人口数} \times 100\%$$

计量单位：%

资料来源：市统计局人口统计年报。

3. 平均预期寿命

平均预期寿命是指 0 岁（即出生时）的平均期望寿命，表示一批人出生后根据当期各年龄死亡率计算的平均一生可存活的年数。

计量单位：岁

资料来源：根据人口统计年报资料推算。

4. 平均受教育年限

平均受教育年限是指一定时期时 15 岁及以上常住人口人均接受学历教育（包括成人学历教育，不包括各种非学历培训）的年数。其计算公式为：

$$平均受教育年限 = \frac{\sum PiEi}{P}$$

式中，P 为本地区 15 岁及以上常住人口，Pi 为具有 i 种文化程度的人口数，Ei 为具有 i 种文化程度的人口受教育年数系数，根据我国的学制确定为：大专以上文化程度 16，高中文化程度 12，初中文化程度 9，小学文化程度 6，文盲 0。

计量单位：年

资料来源：市统计局人口统计年报。

5. 居民人均可支配收入增长率

人均可支配收入是指家庭成员得到可用于最终消费支出和其他非义务性支出以及储蓄的总和，即居民家庭可以用来自由支配的收入。其计算公式为：

居民人均可支配收入增长率 = 100% ×（报告期数值 - 基期数值）／基期数值

计量单位：%

资料来源：国家统计局深圳调查队。

6. 恩格尔系数

恩格尔系数是指食物支出金额占消费总支出金额的比重。其计算公式为：

$$恩格尔系数 = \frac{食品支出总额}{消费性支出总额} \times 100\%$$

计量单位：%

资料来源：国家统计局深圳调查队。

7. 保障性住房建筑面积累计增幅

保障性住房建筑面积累计增幅是指保障性住房建筑面积累计增长幅度。其计算公式为：

$$保障性住房建筑面积累计增幅 = \frac{报告期年末保障性住房建筑面积历年累计数 - 上年末保障性住房建筑面积历年累计数}{上年末保障性住房建筑面积历年累计数} \times 100\%$$

计量单位：%

资料来源：市住房建设局。

8. 高中普及率

高中普及率是指普通高中招生数与中等职业学校（含技工学校）招收应届初中毕业生数之和占户籍初中毕业生与高中阶段招生人数中的非户籍人数之和的比重。其计算公式为：

$$高中普及率 = \frac{普通高中招生数 + 中等职业学校（含技工学校）招收应届初中毕业生数}{户籍初中毕业生数 + 高中阶段招生人数中的非户籍人数} \times 100\%$$

计量单位：%

资料来源：市教育局统计年报。

9. 每万人病床数

每万人病床数是指每万人口拥有的各类卫生机构的床位数。分母是年末人口数，分子是各类卫生机构的年末床位数。其计算公式为：

$$每万人病床数 = \frac{各类卫生机构的年末床位数}{常住人口年平均人口数（万人）}$$

计量单位：张

资料来源：市卫生人口计生委统计年报。

10. 每万人公共文化设施面积

每万人公共文化设施面积是指本地区内报告期末每万人拥有公共图书馆、群众艺术馆、文化馆（站）、博物馆的公共房屋建筑面积。其计算公式为：

$$每万人公共文化设施面积=\frac{（公共图书馆+群众艺术馆+文化馆+博物馆）面积}{常住人口年平均人数（万人）}$$

计量单位：平方米

资料来源：市文体旅游局。

11. 公共交通出行分担率

公共交通出行分担率是指公共交通出行总人次占城市出行总人次的比重。其计算公式为：

$$公共交通出行分担率=\frac{公共交通出行总人次}{城市出行总人次}×100\%$$

计量单位：%

资料来源：市交通运输委。

12. 每万人社会组织数

每万人社会组织数是指每万人口中拥有的社会组织数。分母是年末常住人口数，分子是民政部门报表中的社会组织总数。其计算公式为：

$$每万人社会组织数=\frac{社会组织数}{常住人口年平均人口数（万人）}$$

计量单位：个

资料来源：市民政局。

13. 基本保险覆盖率

基本保险覆盖率是指已参加基本养老、基本医疗和失业保险的人数占政策规定应参加人数的比重。

已参加基本养老保险的人数是指按照国家法律、法规和有关政策规定参加基本养老保险并在社保经办机构已建立缴费记录档案的职工（含离退休人员）人数，包括中断缴费但未终止养老保险关系的职工人数，不包括只登记未建立缴费记录档案的人数。

已参加基本医疗保险的人数是指按国家有关规定参加基本医疗保险的人数，包括参加保险的职工人数和退休人员人数。

已参加失业保险的人数是指按照国家法律、法规和有关政策规定参加了失业保险的城镇企业事业单位的职工及地方政府规定参加失业保险的其他人员的人数。

根据我国社会保障的现实情况，应参加基本养老、基本医疗和失业保险的人数尚没有明确规定，为测算的便利，本书暂用社会劳动者人数代替。

其计算公式为：

$$基本保险覆盖率=\frac{(已参加基本养老保险人数+已参加基本医疗保险人数+已参加失业保险人数)/3}{社会劳动者人数}\times100\%$$

计量单位：%

资料来源：市人力资源和社会保障局。

14. 政府绩效公众满意率

政府绩效公众满意率是指人民群众对政府绩效的满意率，反映政府绩效的综合状况。反映人民群众对政府及职能部门工作绩效的评价，通过专业部门问卷调查取得。

问卷调查中，当问及"你对政府的社会管理、公共服务工作满意吗"时，回答分"非常满意""较满意""一般""不太满意""非常不满意"五个等级。其中回答"非常满意""较满意""一般"的人数之和占问卷调查总人数的比重即为人民群众对政府绩效的满意率。

计量单位：%

资料来源：市府绩效办、市统计局。

15. 社会事业和公共服务支出占财政一般预算支出的比重

社会事业和公共服务支出占财政一般预算支出的比重是指在政府财政一般预算支出中，教育、文化、体育与传媒、社会保障和就业、医疗卫生、城乡社区住宅等科目的支出占财政一般预算支出的比例。该指标衡量地方政府推进公共财政和民生财政情况。

计量单位：%

资料来源：市财政委。

16. 每万人持证职业社工人数

每万人持证职业社工人数是指每万人口拥有持证职业社工人数。分母是年末常住人口数，分子是民政部门报表中的持证职业社工人数。其计算公式为：

$$每万人持证职业社工人数 = \frac{持证职业社工人数}{常住人口年平均人口数（万人）}$$

计量单位：人

资料来源：市民政局。

17. 社区服务设施达标率

民政局在规划中已界定了社区设施达标标准，涵盖了健康、老人活动场所等各方面内容。达标率是指达到标准的社区占全部社区的比率，用%表示。其计算公式为：

$$社区服务设施达标率 = \frac{社区服务设施达到标准的社区数}{全部社区数} \times 100\%$$

计量单位:%

资料来源：市民政局。

18. 社区直选率

社区直选率是指直选社区数占全市社区总数的比率。其计算公式为：

$$社区直选率 = \frac{直选社区数}{全市社区总数} \times 100\%$$

计量单位:%

资料来源：市民政局。

19. 社区服务满意率

社区服务满意率是指人民群众对社区服务的满意率，反映社区服务的综合状况。反映人民群众对社区工作绩效的评价，通过专业部门问卷调查取得。

问卷调查中，当问及"你对当前社区服务的评价"时，回答分"非常满意""较满意""一般""不太满意""非常不满意"五个等级。其中回答"非常满意""较满意""一般"的人数之和占问卷调查总人数的比重即为人民群众对社区服务的满意率。

计量单位:%

资料来源：市民政局。

20. 登记失业率

登记失业率是指城镇登记失业人员与城镇单位就业人员（扣除

使用的农村劳动力、聘用的离退休人员、港澳台及外方人员）、城镇单位中的不在岗职工、城镇私营业主、个体户主、城镇私营企业和个体就业人员、城镇登记失业人员之和的比。其计算公式为：

$$登记失业率 = \frac{城镇登记失业人数}{T} \times 100\%$$

式中，T＝（城镇单位就业人员－使用的农村劳动力－聘用的离退休人员－聘用的港澳台及外方人员）＋城镇单位中的不在岗职工＋城镇私营业主＋城镇个体户主＋城镇私营企业和个体就业人员＋城镇登记失业人员。

计量单位：%

资料来源：市人力资源和社会保障局。

21. 残疾人就业率

残疾人就业率是指年末就业残疾人数占年末残疾人总数的比重。其计算公式为：

$$残疾人就业率 = \frac{年末就业残疾人数}{年末残疾人总数} \times 100\%$$

计量单位：%

资料来源：市残联。

22. 国民经济各行业平均工资标准差系数

国民经济各行业平均工资标准差系数是指企业、事业、机关单位在岗职工在一定时期内的人均劳动报酬的标准差与平均劳动报酬之比。

计量单位：%

资料来源：市统计局。

23. 主要农产品质量安全监测超标率

农产品范围很广，只能选取与群众生活密切相关的重点品种进行统计监测，即报告期蔬菜农药残留抽检平均超标率、畜产品"瘦肉精"污染平均检出率、大宗水产品违禁药物残留检出率，超标率越低，食品安全程度越高。其计算公式为：

主要农产品质量安全监测超标率（1）＝蔬菜农药残留抽检平均超标率（0.4）＋畜产品"瘦肉精"污染平均检出率（0.3）＋大宗

水产品违禁药物残留检出率（0.3）

计量单位：%

资料来源：市农业和渔业局。

24. 药品安全抽样合格率

药品安全抽样合格率是指报告期对药品进行安全抽样检查合格率。用药品计划监督抽验合格率作为考核数值。

计量单位：%

资料来源：市药监局。

25. 生产、交通、火灾死亡人口比率

生产、交通、火灾死亡人口比率是指因生产、交通、火灾引起的死亡人口数之和与年平均人数之比。其计算公式为：

$$生产、交通、火灾死亡人口比率 = \frac{生产+交通+火灾死亡人数}{常住人口年平均人数}$$

计量单位：1/100000

资料来源：市应急办（安监局）。

26. 每万人刑事警情报案数

每万人刑事警情报案数是指在常住人口中平均每万人当年刑事警情报案的数量。其计算公式为：

$$每万人刑事警情报案数 = \frac{当年刑事警情报案数}{常住人口年平均数（万人）}$$

计量单位：%

资料来源：市公安局。

27. 非户籍人口登记率

非户籍人口登记率是指非户籍人口已登记人数占非户籍人口应登记人数的比率。分母是非户籍人口应登记人数，分子是非户籍人口已登记人数。其计算公式为：

$$非户籍人口登记率 = \frac{非户籍人口已登记人数}{非户籍人口应登记人数} \times 100\%$$

计量单位：%

资料来源：市综治办。

28. 社会治安满意率

社会治安满意率是指人民群众对社会治安的满意率，反映社会治安的综合状况，反映人民群众对政府和社会治安综合治理各个部门工作绩效的评价，通过专业部门问卷调查取得。

问卷调查中，当问及"你对当前社会治安的评价"时，回答分"很好""较好""一般""较差""很差"五个等级。其中回答"很好""较好""一般"的人数之和占问卷调查总人数的比重即为人民群众对社会治安的满意率。

计量单位：%

资料来源：国家统计局深圳调查队。

29. 信访满意率

具体指标由信访办提供。

计量单位：%

资料来源：市信访办。

30. 社会服务产业增加值占 GDP 比重

社会服务产业增加值占 GDP 比重是指社会服务产业增加值占全市 GDP 的比重。社会服务产业按国民经济行业划分包括：81（国民经济行业代码，下同）公共设施管理业，82 居民服务业，83 其他服务业，84 教育，85 卫生，86 社会保障业，87 社会福利业，88 新闻出版业，89 广播、电视、电影和音像业，90 文化艺术业，91 体育，92 娱乐业，93—97 公共管理与社会组织，上述各行业增加值之和为社会服务产业增加值。

计量单位：%

资料来源：市统计局。

第十节　"效益深圳"统计指标体系

一　建立"效益深圳"统计指标体系的必要性

（1）可为落实科学发展观提供数据依据。科学发展观需要重新评价发展，新发展的评价必须用结构化的效益指标来描述。通过建立科学的统计指标体系并依法进行真实可信的核算，把"效益深圳"的目标和内涵转化成可考核的工作进程和客观标准，使"效益深圳"成为深圳人民贯彻落实科学发展观的具体行动。

（2）有利于准确反映和监测"效益深圳"的发展进程。建设"效益深圳"是一个较长的历史动态过程。在符合国际和国家统计标准的前提下，根据深圳实际提炼、精选一批反映深圳经济发展的指标，量化"效益深圳"的建设过程，描述不同阶段的发展状态，使"效益深圳"获得准确评价和监测，是"效益深圳"建设必不可少的重要环节，也是其他评价指标不可替代的计量工具。

（3）能为描述定位国际化城市奠定可考量基础。深圳市委提出，用20年左右的时间把深圳建设成为现代化国际化城市。而经济国际化是建设国际化的主要特征之一。目前，世界经济国际化还没有形成公认的标准。因此，率先建立"效益深圳"指标体系，可为深圳建立国际化城市指标体系准备条件。

二　建立"效益深圳"统计指标体系的目的

（1）通过准确描述、评价和监测"效益深圳"的建设进程，为党政和决策部门在建设"效益深圳"的各项工作提供转变发展方式的决策依据。

（2）通过定期发布"效益深圳"的主要数据结果，可促进和激励社会各界转变观念，全力建设"效益深圳"经济特区。

（3）通过建立"效益深圳"统计指标体系，为深圳经济特区发展提供新的考量方法和坐标，也是对现行国民经济核算办法的一个重要补充和完善。

三　指标设置的总体原则和基本方法

（1）总体原则。要体现"四个性"：

一是前瞻性。要以深圳的经济发展现状为立足点，以未来的发展目标为着眼点，以"效益"的主题为着力点，突出指标的前瞻性。

二是科学性。严格遵循国民经济核算的原则，从效益的基本定义出发，精选最能反映"效益深圳"本质的指标，并能纳入现行国民经济核算体系进行计量和核算，主要指标能与国际指标对接。

三是实用性。在现有国民经济核算、会计核算、业务核算和行政记录的基础上，增加全面调查、抽样调查方法的应用，突出统计数据长期支撑的可操作性。

四是简洁性。指标设置宜简不宜繁，既区别于其他相关指标体系，又要突出其独立性与简洁性。

（2）基本方法。要多种方法综合应用：

一是指数法。需把一系列不能直接相加和不能直接对比的社会经济指标，换算为一定的指数，来进行总体预测和评估。

二是关联法。当指标体系中有一个或几个指标无法取得时，可根据关联法，用与其类似的指标值来推算该指标。

三是权数法。权数决定指标的结构，其作用体现在各组单位数占总体单位数的比重大小上。

四是其他分类法。包括产业、行业、部类等分类方法。

四　确立"效益深圳"统计指标体系的依据

（1）在理论上，主要是以经济学、统计学，特别是投入产出方法为依据。

（2）在实践上，主要以深圳经济的现实的产业重点、创新优势、人的发展和地区贡献为依据。

（3）在政策上，主要以深圳市第四次党代表大会、第四届人民代表大会第一次会议和近年来市委、市政府关于"效益深圳"建设的发展方向、工作重点等一系列文件精神为依据。

五　"效益深圳"统计指标体系的总体框架

以科学发展观为指导，以"效益深圳"为核心，设立21个考核指标构成"效益深圳"统计指标体系。主要从"经济效益""社会效益""生态效益""人的发展"四个方面构建"效益深圳"统计指标体系，形成独具特色的"效益深圳"综合指数，体现"效益深圳"的精神实质。

（1）每平方公里土地产出 GDP、万元 GDP 能耗、万元 GDP 水耗、年末城镇登记失业率、人均受教育年限、人均可支配收入、空气综合污染指数、污染治理指数、城市污水集中处理率9个指标主要体现：

《全面落实科学发展观　大力推进改革创新　努力建设和谐深圳效益深圳》（2005年5月19日中国共产党深圳市第四次代表大会通过）和《中共深圳市委三届十一次全体会议决议》（2005年1月14日通过）中指出：从深圳出发，我们可以将建设"效益深圳"概括为"四个下降，三个提高"。四个下降：一是在城市总体面积不扩大的条件下，实现单位产出占用土地的显著下降；二是不断降低单位产出的能耗和水资源消耗，实现资源消耗的增长相对于经济增长的显著下降；三是以深圳市目前实际管理的1000万左右人口为限，在人口总量略有下降的基础上，优化调整人口结构，使初级劳务工在劳动人口中的比例大大下降；四是实现经济增长对生态环境的污染程度显著下降，并逐步重返生态状态。

（2）研究与试验发展经费支出占GDP比重、财政性教育经费支出占GDP的比例、高新技术产品增加值占GDP比重、全社会劳动生产率、扣除经济发展所引起的环境损失成本后的GDP占GDP的比率、无形资源开发利用指数6个指标主要体现：

《中共深圳市委三届十一次全体会议决议》（2005年1月14日通过）中提出："从深圳出发，我们可以将建设'效益深圳'概括为'四个下降，三个提高'。"三个提高：一是经济增长中科技的贡献率有显著提高；二是经济增长中教育和人力资本的贡献率有显著提高；三是经济增长中绿色GDP和循环经济的贡献率有显著提高。

在2006年8月4日深圳市委专题研究全市经济工作时，市委常委（扩大）会议强调指出：进一步推动发展模式真转真变。……要从单纯依赖有形资源、不可再生资源的发展思路向有效利用各种无形资源、可再生资源转变，从外延式增长的思路向谋求内涵式发展转变。

（3）工业经济效益综合指数、金融业增加值占GDP比重、物流业增加值占GDP比重、文化产业增加值占GDP比重四个指标主要体现：

《政府工作报告》（2005 年 6 月 2 日深圳市第四届人民代表大会第一次会议通过）中提出："未来五年，建设效益深圳的关键就是要增强产业竞争力，做大做强高新技术、物流、金融、文化四大支柱产业，努力提升我市制造业在国际分工中的地位，努力提升服务业发展水平。"

"效益深圳"统计指标体系的总体框架如表 5—10 所示。

表 5—10　　　　　　　　　　"效益深圳"主要统计指标

	指标名称	权数	标准值	
	"效益深圳"季度指数（%）	100		
经济效益	1. 每平方公里土地产出 GDP（亿元）	10		
	2. 全社会劳动生产率（元/人）	8		
	3. 万元 GDP 能耗（吨标准煤）	8		
	4. 万元 GDP 水耗（吨）	5		
	5. 工业经济效益综合指数	6		
	6. 高新技术产品增加值占 GDP 比重（%）	6		
	7. 物流业增加值占 GDP 比重（%）	4		
	8. 金融业增加值占 GDP 比重（%）	4		
	9. 文化产业增加值占 GDP 比重（%）	4		
社会效益	10. 研究与试验发展经费支出占 GDP 比重（%）	4		
	11. 财政性教育经费支出占 GDP 的比重（%）	4		
	12. 年末城镇登记失业率（%）	4		
	13. 社会保险综合参保率（%）	5		
生态效益	14. 扣除经济发展所引起的环境损失成本后的 GDP 与 GDP 的比率（%）	5		
	15. 空气综合污染指数	3		
	16. 污染治理指数	3		
	17. 城市污水集中处理率（%）	3		
人的发展	18. 人均受教育年限（年）	4		
	19. 平均预期寿命（岁）	3		
	20. 人均可支配收入（元）	7		

表 5—10 主要指标解释如下：

每平方公里土地产出 GDP　其计算公式为：

每平方公里土地产出 GDP = 报告期生产总值/土地面积

全社会劳动生产率　是将报告期的生产总值除以同一时期全部从业人员的平均人数来计算的。其计算公式为：

全社会劳动生产率 = 报告期生产总值/全部从业人员平均人数

万元 GDP 能耗　反映了由技术水平、发展阶段、经济结构、能源结构等多方因素形成的能源消费水平和经济产出的比例关系。

万元 GDP 水耗　其计算公式为：

万元 GDP 水耗 = 报告期全市总供水量/报告期生产总值

工业经济效益综合指数　是用数量指标综合衡量工业经济效益总体水平的一种特殊相对数，是反映工业经济运行质量的一项重要指标。它是以各项经济效益实际数值分别除以该项指标的全国标准值并乘以各自权数，加总后除以总权数求得。

高新技术产品增加值占 GDP 比重　是指报告期高新技术产品增加值与报告期 GDP 的比率。

物流业增加值占 GDP 比重　是指报告期物流业增加值与报告期 GDP 的比率。

金融业增加值占 GDP 比重　是指报告期金融业增加值与报告期 GDP 的比率。

文化产业增加值占 GDP 比重　是指报告期高新文化产业增加值与报告期 GDP 的比率。

研究与试验发展经费支出占 GDP 比重　是指报告期用于研究与发展课题活动（基础研究、应用研究、实验发展）的全部实际支出与报告期 GDP 的比率。

财政性教育经费支出占 GDP 的比重　是指报告期内财政性教育经费支出占同期 GDP 的比重。其中，财政性教育经费包括财政预算内教育经费、教育费附加、企业办学经费、校办产业、勤工俭学和社会服务收用于教育的经费。其计算公式为：

财政性教育经费支出占 GDP 的比重 = 财政性教育经费支出/GDP ×100%

年末城镇登记失业率　是指城镇登记失业人员与城镇单位从业人员（扣除使用的农村劳动力、聘用的离退休人员、港澳台及外方人员）、城镇单位中的不在岗职工、城镇私营业主、个体户主、城镇私营企业和个体就业人员、城镇登记失业人员之和的比。鉴于我国社会保障的特点及统计口径，该指标只是统计户籍人口。其计算公式为：

年末城镇登记失业率＝城镇登记失业人数／［（城镇单位就业人员－使用的农村劳动力－聘用的离退休人员－聘用港澳台及外方人员）＋不在岗职工＋城镇私营业主＋城镇个体户主＋城镇私营企业和个体就业人员＋城镇登记失业人数］×100%

社会保险综合参保率　是指养老保险、医疗保险、失业保险、工伤保险已参保人数占法定应参保人数的比重。鉴于我国社会保障的特点及统计口径，该指标只是统计户籍人口。其计算公式为：

社会保险综合参保率＝户籍人口参加社会保险人数／户籍劳动人口总数×100%

扣除经济发展所引起的环境损失成本后的 GDP 与 GDP 的比率　是指扣除经济发展所引起的环境损失成本后的 GDP 与 GDP 的比率。比率越高，表明国民经济增长的正面效应越高，负面效应越低，反之亦然。

空气综合污染指数　主要是各项空气污染物的单项因子的指数加和，可用于评价城市空气质量总体状况、年际变化以及城市间空气污染程度的比较。空气综合污染指数越大，对空气污染程度的影响越大。综合污染指数不同于日报空气污染指数。

污染治理指数　其计算公式为：

污染治理指数＝工业废水处理排放达标率×50%＋工业废气治理率×30%＋固体废物综合治理率×20%

　　　　＝［工业废水处理排放达标量／工业废水排放总量］×50%＋［工业二氧化硫去除量／（工业二氧化硫去除量＋工业二氧化硫排放量）］×10%＋［工业烟尘去除量／（工业烟尘去除量＋工业烟尘排放量）］×10%＋［工业粉尘去除量／（工业粉尘去除量＋工业粉尘排放量）］×10%＋［（工业固体废物综合利用量＋工业固体废物处置量）／工业固体废物产生量］×20%

城市污水集中处理率　是指经过污水处理厂集中处理的污水量

与工业废水和生活污水排放总量的百分比。其计算公式为：

城市污水集中处理率＝集中处理的城市污水／城市污水排放总量
×100%

人均受教育年限　是指 15—64 岁人群受教育年数总量与该年龄
段总人数的比值。

平均预期寿命　简称平均寿命。在一定的年龄别死亡率水平下，
活到确切年龄×岁后平均还能继续生存的年数。任何一个年龄的死
亡水平高低都影响平均预期寿命。所以平均寿命也是一个综合反映
死亡率水平的指标，它和死亡率是同一事情的两个相反方面，死亡
率降低，平均寿命便提高。

人均可支配收入　是指家庭成员得到可用于最终消费支出和其
他非义务性支出以及储蓄的总和，即居民家庭可以用来自由支配的
收入。

六　指标体系的发布频率和修正

指标体系在时间上的动态性，一方面由于"效益深圳"建设是
一个动态的发展过程，要通过时序数列来反映、比较、分析其进程；
另一方面指标体系本身需要根据变化中的情况，不断完善，同时要
具有一定的延展性。

为此，《指标体系》的发布与修正、监测包括：（1）《指标体
系》以 2004 年作为基期；（2）按季度核算，用季报形式公布数据，
每年出版年度报告；（3）每五年内修正一次，如需提前修正时间，
须由市人民政府批准。

七　指标的统计与公布

依《中华人民共和国统计法》《深圳经济特区统计条例》进行
统计和公布。

第六章

深圳市统计专项调查体系

国家统计调查制度体系由普查制度、抽样调查制度、统计报表制度和其他补充调查制度组成，具体表现为政府统计调查工作的各种法规制度及调查方案。本书提到的专项调查体系指的是其他补充调查制度中的围绕"产业转型升级和经济结构调整"的调查体系。

统计专项调查体系立足深圳发展实际，针对政府等决策部门重点关注且常规调查未能反映的内容来构建，是深圳市产业升级和经济结构调整统计体系的一个子系统。专项调查是指除统计定期报表和大型普查任务之外，以满足政府部门决策需要而进行的不定期性调查。更广义地理解，专项调查体系，是包括前三个体系中的一些未被纳入传统统计中的指标的收集整理和调查工作。通过该指标体系来定量分析及时反映深圳市发展进程，提出了加快产业升级和经济结构调整的对策建议。

第一节　统计专项调查体系的构建

一　专项调查的概念和范畴

专项调查是一种统计调查，它是为了某一特定目的，专门组织的一种搜集特定资料的统计调查。其形式主要是问卷调查、电话调查、媒介调查、走访调查、发表调查、座谈等。专项调查不是单纯的对信息资料的搜集，而是包括了专项调查设计、专项调查资料搜集和整理、专项分析研究和撰写专项调查报告等一个完整过程。

专项调查包括政策性专项调查和非政策性专项调查两类。政策性专项调查是指为制定政策、跟踪政策执行等服务于为各级党政领导、各级政府而进行的专项调查。其主要包括：围绕各级党政领导和各级政府所关心的问题而进行的专项调查；围绕各级党政部门制定的政策执行情况进行的政策跟踪专项调查；围绕当前经济运行中的热点和难点问题进行的专项调查；围绕社会广大群众关心的问题进行的专项调查。非政策性专项调查是指与企业生产经营相关的市场调查、委托调查等。其主要包括：（1）市场调查，如某产品的市场占有率专项调查等；（2）企业形象调查，如企业售后服务专项调查等；（3）企业发展意向调查，如企业产品前景意向专项调查等。

产业转型升级和经济结构调整专项调查属于政策性专项调查，主要围绕当前经济运行体现的"新趋势"对深圳市的产业升级及经济结构调整的影响情况和广大人民群众所关心的民生社稷问题而进行的专项调查。

专项调查的突出特点是："短""平""快"。所谓"短"，是指调查周期短，调查内容简单，时效性强。所谓"平"，是指调查目标比较单一，针对性强。一般来讲，每项专项调查都是针对某一件事进行的。所谓"快"，是指每项专项调查设计快、搜集资料快、整理资料快、提供信息快、完成专项调查分析报告快。

正因为此类调查往往具有周期短、针对性强、时间紧、任务重、内容新等特点，对统计工作的要求也比较高，需要统计人员认真领会调查目的，学习调查指标，快速开展调查行动。

二　构建专项调查体系的意义

国家统计与地方统计、政府统计与部门统计的关系存在制度上的缺陷。由于政府统计内部不同调查组织（统计局、调查总队、普查中心）之间的关系没有完全理顺；由于统计年报、抽样调查和普查等关系没有明确界定；由于统计调查内容（项目）调整的不够细致；以及由于不断强调统计数据要满足多层次的需要，使得我国的统计调查体系改革，在打破单一机械的全面统计报表一统天下的局面的同时，也失去了数出一门的基础，数出多门现象导致的问题逐步暴露出来。

各种统计调查相互脱节情况依然突出。通过改革,虽然各种统计调查方法轮番上场,大大发挥了统计调查的作用,但由于只做简单的"方法增加"与"内容拆分",没有认真研究它们之间的内在联系和实践中可能遇到的问题,造成了各种调查不能相互衔接、配套、支撑的情况。

当前,我国经济正告别粗放式高增长,转入中高速增长的"新常态"发展阶段,"结构优化、创新驱动、绿色发展"将成为我国经济未来发展的方向、动力。

深圳全市经济呈现稳中有进、稳中向好的发展态势,继续高出全国经济增长速度 1—2 个百分点。但同时也有迹象表明,深圳经济发展面临下行压力,也面临新的挑战。深圳的现有统计体系中,已经包含了许多反映深圳经济特点,特别是深圳支柱产业及战略性新兴产业的统计指标,在统计体系方面已紧密地结合了深圳现实情况。然而,在这一转型时期,对于快速变化的经济形势,需要人们提供更及时、更有效、更丰富的统计信息。

针对深圳产业升级和经济结构调整的现状,开展了深圳产业升级和经济结构调整的统计体系的研究,构建了统计监测指标体系、统计评价指标体系、经济运行分析体系,为了更好地完善这三大体系的职能,对于常规统计调查中未能获得的数据,而政府决策部门重点关注的,需要通过专项调查或收集整理特定的数据才能获得的,需要开展一系列专题调研,并构建专项调查统计体系,通过专项调查补充和完善现有统计体系中的不足,以满足统计监测、评价和分析数据的需要。

三　专项调查的主要范围和内容

一般来说,专项调查的对象不仅包括企业、事业单位、机关团体,而且包括个人等。但由于不同的专项调查内容不同,因而调查对象也不同。例如,对于 2013 年组织的全国运输业经济统计专项调查而言,调查的对象不仅包括车辆和船舶、公路运输、公路运营、城市客运的企业和单位,还包括交通运输相关站点的个人。

分析中常常要关注未被观测经济和社会的调查与估算。正确掌握未被观测经济规模及其构成，对于真实掌握国民经济实力和制定宏观经济政策具有重要的意义。在实践中，普查年份可通过直接调查方法进行验证和核算，在其他年份，可通过抽样调查和各种间接估算方法进行推算。

针对深圳市的产业升级和经济结构调整专项调查，我们的调查对象主要有深圳市的高新技术产业、战略性新兴产业、现代物流业和生产性服务业等现代产业体系；还包括深圳的经济结构构成中的工业园、行业协会、社区、企业和个人等。

专项调查的频率。从调查频率上看，专项调查可分为定期专项调查和一次性专项调查两类。所谓定期专项调查，是指每间隔一定的时间进行一次的同一专项调查。如对我国近年来开始的小长假旅游情况调查，可在清明、端午、中秋等固定时间进行。所谓一次性专项调查，是指针对某一专项调查题目，而进行的一次专项调查。

根据统计监测、评价、分析体系的需要，开展专项调查可以分为以下四个方面：

（1）基本调查的补充。

（2）转型升级专项调查。

（3）重点企业和行业的专项调查。

（4）区域及综合问题的专项调查。

四　构建统计专项调查体系的原则

1. 系统性和针对性原则

深圳的产业发展史就是一部顺应经济发展规律、融入全球产业分工体系、不断进行产业转型升级的历史。专项调查体系的构建必须遵循系统性原则，从深圳市产业升级和经济结构调整大局出发，统筹考虑深圳各个产业的比较优势和历史战略地位。既要有针对性地体现出深圳市这个特区经济的特性，又要符合产业规律和产业发展战略，还需要体现广大人民的民生幸福程度。

2. 需求性和动态性原则

产业结构优化升级的目的是为了满足需求结构的升级，因此，体系要符合需求性和动态性的要求，一方面能够反映出深圳的经济结构调整和产业升级与满足本市生产和居民生活质量趋高化需求的关系。另一方面，由于深圳经济发展和深圳要素禀赋的不断变化，还要动态地反映出在结构合理化基础之上符合产业结构高度化趋势。

3. 可持续性和循环性原则

调查体系要建立在节约资源、减轻对自然资源消耗的基础上，要以保护资源和生态环境为前提，以生态效益为先，体现发展绿色制造，走可持续发展的思想。要体现出深圳产业升级强化资源利用率，提高物质循环利用率，强调循环经济，体现人与自然协调发展的理念。

4. 科学性和可行性原则

调查指标应具有可测性，能够反映出深圳市内各个行业的投入、产出情况，重点指标不遗漏，尽量避免过于庞杂，统计口径和分类方法要一致，计算方法合理。专项指标体系所需的数据要能够通过调查比较容易取得，计算方法简单，计算结果有明确的释义和现实指导性。

第二节　统计专项调查体系的具体设计

一　基本调查的补充

统计调查是根据调查的目的与要求，运用科学的调查方法，有计划、有组织地搜集数据信息资料的统计工作过程。按调查的组织方式不同，可分为统计报表制度和专门调查。

（1）统计报表制度：也可称之为一般调查，它是按照国家统一规定的调查要求与文件（指标、表格形式、计算方法等）自下而上地提供统计资料的一种报表制度。

（2）专门调查：是为了某一特定目的而专门组织的统计调查。它包括普查、抽样调查、统计报表、重点调查、典型调查等。

所谓专项调查，主要是指紧扣中央和地方各级党委的决策需要，通过调查研究渠道获得并经过精深加工的有分析、有建议的信息。随着信息工作内涵和外延的不断拓展，调研信息为领导决策服务的链条不断延伸，信息服务正逐步向"高、精、深"层次发展。专项调查也是对统计报表制度的一种补充和完善，为了紧贴社会发展和人民群众的需要，完善各项统计工作，而建立的一种专门的统计制度方法。专项调查内容（过程）的基本要求：题材选择要准、方案设计要科学、问卷设计要合理、调查要快速、分析要透彻、提供服务要及时。

首先，统计专项调查是统计报表制度的补充，现有的统计报表制度不能够有效地满足社会和经济统计工作的需要，必须进行专项调查工作。例如，关于民生质量方面的统计，我们的统计报表暂时还不足以满足现实的需要，我们可以在现有的基础统计报表基础上，进行必要的一些有针对性的统计专项调查，写出有质量的分析报告，供决策部门制定战略、编制方案时使用。

其次，业已形成的经济指标评价和监测指标体系，只是我们推动经济发展的工具，而不是终极目的，也不是落脚点。落脚点是让更多的人有更美好的生活。对一般的统计监测指标体系，我们也不难发现，实际工作中的统计监测指标有部分不足，对重点问题和重大事件、重点行业和重点区域，未能及时监测到位。例如，我国CPI受农产品价格影响过大问题，对新商品和服务价格的计算，需要适当的专题调研，以掌握新消费品对价格变化的影响，提高数据的准确度，以便更好地说明居民消费品价格的变化。

二　转型调整专项调查

产业转型升级，是指产业结构高级化，即向更有利于经济和社会发展的方向发展。产业转型升级，也指从低附加值向高附加值升级，从高能耗高污染向低能耗低污染升级，从粗放型向集约型升级，从劳动密集型向技术密集型、知识密集型升级。产业转型升级的关键是技术进步，在引进先进技术的基础上消化吸收，并加以研究、改进和创新，建立属于自己的技术体系。针对这一背景，全面、客观、真实地反映全市经济转型升级的水平、结构和发展层次，为制定相关产业政策提供依据，针对转型升级的专项调查就显得尤其重要。

　　转型升级专项调查范围包括符合深圳经济转型和产业升级要求所有的有机组成部分。具体来讲，它包括高新技术企业调查和战略性新兴产业调查。

　　科技进步是社会发展、经济腾飞的动力。针对转型升级的专项调查，首要的是针对高科技企业的调查。新兴产业是我们进行产业转型升级的重要发展对象，也可能是今后支柱产业的有生力量，因此，围绕战略性新兴产业的调查，就是必不可缺的。

　　产业转型升级，不能抛开现有的传统产业基础，失去了基础，等于抛弃了条件，我们的经济可能会出现重大转折。由此，对传统产业转型升级的调查，是我们专项调查工作的基本工作之一。社会发展、民生福祉是经济发展的重要目的，文化是人民生活的重要组成部分，因此，对科技与文化相结合的专项调查，对民生改善将有重要的作用。

　　同时，产业转型升级的目的不仅仅是经济的增长，更重要的是民生幸福的改善。这样，围绕产业转型升级的专项调查就不仅仅是针对产业，而应包括社会和经济的各大方面，针对经济、民主法制、文化、社会体制、生态文明与环境污染、党的制度建设、公共服务社会保障和治理等方面均应该进行相应的专项调查。

三　重点企业和行业的专项调查

　　产业转型升级和经济结构调整调查在很大程度上取决于我们相关的行业和企业的转型发展情况，由此，针对重点行业和重点企业的专项调查就显得非常重要。重点调查是指在全体调查对象中选择一部分重点单位进行调查，以取得统计数据的一种非全面调查方法。进行重点行业和重点企业调查的依据是，由于重点单位在全体调查对象中只占一小部分，调查的标志量在总体中却占较大的比重，因而对这部分重点单位进行调查所取得的统计数据能够反映社会经济现象发展变化的基本趋势。和抽样调查不同的是，重点调查取得的数据只能反映总体的基本发展趋势，不能用以推断总体，因而也只是一种补充性的调查方法。

1. 重点企业调查

一个地区或国家的经济，应该对经济主体进行分析，经济主体的发展形势决定了其经济发展的主基调，为此，对重点行业的专项调查，首先，是对关系经济全局的支柱产业的调查。其次，针对地区的重点行业，应该包括对行业前 10 强企业的专项调查，对重点品牌、国家重点企业的调查，对 100 强企业的跟踪调查，例如，对深圳营业收入 100 强企业开展重点调查。

重点企业调查就是对企业所处的内外环境进行了解，一方面为预测提供数据，另一方面为决策和计划提供根据。企业调查的范围很广，从企业内部的人财物、生产，到企业外部的市场供给和需求状况、市场占有率、消费者心理、法律规定、竞争对手情况等，都是企业需要调查的内容。

企业调查采取的方法主要是资料法和询问法。（1）资料法，是通过各种渠道收集已有的和企业计划决策有关的资料，进行分析整理。这种方法简便易行，费用少，效果好，应充分利用。（2）询问法，也是一种常用的企业调查方法，即把需要调查的事项当面或用电话、书面方式向被调查者提出询问，以获得所需资料。具体方法可分为个人访问、集体访问、电话调查、信件调查等。具体采用哪一种或哪几种方法，要根据调查问题的性质和要求以及资料范围、调查经费、时间长短而定。

2. 重点行业调查

重点行业调查是对行业发展的历史回顾和对行业发展的现状与格局、行业发展趋势、行业的市场容量、销售增长率现状、行业的毛利率、净资产收益率现状等方面进行分析，来解释行业本身所处的发展阶段及其在国民经济中的地位，分析影响行业发展的各种因素以及判断对行业的影响力度，预测并引导行业的未来发展趋势，判断行业投资价值，揭示行业投资风险，为政府部门、投资者以及其他机构提供决策依据或投资依据。

深圳关于产业升级和经济结构调整统计专项调查的重点行业主要包括四大支柱产业（高新技术产业、物流业、金融业、文化产业）、六大战略性新兴产业（新一代信息技术、新能源、互联网、生物科技、新材料、文化创意）、三大主导性产业（房地产业、旅游业、批发零售业）、十大优势传统制造业（家具、黄金珠宝、钟表、工艺礼品、纺织及服装、食品、内衣、自行车、眼镜、模具）以及现代服务业、电子商务等行业。重点行业调查的主要内容应该包括对行业整体分析、行业运行分析、重点企业情况、各产业园区分析、重点项目进展、融资贷款分析等方面。行业调查一般采取全面调查和抽样调查相结合的方式，通过实地考察、行业协会、相关行业中心、行业网站和相关政府机构部门的调研取得资料。

四　区域及综合问题专项调查

（一）重点区域专项调查

转型升级往往是一项综合性的系统工程，除了从企业、行业和重点领域推动转型升级外，还需要落实到具体的区域布局和空间规划。重点领域是指国家或地区优先发展和鼓励发展的各大产业群。对于深圳来说，紧紧围绕深圳产业转型升级和改善民生的重大需求，以突破重点领域核心关键技术和掌握自主知识产权为重点，引导产业链向高端延伸，为形成现代产业体系提供有力科技支撑，大力发展惠及民生的科学技术，为此需开展专项调查。

具体来说，深圳的重点区域调查主要包括与产业转型升级密切相关的 13 个重点区域。它们分别是：深圳湾超级总部基地、留仙洞战略性新兴产业总部基地、深圳国际低碳城、深圳国际生物谷坝光核心启动区、华为科技城、坪山中心区、宝安中心区、大空港区、大运新城核心区、深圳北站商务中心区、笋岗—清水河片区、平湖金融与现代服务业基地、光明凤凰城。深圳市 13 个重点区域总规划面积为 184 平方公里，正按照"追求品质，定位高端；创新机制，提升效能；重点开发，优质增长；一区一策，错位发展"的原则加快开发建设，我们需要对这 13 个重点区域的土地整备、城市更新、重点项目建设等方面进行重点调查。

（二）区域合作专项调查

区域合作就是地区间的合作，经济学中所说的"合作"，其含义不一定仅指利他主义行为：我帮助你，你也要帮助我。合作博弈中的均衡，是非博弈的均衡，只要该均衡能使双方受益，只要是有序的竞争，就是合作。当今国际社会并行发展着两大趋势——全球化和区域化。它们以经济为主导，同时在国际政治和国际安全领域也具有重要意义。全球化与区域化既有区别又有联系，相互对立并相互促进。区域化是全球化的基础和支撑，全球化则是区域化的最终结果。"区域"的形象已超越了大企业的形象，超越了国家与行政的边界，加强区域合作显得越来越重要。

为配合深圳政府进一步实施"引进来、走出去"区域经济发展战略，为分层次推进深莞惠、泛珠三角和更大区域的合作，围绕市委、市政府"产业转型升级"发展战略，产业升级和经济结构调查统计调查应当对重点区域展开专项调查。利用深圳的市场经济体制机制优势、良好的创新环境和强大的产业化能力，在区域协作中强化深圳的区域中心地位。支持企业和科研机构加强与市外相关机构的合作，调研新理念、新技术、新商业模式对区域创新的促进作用，构建功能互补、分工合理的区域合作体系，形成产业区域协作的新格局。围绕区域合作的调研，主要应该从基础设施、环境保护、市场准入、要素流动、区域政策、经济布局、地方政府政绩考核标准、企业主体地位、区域协调机制等方面进行。

（三）热点、亮点和问题的专项调查

专项调查领域比较重要的是对当前社会和经济中出现的经济热点、新颖亮点和突出问题进行专门的调查。

调研信息是引发领导深入思考进而发挥参谋助手作用的"触发点"，必须紧扣产业升级中心工作和决策需求，找到最佳切入点。专项调查需围绕当前市民关心的热点问题，比如"舌尖上的安全"食品安全问题、消费者权益保护问题、保障房的建设与使用分配问题、大学生就业难问题、网络安全与隐私保护问题、"将权力关进笼子里"的反腐倡廉制度建设问题、居高不下的房价问题、教育问题、医疗问题等广大群众密切关注的市场热点问题，应尽早组织开展专项调查活动。

随着我国经济运行步入全方位多层次新常态，一些折射经济和社会生活的数据悄然发生了改变，加减之间，不乏新的亮点，表现如下：

（1）经济增速下降了，就业人数却增加了；市场准入门槛降低，企业活力增加了，一年多来，国务院取消下放的行政审批等事项已达 463 项，其中多数关系投资创业。在简政放权尤其是工商登记改革的刺激下，新登记企业出现井喷式增长。2015 年，全国新登记企业 443.9 万户，同比增长 21.6%，平均每天新登记企业 1.2 万户，比 2014 年日均新登记企业 1 万户有了明显提升。

（2）楼市暖阳，股市由热至冷，"房热股冷"，是 2015 年以来很多投资者最直观的感受。2015 年，商品房销售面积 128495 万平方米，比 2014 年增长 6.5%，A 股从牛市起步到疯牛的形成，再到股灾爆发，进入动荡低迷阶段。

（3）余额宝、现金宝、如意宝等"宝宝们"横空出世，互联网金融的出现使金融行业更加丰富有活力。电子商务巨头淘宝、天猫 2015 年"双十一"一天创出超过 900 多亿元的销售额，让百货商场沦为"试衣间"。新业态和商业模式不断涌现，带动的是整体投资环境的变化。

（4）3D 打印、物联网技术、云计算、储能技术、页岩气技术、机器人、M2M、高温超导材料、有机发光二极管 OLED、智能驾驶、可穿戴设备等新技术的出现，将引领未来产业的发展。

新常态蕴藏着新机遇，宏观调控在加减之间更显平衡，结构调整在加减之间更显优化，市场培育在加减之间迸发活力。针对这些新亮点，我们的专项调查更应该把握好方向，抓住新颖亮点所反映的本质，做进一步的专项调查，提供更全面的调研信息，为新常态下经济结构调整和产业转型升级服务。

第三节　基于专项调查与研究方向的设计

一　从结构优化视角的调查

例如，从节能减排领域开展的结构优化调查，节能减排需要推进结构节能、技术节能、管理节能，减少能源消耗，大力发展清洁能源和可再生能源，改善能源利用结构，进一步提高能源集约高效利用水平，推广合同能源管理，促进节能服务业发展。推进清洁生产，探索建立排污权有偿使用和交易机制，开展化学需氧量和二氧化硫试点交易。

具体到实际调查工作，可以重点调研南方电网集团有限公司、富士康集团有限公司、南玻集团股份有限公司、比亚迪、深圳供电、中海油深圳公司等能源型大企业的节能减排情况。

调研工作也可涉及深圳各区、成熟的具有代表性工业园等区域，具体的调查指标包括万元 GDP 能源消耗值、每万元工业产值耗电量、万元 GDP 耗水量下降程度等。通过调研，可以分析深圳能耗行业占比情况，探索未来能源结构优化路径，分析低碳型新兴产业的能源利用，为大力推广新能源，全面发展低碳型新兴产业提供扎实的基础。同时，针对天然气、核能、太阳能、生物质能和风能等清洁能源的利用情况和发展状态，进行调查和监测，保障能源使用的安全。

二　从技术创新视角的调查

重点调研产业技术攻关成果，在信息、生物、新能源、新材料、数字装备等领域的关键核心技术。针对国际先进水平的重大科技基础设施和重点科研机构，培育核心专利的产业化示范项目，提高知识产权的应用效率等领域开展调研。鼓励各类机构主导和参与国际国内标准制定，提高生产、技术、安全、能耗、环保、质量等行业标准水平，做好标准间的衔接，加强标准贯彻，引导企业技术升级，逐步实现从产品输出为主向标准、专利输出为主的转变。

针对深圳高新技术发展情况，其中电子信息、新材料及新能源、光机一体化、生物技术、环保及其他产业的产值及增长趋势情况开展专项调查，分析高新技术未来的发展驱动力及发展潜力。具体可从南山高新园区内的技术创新情况入手，针对高新园区的发明专利授权量、发明专利价值、研发经费增长率、每万人就业人员的研发人力投入、从业人员具备基本科学素质的比例、产品高科技含量等指标做全面的调查，以考察深圳典型高新园区的科技创新程度，并且和世界同类创新城市做横向比较。

三　从产业转移视角的调查

重点调研劳动密集型产业向技术密集型和知识人才密集型产业转移情况，实施市、区、部门、行业协会联动机制，鼓励开展多种形式的合作共建和产业对接，引导相关企业以产业链或组团形式向重点产业转移园区转移。建立产业转移企业信息库，实施动态管理，对重点企业实现重点跟踪。深圳要实现由初级生产要素聚集地向高级生产要素聚集地转变，由加工基地向研发创新基地转变，由"深圳加工"向"深圳制造"和"深圳创造"转变，就必须抓好产业转移的落实工作。针对《深圳市产业导向目录》等政策法规，调查资源高消耗和重污染排放行业等限制类、禁止类、淘汰类的执行情况，将重点行业和企业纳入定期监控范围。

针对已建立的产业转移工业园，包括深圳龙岗（紫金）产业转移工业园、深圳罗湖（河源源城）产业转移工业园、深圳南山（龙川）产业转移工业园、深圳福田（和平）产业转移工业园、深圳盐田（东源）产业转移工业园、深圳（汕尾）、深圳（河源）、深圳（潮州）产业转移工业园的"基础设施建设、配套政策、投资环境、投资强度、土地出产率、容积率生态环境"等具体情况，分市级和区级类别对重点产业转移工业园展开抽样调查，总结经验，并写出分析报告。

四　从载体建设视角的调查

针对产业转型升级重点区域：深圳湾、大鹏湾以及大亚湾所形成的天然海洋湾区为核心（含高新区深圳湾园区、保税区、大空港片区、留仙洞片区、大沙河创新走廊）调研其基础设施完善情况，土地空间集约利用水平，单位用地产出效率。考察松岗、坪地产业转型升级试点的辐射作用，对其"第三产业占生产总值比重、生产性服务业增加值增长率、先进制造业增加值增长率"等指标进行考核，推进全市的产业升级步伐。

深汕特别合作区位居粤东第一门户，地处珠三角经济圈和海峡西岸经济圈的结合部，是深港向东拓展辐射的重要战略支点，产业转移的最佳承接地。市政府鼓励总部在深企业将部分生产制造环节转移至合作区。合作区内注册的企业享受深圳企业同等待遇。深圳各区转入合作区的企业，其在合作区产生的产业增加值，按70%的比例计入相关区统计总量。为此，应考量深汕特别合作区的企业进驻、能源供给、金融服务、人力资源和产业基础情况。

五　从高端重大项目视角的调查

为落实跨国公司、央企、民企进广东的战略部署，重点引进世界500强跨国企业、中国500强大型中央企业和民营企业来深设立区域总部或国际总部，形成具有国际影响力的总部经济集聚地。调研深圳每年大型企业引进情况、大型企业吸引人才情况、深圳100强企业对深圳GDP的贡献率，特别是世界500强企业在深贡献税收情况，同时针对外资企业的"企业类型、外资比例、行业类型、中方员工占比、外资利用率、产品出口情况"等指标进行调研。

考察深圳总部经济建议情况。总部城市依托于一种需求，即中心城市在规模不断扩张过程中，制造业向外迁移而出现"空心化"条件下城市产业接续、经济可持续发展的需求。中心城市通过留下总部、吸引总部聚集带动服务业发展实现城市结构升级、产业转换和功能提升。因此，深圳的产业升级和经济结构调整，离不开深圳总部经济的建设。"十二五"期间，深圳总部企业的数量将达800—1000家，深圳正打造福田中心区、后海中心区、留仙洞片区、深圳湾高新区和龙华核心区等五大总部经济集群。针对这五大总部经济集群，对其"土地集约、总部规模、政策优惠、开放程度、民生便利、环境质量、政府服务、研发投入、商务设施"等指标进行专项调查。

六　从区域融合视角的调查

为深莞惠区域协调发展总体规划、城镇群协调发展规划、交通和产业一体化规划等的编制工作，推进区域产业分工布局合理化。加强深莞惠在创新金融、信息基础设施、企业信用体系等方面的合作，为产业融合发展提供支持。需要对已实现的深莞惠一体化中的经济一体化、文化一体化、社保一体化、交通一体化进行评估，重点调研深莞惠四纵两横一支线路建设情况，同时对深、莞、惠三市食品药品安全综合协调联络机制和信息互通机制、医学检验影像检查结果互认工作、区域打假信息资源对接、区域打假行动举措对接和执法与办案联动对接、指挥中心联席会议制度、指挥中心热线联系制度、边界地区警务协作制度等关系民生的制度建设情况展开调研。

深圳市融入泛珠三角区域合作，对于贯彻落实科学发展观，促进区域协调发展，全面建设国际化城市，具有重要的现实意义和长远的战略意义。为配合深圳政府进一步实施"引进来、走出去"区域经济发展战略，同时引导企业开拓国际、国内市场，参与跨国、跨区域经营。调研深圳融入泛珠三角区域合作情况，根据《泛珠三角区域合作框架协议》，对泛珠三角区域合作重点的十大领域：基础设施、产业与投资、商务与贸易、旅游、农业、劳务、科教文化、信息化建设、环境保护、卫生防疫的深圳融入合作指标完成情况展开调研，推动深圳与泛珠三角区域之间人流、物流、资金流、技术流、信息流等要素的合理有效流动。

七　从未来趋势视角的调查

加快前海开发建设是深化深港合作，维护香港繁荣稳定的战略选择。以调研前海深港现代服务业合作区建设为重点，进一步考察创新金融、现代物流、信息服务、科技创新和专业服务等领域在前海深港现代服务业的进展情况。探索与香港合作发展的新机制、新模式、新途径，开展有利于促进产业转型升级的创新业务。

调研前海深港现代服务业合作区的企业入驻情况，特别是考察目前前海深港现代服务业合作区内的金融机构和外国银行入驻情况，例如东亚银行（中国）有限公司和恒生银行（中国）有限公司；港资企业占比情况；深港跨境融资租赁、深港跨境交易服务、跨境电子商务试点等金融创新情况，为完成国家全面深化改革的总体部署，学习借鉴香港服务业和金融业发展的先进经验，形成深港合作体制机制新优势，促进香港繁荣稳定，提升深港整体竞争力。

第四节 案例分析

一 企业专项调查（案例）

重点关注富士康、比亚迪、华为、中兴、正威、中集等大集团的深圳大型制造业最新发展情况，分析制造业和生产性服务业融合发展情况。从产业演变的视角看，生产性服务业与制造业的关系可分为孕育于制造业、脱胎于制造业及支撑制造业三个阶段。深圳市目前处于生产性服务业脱胎于制造业阶段的初期，每年因生产性服务业从制造业企业中剥离出来而影响的工业产值初步估计在 200 亿元以上，2013 年有明显加快趋势，全市共有 6000 多户规模以上工业企业，许多公司近期将由制造业企业转为服务型企业，但仍有相当部分的生产性服务业未能完全独立于制造业，表现为嵌入式生产性服务业的形式。据对部分重点工业集团的初步调研，嵌入式生产性服务业部分约占企业营收规模的 20% 左右，预计将随着继续发展并逐渐从制造业母体中剥离。对于战略性新兴产业，拟从制造业和服务业总产出的角度进行统计分析，统计范围指符合本市战略性新兴产业重点领域行业分类框架，限额以上的法人单位。调查表式为战略性新兴产业月度调查表，调查内容包括战略性新兴产业企业的资产总额、营业收入、主营业务收入、利润总额、营业利润、投资总额和从业人员平均人数。各项指标统计原则：按照企业财务报表中相关会计科目发生额填列，体现战略性新兴产业的发展效果。

二 转型调整专项调查（案例）

近年来深圳市部分传统制造业企业主动调整、关停、淘汰落后产能，腾笼换鸟，将老厂房、旧仓库改造为服务业园区，实现了由传统制造业向服务业的转型。我们聚焦部分已经实现转型的区域，开展转型前后的对比分析。例如，南山区的智慧广场原来为单位土地面积产值比较低的工业用地，转型为商品房用地性质的高端服务业聚集地。智慧广场位于深圳市南山区华侨城片区，由 A、B、C、D 四栋塔楼组成，总建筑面积 164875.96 平方米，是以奢华舒适、低密度、高绿化、低碳生态为理念打造的大型商务集群项目。智慧广场商业中心云集高端精品主题会馆、商端餐饮、高端奢侈会所、私人会所、私人银行、7-ELEVEN 亚洲旗舰店等多种业态，以休闲商务配套、业态丰富、定位高端而著称。据有关统计，从目前该片区的运行情况看，园区价值由转型前的 4000 万元的工厂，增加为转型后价值 96 亿元的高档园区，属于深圳园区转型的成功典型案例。

针对 OCT—LOFT 华侨城创意产业园、南海意库、深圳动漫园、南山数字文化产业基地等由传统制造业转型成功的文化创意产业园区的典型案例，收集历史数据，对制造业转型成为服务业的区块转型前后产出、效益等进行对比分析，总结形成案例，从产出规模、就业结构、利税水平、运行效率等方面分析产业转型成效。统计范围包括深圳市所有典型的转型升级产业园区，调查采用访问和资料收集相结合的形式，形成分析报告。调查内容包含园区历年产值、就业人口、营收情况、能耗结构、技术创新、目前现状、转型成效等方面。各项统计均以历年统计报表情况为基础，着重考察产业园区的转型成效。

三　房屋租赁业统计专项调查（案例）

住房消费是居民消费的最基本部分，只有准确合理的核算才能清楚掌握经济活动的规模和结构，才能为政策的制定提供真实可靠的依据。SNA 的 GDP 核算中居民自有住房服务价值是纳入计算的，居民自有住房服务价值的虚拟计算影响到居民自有住房服务增加值，影响居民可支配收入和居民消费支出，并以一种间接的方式影响房地产业增加值，进而影响第三产业增加值占 GDP 的比重。

据专家测算，我国北上广深等大中城市的居民住房支出占 GDP 的比重高达 9%—11%。居民自有住房服务价值的虚拟计算方法包括成本法和市场租金法。随着我国房地产市场的快速发展以及房价的迅速上升，城镇房屋造价与市场价值的差距越来越大，利用房屋造价计算的城镇居民自有住房存量价值被低估，选择市场租金法成为

GDP 核算改革的重要内容。随着我国改革开放与城市化进程，房屋租赁活动发展壮大，需要开展房屋租赁业的专项统计调查工作。

在现行统计中，既没有建立房屋租赁业统计制度，也没有独立的房屋租赁业核算。深圳市从 2010 年开始，持续开展房屋租赁业统计调查工作，在建立统计调查制度以及租赁业增加值核算方面进行了卓有成效的探索，为房屋租赁业统计改革创新积累了大量经验。

深圳市房屋租赁业的核算范围包括住宅和非住宅两大类，涵盖住宅、办公用房、商业营业用房、仓库、厂房等，既有个人产权房屋也有单位产权房屋。在增加值核算方法上，深圳市房屋租赁业核算则根据我国国民经济核算的特点和数据可得性，采用以生产法和收入法核算为主，支出法为辅的核算方式。在增加值计算方法上，深圳市房屋租赁业核算采用两套公式，即对于居民自有自住住房增加值=Σ〔（居民人均住房建筑面积×住宅单位面积市场平均租金×自有自住住房居民年平均人数）×增加值率〕，对于市场租赁住房增加值=总产出−中间投入=实际房屋出租调查收入−Σ（个人产权实际房屋出租收入×中间投入率）。

从 2010 年开始，深圳市将房屋租赁业统计作为统计改革创新的一项重要内容，开展了全市房屋租赁业统计调查，圆满完成了国家统计局赋予的房屋租赁业统计报表制度试点工作。根据 2015 年的房屋租赁调查数据，深圳市 2015 年房屋租赁业增加值达 1785 亿元，占 GDP 的比例为 10.2%。目前已经进入核算的房屋租赁增加值为 978 亿元，可能未进入核算的增加值为 807 亿元，占 GDP 的比重为 4.6%。

房屋租赁业专项统计调查，使得增加了深圳房屋租赁业统计核算后的生产总值更加全面地反映了快速城市化过程中住房经济活动的情况，更准确地体现了居民消费率的真实水平，核算结果也比较符合发达国家的历史经验。

第五节　生产性服务业专项统计方案设计

一　主体内容

（1）统计目的：为大力推动深圳生产性服务业发展，加快形成以服务经济为主的产业结构，全面、客观、真实地反映全市生产性服务业的规模、结构和发展速度，为制定相关产业政策提供依据，制定本制度。

（2）统计依据：根据相关研究定义，生产性服务业是从企业内部生产服务部门分离和独立发展起来的、主要为生产经营主体而非直接为消费者提供的服务。这里的生产经营主体既包括第二产业也包括第一产业和第三产业的生产经营主体。根据国家统计局2011年发布、2012年开始实施的新的《国民经济行业分类》（GB/T 4754—2011），明确了深圳市生产性服务业共包含12个类别。

（3）统计范围：生产性服务业统计范围指符合本市生产性服务业重点领域行业分类框架，限额以上的法人单位。

（4）调查表式及内容：调查表式为生产性服务业季度调查表。调查内容包括生产性服务业企业的资产总额、营业收入、主营业务收入、利润总额、营业利润、投资总额和从业人员平均人数。

（5）各项指标统计原则：按照企业财务报表中相关会计科目发生额填列。

（6）报送渠道与方式：企业通过联网直报的方式报送数据。

（7）报送时间：生产性服务业季度调查表上报时间为4月、7月、10月和次年1月18日。

（8）本制度所有数量指标均取整数。

二　报表目录

报表目录可概括为如表 6—1 所示。

表 6—1　　　　　　　　　　　　报表目录

表号	表名	报告期别	填报单位	报送日期及方式
生服表	生产性服务业季度调查表	季报	生产性服务业法人单位	4 月、7 月、10 月及次年 1 月 18 日网上直报

三　调查表式

调查表式如表 6—2 所示。

表 6—2　　　　　生产性服务业季度调查表 201　　年　　　季度

表　　　号：生服表
制定机关：深圳市统计局
统计登记号□□□□□□□
批准机关：深圳市统计局
组织机构代码□□□□□□□□—□
批准文号：深统审字〔2014〕　　号
企业名称：
有效至：2016 年 12 月

指标名称	代码	计量单位	本季	上年同期	1-本季	上年同期
资产总计	01	万元				
营业收入合计	02	万元				
其中：主营业务收入	03	万元				
营业利润	04	万元				
利润总额	05	万元				
投资总额	06	万元				
从业人员平均人数	07	人				

请在从事的相应的业务类型后打"√"，并填写各业务类型营业收入占全部营业收入的比例，可多选

现代物流	□	%	商务会展	□	%
工业软件	□	%	信息服务	□	%
科技服务	□	%	专业服务	□	%

单位负责人：　　统计负责人：　　填表人：　　联系电话：　　报出日期：201 年　月　日

四 指标解释

（1）资产总计：指企业拥有或控制的能以货币计量的经济资源，包括各种财产、债权和其他权利。资产按其流动性（即资产的变现能力和支付能力）划分为：流动资产、长期投资、固定资产、无形资产、递延资产和其他资产。本指标根据会计"资产负债表"中"资产总计"项的期末数填列。

（2）营业收入合计：指企业在报告期内从事销售商品、提供劳务及转让资产使用权等日常活动中所形成的总收入，包括主营业务收入和其他业务收入。根据会计"利润表"中对应指标计算填列。

（3）主营业务收入：指企业从事某种主要生产、经营活动所取得的营业收入。

（4）营业利润：指企业从事生产经营活动所取得的利润。

（5）利润总额：指企业在生产经营过程中各种收入扣除各种耗费后的盈余，反映企业在报告期内实现的盈亏总额，包括营业利润、补贴收入、投资净收益和营业外收支净额。根据会计"利润表"中的对应指标的本期累计数填列。

执行 2001 年会计制度计算公式：利润总额 = 营业利润 + 补贴收入 + 投资收益 + 营业外收入 − 营业外支出

执行 2006 年会计制度计算公式：利润总额 = 营业利润 + 营业外收入 − 营业外支出

（6）投资总额：主要包括以货币形式表现的在一定时期内建造和购置固定资产及与此有关费用；对原有设施进行技术改造提升（包括固定资产更新）以及相应配套的辅助性生产、生活福利设施等工程及与此有关费用；其他投资活动及与此有关费用。

（7）从业人员平均人数：指报告期内（季度）平均每天拥有的从业人员数。1−本季平均人数：以年初至报告季内各月平均人数之和除以报告季内月数求得。其计算公式为：

一季度：1−本季平均人数 =（1 月平均人数 + 2 月平均人数 + 3 月平均人数）/3

二季度：1−本季平均人数 =（1 月平均人数 + … + 6 月平均人

数）/6

三季度：1-本季平均人数＝（1月平均人数+…+9月平均人数）/9

或（用本季平均人数计算）

一季度：1-本季平均人数＝1季度本季平均人数

二季度：1-本季平均人数＝（一季度本季平均人数+二季度本季平均人数）/2

三季度：1-本季平均人数＝（一季度本季平均人数+二季度本季平均人数+三季度本季平均人数）/3

五　生产性服务业重点领域行业分类说明

随着制造业的全球分工和产业链延伸，制造业的价值更多体现在研发设计、品牌营销等价值链两端的生产性服务活动。现代高端生产性服务业不仅提供中间服务，而且承担了原由传统制造业承担的、附加在产品主体上的部分前置及后续功能，制造和服务紧密相连，构成了制造业服务化、服务业专业化的新型工业体系，生产性服务业对制造业转型升级的影响日益突出。

结合转型发展中的优势，深圳确定了与先进制造业发展紧密相关的生产性服务业六大重点领域，即现代物流、商务会展、工业软件、信息服务、科技服务、专业服务，已被列入深圳市政府批准发布的深圳市工业发展"十二五"规划。

六大重点领域解释如下：

1. 现代物流服务

现代物流服务是指"现代"物流是根据客户的需求，以最经济的费用，将物品从供给地向需求地转移的过程。它主要包括运输、储存、加工、包装、装卸、配送和信息处理等活动。

现代物流服务具体行业包括：铁路运输业、道路运输业、水上运输业、航空运输业、管道运输业、装卸搬运和其他运输服务、仓储业、邮政业、批发零售餐饮业的连锁配送企业、商务服务业中的包装服务物流咨询服务和物流广告服务、制造业中的流通加工、信息传输、计算机服务和软件业中的物流信息业和物流电信服务、金融业中的物流金融服务和物流保险服务。

2. 商务会展服务

商务会展服务是指为保证会议、展览正常进行所提供的全过程（会前、会中、会后；或是展前、展中、展后）服务，既包括发生在展会现场的租赁、广告、安保、清洁、展品运输、仓储、展位搭建等专业服务，也包括餐饮、旅游、住宿、交通、运输、地方特产等相关行业的配套服务。

商务会展服务的具体行业包括：成果发布会、产品交易会、科技博览会、光博会、钟表展、机械展、服装展、珠宝展、家具展、礼品展、安防展等一批商务会展。

3. 工业软件服务

工业软件是指在工业领域里应用的软件，包括系统、应用、中间件、嵌入式等。一般来说，工业软件被划分为编程语言、系统软件、应用软件和介于这两者之间的中间件。

工业软件服务具体行业包括：工业设计软件服务、制造流程再造软件服务、供应链管理软件服务和企业资源管理软件服务。

4. 信息服务

信息服务是指通过现代通信、计算机和网络技术对信息进行生产、收集、处理、加工、存储、传输、检索和利用，并以信息产品为社会提供服务，服务者以独特的策略和内容帮助用户解决问题。其目的是通过信息技术应用降低社会经营成本、提高社会生产效率、优化社会资源配置，从而实现社会财富的最大化利用。

信息服务具体行业包括：互联网接入及相关服务、互联网信息服务、其他互联网服务、软件开发、信息技术咨询服务、数据处理和存储服务、集成电路设计、数字内容服务、呼叫中心、其他未列明信息技术服务业。

5. 科技服务

科技服务是在当今产业不断细化分工与融合发展的趋势下形成的新的产业分类。科技服务业是以技术和知识向社会提供服务的产业，其服务手段是技术和知识，服务对象是社会各行业。

科技服务具体行业包括：防伪技术开发和运用；国家级工程

（技术）研究中心、国家工程实验室、国家认定的企业技术中心、重点实验室、高新技术创业服务中心、新产品开发设计中心、科研中试基地、实验基地建设；科学普及、技术推广、科技交流、科技评估与鉴证、技术咨询、工业设计、知识产权及气象、节能减排、环保、测绘、地震、海洋、技术监督等科技服务；科研支撑条件共建共享服务；商品质量认证和质量检测服务；产业公共技术服务平台建设。

6. 专业服务

专业服务是指介于各类市场主体之间，提供商务专业服务的总称。

专业中介服务具体行业包括：家用电器批发，煤炭及制品批发，石油及制品批发，非金属矿及制品批发，金属及金属矿批发，建材批发，其他化工产品批发，农业机械批发，汽车批发，汽车零配件批发，摩托车及零配件批发，五金产品批发，电气设备批发，计算机、软件及辅助设备批发，通信及广播电视设备批发，其他机械设备及电子产品批发，贸易代理、拍卖，其他贸易经纪与代理，汽车租赁，农业机械租赁，建筑工程机械与设备租赁，计算机及通信设备租赁，其他机械与设备租赁；企业总部管理，投资与资产管理，单位后勤管理服务，其他企业管理服务，公证服务，其他法律服务，会计、审计及税务服务，市场调查，社会经济咨询，其他专业咨询，知识产权服务，职业中介服务，劳务派遣服务，其他人力资源服务，安全服务，安全系统监控服务，其他安全保护服务，市场管理，会议及展览服务，包装服务，办公服务，信用服务，担保服务，其他未列明商务服务业。

第六节　供给侧结构性改革之生产端引领需求专项行动

一　充分认识生产端引领需求统计工作的重要意义

推进供给侧结构性改革，是适应和引领经济发展新常态的重大创新，是我国跨越"中等收入陷阱"、迈向经济强国的战略选择，是

"十三五"乃至更长时期经济发展的重大方略。

一直以来，深圳市委、市政府主动把握供给需求规律，创新供给管理理念，破解供给结构难题，坚定不移打造"深圳质量"，在改革中创新、在创新中发展、在发展中突破，实现了有质量的稳定增长和可持续的全面发展，率先走出了一条创新驱动、质量引领的发展之路。

当前，面对复苏缓慢的国际经济形势和国内经济下行压力，深圳统计紧密跟进去产能、去库存、去杠杆、降成本、补短板等结构性改革重点任务，从生产端统计入手，巩固并不断推进、完善现有统计改革创新成果，科学准确实事求是反映"三新"发展情况，为党政决策提供及时有效信息服务，对于深圳坚持创新驱动打造发展新动能、坚持质量引领重塑供给侧新优势、勇当全国供给侧机构性改革排头兵有着积极而重大的现实意义。

二　总体要求

1. 指导思想

全面贯彻党的十八大和十八届三中、四中、五中全会以及中央经济工作会议精神，深入落实习近平总书记关于供给侧结构性改革系列重要讲话精神，按照市委、市政府决策部署，立足实际、求变求新，脚踏实地、不遗余力、持续深入推进深圳统计改革创新，尝试新角度、探索新方法，透视生产端引领新兴需求变化发展情况，深入剖析深圳市通过突出创新驱动、质量引领、转型升级、制度创新达到增强供给能力、提升供给水平、优化供给结构、完善供给环境的整体效果。

2. 基本原则

坚持全面性、代表性、适用性，系统、便捷反映生产端引领需求涉及经济社会发展各方面情况，不仅要反映当下，还要反映未来的动态发展变化情况；要以"三新"及新经济统计为突破口，充分展示深圳供给侧结构性改革实效、成果；要积极创新方式方法，为国家相应统计方法制度改革先行先试；为积极寻求资源整合共享、联结有益统计事业一切力量，助推此项工作落到实处、细处。

三　重点任务

1. 新产业、新业态、新商业模式专项统计行动

深入推进全国"三新"及新经济统计改革试点工作，扎实做好反映提质增效转型升级、工业战略性新兴产业、新产品、新服务、高技术产业及新技术、科技企业孵化器、"四众"（众创、众包、众扶、众筹）、电子商务、互联网金融、城市商业综合体、开发园区、供应链企业商品销售和库存、大个体商品销售和库存等 12 个"三新"重点领域统计监测，积极探索"试点、试行"并联的"两试"统计改革创新方法，逐月、逐季、逐年在经济形势分析中完整呈现"三新"指标变化发展情况，为党政了解生产端实际情况以及需求去向，加强经济管理和宏观调控，加快实现发展动力转换提供参考。

伴随经济形态的快速发展以及对"三新"及新经济统计工作的逐步深入，要不断补充完善新经济统计，更加准确全面反映深圳新经济情况，为全国提供持续的试点试行经验。要立足深圳特色，重点做好战略性新兴产业统计、电子商务、供应链企业、城市商业综合体调查，不断完善"大个体+协会"统计创新机制。

2. "五大发展理念"统计评价指标体系构建行动

围绕深圳供给侧结构性改革中的现代化国际化创新型城市建设、东进战略等重要内容，从结构调整、产业升级、科技进步、质量效益提升、民生福利和生态环境改善等方面，采用总指数和分项指数形式体现"五大发展理念"总体变化和各部分变化，准确描述、评价和监测深圳贯彻落实"五大发展理念"全过程，为党政及时了解"五大发展理念"贯彻落实过程中的短板和问题提供新视觉，为指导和推进各项工作提供决策依据。定期发布有关深圳市"五大发展理念"统计评价有关数据，促进和激励社会各界齐心协力投身到贯彻落实"五大发展理念"的伟大实践中去，共同推动深圳经济社会全面协调发展。

现阶段，要结合贯彻落实国家统计局局长宁吉喆在全国统计工作务虚会上的指示精神："支持深圳用总指数和分项指数的评价方法先行先试，为全国这方面探索创造积累新经验"，在实践中不断完善，引领统计评价创新形式和方式，为国家层面的探索创造积累新经验。

3. 市区统计信息联动共享行动

全面建成企业"一套表"基础数据采集平台，打造全市统计工业、商业、服务业、建筑业等各专业规范、统一、高效的数据生成应用系统，建立一个高效运转的、适应经济发展新常态和信息技术发展潮流的、具有深圳特色的、市区统计信息交互快捷稳定全面的新纬度统计数据库；创新基本单位名录库管理，强化市区单位名录大数据比对，严管"四上"企业出入库工作，及时准确掌握各行业基本情况；加强专业统计、各区数据与 GDP 核算的衔接，全力做好 2016 年 GDP 下半年各季度核算工作，按月度跟踪监测各项 GDP 核算指标的变化趋势。

当下，要在不打破现行统计框架、不增加区级统计机构负担的前提下，利用名录库信息，进一步整合统计报表和指标、整合统计渠道、整合信息资料，在数据库建设中达到市区共建、信息共享的目的；要继续秉持"求上先求下""求人先求己"的宗旨，抓进数讲质量，抓早采数环节，抓统计导向要求，深入落实局领导与各部门挂点联系区级统计机构机制，通过联动共享做好各项统计工作。

4. 房屋租赁业统计调查行动

继续做好全国房屋租赁业统计调查唯一试点工作。采用全面调查和抽样调查相结合的方式，将深圳市行政区划内所有从事经营房屋租赁业务活动的单位（已纳入现有统计制度的单位除外）和个人的住宅、办公房屋、综合商厦、展览馆展位、仓库库房和其他房屋等租赁活动（不包括市场摊位出租活动）纳入调查，全面掌握深圳市房屋租赁业经济活动的总量、结构、特征及有关情况，科学、有效地取得房屋租赁业总产出、中间投入率的统计数据，为完善国民经济核算制度，评价各区经济结构提供基础数据，为全国推进房屋租赁业统计制度创新提供经验。

5. R&D 支出纳入 GDP 核算行动

继续做好全国 R&D 支出纳入 GDP 核算唯一试点工作。根据 SNA2008 国民经济核算体系制度，以美国经济分析局和 Goldsmith 核算方法为基础，运用组合法测算模型进行组合测算的核算方法，对深圳 R&D 资本存量、R&D 资本存量折旧率、R&D 支出价格指数进行测算。

当前，在进一步投入较大的人力物力做好"R&D 支出纳入 GDP 核算"研究的同时，推动国家层面允许条件已具备的深圳先行做纳入核算安排，为国家统计局下一步在地方实施"R&D 支出纳入 GDP 核算"方案时的数据衔接做好试点，更好地体现国家和地方知识产权产品的产出功效，更好地反映创新驱动发展成果。

6. 服务业生产指数（SPI）编算行动

继续做好全国服务业生产指数编算唯一试点工作。遵循国家统计局服务业生产指数编制理论方法的基础上，对编制服务业生产指数采用的主要指标、资料来源和缩减指数进行有针对性的调整和创新，在关键指标的选取、特殊极值处理及与三产增加值数据的衔接上走出深圳特色，探索一套既与国家方法一致，又与深圳实际相结合的服务业生产指数编制方法，全面、科学、及时地描述深圳服务业发展总体状况、量化服务业发展水平、分析服务业发展结构等方面内容。

随着研究的不断深入，要结合对 2014 年至今深圳原始 SPI 和调整 SPI 的测算成果，结合深圳服务业发展情况、基础数据可获得性及城市国民经济核算特点不断优化，确保指数更好地反映短期服务业发展速度，有效衡量服务业各行业产出物量在时间上的变化，为国家方法制度的完善提供参考性强的样本。

四　组织保障

（1）加强组织领导。各区统计机构、市局各部门要提高认识，加强领导，促进沟通，协调配合，切实把思想和行动统一到市委、市政府关于推进供给侧结构性改革的决策部署上和市局的具体安排上，坚定信心，坚决行动，确保实效。

（2）务实分工推进。新产业、新业态、新商业模式专项统计和"五大发展理念"统计评价指标体系由综合处牵头负责，市区统计信息联动共享由数管中心牵头负责，房屋租赁业统计调查由投资处牵头负责，R&D 支出纳入 GDP 核算由社科处牵头负责，服务业生产指数（SPI）编算由现服处牵头负责。各牵头部门要及时研究改革落实中的突出问题，经局领导授权，主动加强与上级统计部门和市直有关部门对接协调，加快推进落实。各区统计机构和市局各相关部门要积极主动予以配合，加快形成深圳统计做好供给侧结构性改革之生产端引领需求统计工作合力。

（3）保持"五性"状态。作为被赋予新常态下需跟进"采集、测度、观察、评价"功能的深圳统计，经不断富有成效的改革推进，创新工作已进入"五性"新工作状态：指令性，全面深刻解读；自主性，自力更生操作；复杂性，倾心聚力聚慧；广泛性，内外征得意见；权威性，寻求顶级评定。在做好供给侧结构性改革之生产端引领需求统计工作中应继续保持，克服人力偏紧而专业任务又重的难题，秉持 GTD 核心理念，专注追求、高效推进，紧张中贯穿举重若轻、快中行慢，脚踏实地、凝神聚力、高质高效完成各项工作。

第七章

从统计指标体系分析深圳市
企业迁移影响

第一节 企业迁移背景

一 企业迁移基本概念

企业迁移是企业为了谋求新的发展空间而进行的区域选择的一种决策过程。广义上看，企业迁移是指企业在一个新的地点开展生产经营活动的过程；狭义来看，企业迁移一般是指企业从一个区域向另外一个区域的转移。本书中的企业迁移主要是指企业经营地址变更的整体性迁移。

二 珠三角企业迁移阶段演变

珠三角产业结构经历了第一产业大幅下降，向劳动密集型产业转变，再向技术密集型产业转变的过程，而其间推动了企业大规模跨区域迁移。

珠三角第一产业转移始于改革开放初期，在此期间，香港制造业大量往珠三角转移（见图7—1），如服装、纺织、塑料制品、电子元件、金属和非金属制品等，大多属于劳动密集型产业，处于较低产业水平。第二产业转移始于20世纪90年代，经过近20年的努力，珠三角经济得到较大的发展，但土地资源稀缺、劳动力短缺、生产成本大幅度提高等问题与经济快速发展相互制约的矛盾也日益突出，这导致珠三角发展劳动密集型产业的空间变得越来越小。

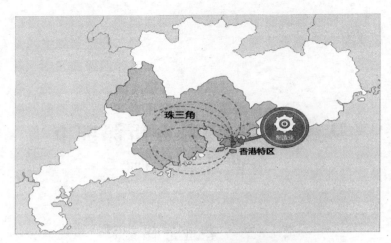

图7—1 改革开放初期的情况

随后，珠三角进入产业结构性调整阶段，转变产业发展方向，转为发展计算机、信息技术、生物工程等高新技术产业，同时进一步优化产业结构，有一部分劳动、资源密集型企业向粤东、粤北和粤西一带转移，逐步在广东边远地区建立产业群（见图7—2）。

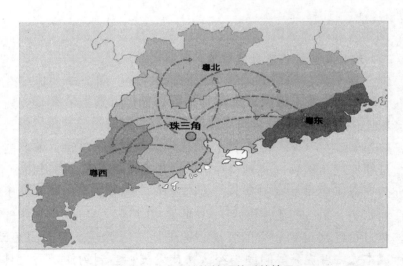

图7—2 产业结构性调整后的情况

三　特区发展与企业迁移

1980 年 8 月全国人大常委会批准深圳设置为经济特区。深圳是中国改革开放建立的第一个经济特区，市辖宝安、龙岗、南山、福田、罗湖五区，其中龙岗和宝安为非特区。1998 年 3 月，在罗湖区以沙头角为中心的区域，设盐田区，仍属特区内。2007 年至 2011 年，深圳市为进一步推动经济的发展，先后成立了四大功能新区，分别为光明新区、坪山新区、龙华新区和大鹏新区，现在深圳下辖 6 个行政区和 4 个新区。2010 年实施特区扩容一体化，促进原关内关外各区融合。

在深圳经济快速发展、城镇化不断推进以及产业积极转型升级中，深圳的企业迁移成为常见的经济现象。此外，近年随着全球经济一体化水平提高，受土地资源紧缺、劳动力成本上升、原材料成本上升及环境监管严格的影响，出现不少企业外迁的现象，其中不乏华为、富士康等大型企业。企业迁移方向主要向广东周边地区、中西部内陆地区及海外迁移。富士康于 1988 年进驻广东深圳，随后为了寻找人工更加低廉的地区、应对劳动力资源紧张，逐渐将工厂向大陆迁移，以降低用工成本。这些大陆地区包括山西太原（2003年）、重庆市（2009 年）、四川成都（2010 年）、河南郑州（2010年）等，富士康还于 2011 年前后开始将一部分生产设备和人员从深圳转移到大陆地区的各工厂；华为自 2005 年开始在松山湖设立子公司聚信科技有限公司，2007 年在松山湖拿下 50 万平方米用地，投资 20 亿元进行厂房等建设，然后逐步将一些功能部门向松山湖迁移。深圳企业迁移趋于频繁，对深圳经济发展的影响也不断深入。

企业迁移对区域经济结构、社会就业以及区域经济发展等都具有十分重要的影响，同时企业迁移也给政府部门的统计工作带来了挑战，研究深圳企业迁移对提高深圳经济社会发展和改进政府统计工作具有非常重要的意义。

第二节　企业市内迁移分析

一　全市企业市内迁移情况

全国第三次经济普查结果显示，深圳共有近 27 万家企业。截至目前，这些企业中发生过市内迁移的占 44.93%，其中 14.35% 的企业进行了跨区迁移，30.58% 的企业进行了区内迁移（见图 7—3）；迁移企业的平均迁移次数为 1.67 次；迁移企业平均迁移年龄为 3.06 年。

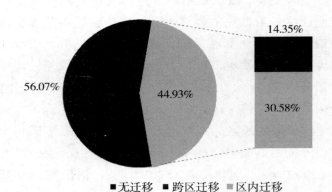

图 7—3　全市市内迁移企业比重情况

（一）跨区迁移分析

1. 跨区迁入与跨区迁出比对

除南山外，原关内各区都是全市跨区迁移企业的主要迁出地。

总体来看，全市跨区迁移的企业比重（迁移企业占所有企业比重，下同）为 14.35%。罗湖、福田和盐田为迁出企业比重最高的三个区，原关外跨区迁移企业比重不高，深圳市几大新功能新区的跨区迁入率高于迁出率。

罗湖、福田和盐田三个原关内地区，跨区迁出企业比重分别为 31.43%、25% 和 25%，排全市前三名；这三个区的跨区迁入企业比重相比跨区迁出都低了 10 多个百分点，成为净流出比例最高的区（见图 7—4）。

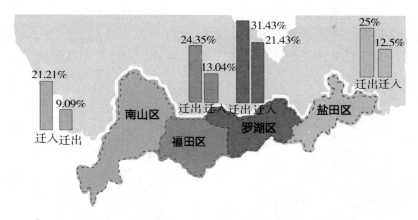

图 7—4　南山、福田、罗湖、盐田迁出与迁入比

南山区是目前高新科技聚集地，其发展较晚，南山跨区迁入企业比重为 21.21%，而迁出企业比重为 9.09%，企业净流入比较明显。

原关外的工业中心区迁入企业及迁出企业比重都较低。

宝安和龙岗迁入企业比重分别为 11.41% 和 12%，迁出企业比重分别为 6.04% 和 9%，都是全市最后两位，这两个区企业净流入比较明显（见图 7—5）。

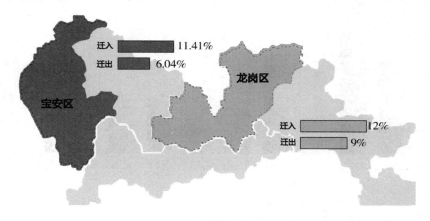

图 7—5　宝安、龙岗迁入与迁出比

新区企业迁入与迁出情况呈现多样化。

　　龙华虽然是新区，但其成立前一直在宝安辖区内，并与龙岗接壤，辖区的工业发达，所以迁移企业的数量较多，企业迁出的比重高于迁入企业的比重；光明新区却与宝安和龙岗的情况相似，迁入企业比重接近全市的平均水平，而迁出企业比重相对低一些；坪山新区作为后发展区，迁入企业比重较大为18.18%（见图7—6），而迁出企业比重则很少。

图7—6　深圳新区迁入及迁出情况

深圳市企业跨区迁移情况如图7—7所示。

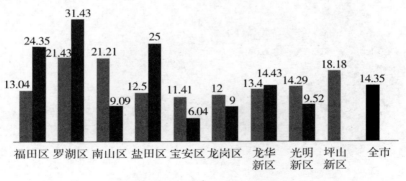

图7—7　全市企业跨区迁移情况（单位:%）

2. 跨区迁移企业流向

早期以福田和罗湖之间的企业互迁为主，逐步扩展到南山，其中第二阶段（1996—2000 年）由于互联网经济快速发展，南山科技园等专业园区的建设逐见成效，南山作为高新技术聚集地效应凸显，吸引了不少原关内福田、罗湖等地方的企业迁入（见图 7—8）。与此同时，恰逢 1997 年香港回归，盐田区随后成立，促使这一时期原关内企业跨区迁移数量增多，第二阶段原关内企业迁移总量在各阶段中仅少于第五阶段；2010 年以前原关内与原关外、原关外各区之间的企业跨区迁移数量很少，从第二阶段（1996—2000 年）开始原关内迁往原关外的企业逐步增多，但是总体数量偏少。

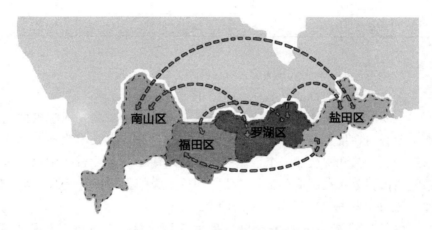

图 7—8　第二阶段跨区迁移情况

2011 年以后，企业跨区迁移开始活跃，迁移企业数量呈爆发式增长。

第一阶段至第二阶段原关内地区的企业跨区迁移数量大增，到第五阶段原关外地区之间的企业跨区迁移数量超过了原关内的跨区迁移，大批企业从原关内迁往原关外地区，而原关外迁往原关内的企业数量不到原关内迁往原关外的企业数量的一半（见表 7—1）。

表 7—1　　　　　　　　　　不同阶段跨区迁移情况

阶段	迁出/迁入	原关内（次）	原关外（次）
第一阶段 （1995 年以前）	原关内	6	
	原关外		
第二阶段 （1996—2000 年）	原关内	20	1
	原关外	1	
第三阶段 （2001—2005 年）	原关内	14	2
	原关外		
第四阶段 （2006—2010 年）	原关内	9	3
	原关外		
第五阶段 （2011 年以后）	原关内	24	26
	原关外	12	26

3. 各区企业净流入分析

宝安及南山是净迁入最大的两个区。

宝安及南山是净迁入最大的两个区，都是 8 家，净迁入宝安的企业主要分布在批发和零售业、信息传输、软件和信息技术服务业和交通运输、仓储和邮政业三个行业；而净迁入南山的企业行业则较多且数量均衡，分布在制造业及科学研究和技术服务业等七个行业。

福田和罗湖是净迁出最大的两个区。

福田和罗湖是企业净迁出量最大的两个区，分别是 13 家和 7 家，从福田迁出的企业行业主要集中在制造业、批发和零售业及信息传输、软件和信息技术服务业；从罗湖迁出的企业行业则集中在房地产业、租赁和商务服务业（见表 7—2）。

表 7—2　　　　　　　　　全市各区抽样企业净迁移情况

行　业	宝安区	大鹏新区	福田区	光明新区	龙岗区	龙华新区	罗湖区	南山区	坪山新区	盐田区
制造业	1		-4	1	5	-3	-1	1		
建筑业	-1		-1			1		1		

续表

行　业	宝安区	大鹏新区	福田区	光明新区	龙岗区	龙华新区	罗湖区	南山区	坪山新区	盐田区
批发和零售业	3		-5	1	-1		1		1	
交通运输、仓储和邮政业	2		-1	-1	-1	1				
信息传输、软件和信息技术服务业	3		-3			-2	2	1		-1
房地产业			1		1		-4	1		1
租赁和商务服务业	-1		1			2	-3	1	1	-1
科学研究和技术服务业	1		-1		-1		-1	2		
水利、环境和公共设施管理业										
居民服务、修理和其他服务业			-1				1			
教育							-1	1		
文化、体育和娱乐业			1				-1			
合　计	8	0	-13	1	3	-1	-7	8	2	-1

注：正数为净迁入，负数为净迁出。

（二）区内迁移分析

总体来看，全市有30.58%的企业发生了区内迁移。

1. 分地区看

原关内发达地区区内迁移企业比重较高。

福田作为原关内率先发展的产业大区，区内迁移企业比重为47.83%，处于全市最高水平；罗湖和南山作为原关内发展较为成熟的区，目前以服务业企业为主，区内迁移企业比重分别为35.71%和34.85%，分别排全市第二、第三位；盐田在原关内地区中发展相对滞后，区内迁移企业比重也较低，为25%（见图7—9）。

原关外工业中心区区内迁移企业比重较低。

宝安和龙岗作为原关外的制造业中心区，企业多为工业企业，区内迁移企业比重相对较低，分别为 20.13% 和 23%，属全市最低水平。

新区区内迁移企业比重与全市的平均水平较为接近。

龙华、光明和坪山三个新区区内迁移企业比重分别为 29.9%、28.57% 和 27.27%，与全市 30.58% 的水平接近。新区主要以工业企业为主，新区的区内迁移企业比重相对福田等原关内各区低一些；新区工业用地、厂房等较为充裕，相对宝安和龙岗则区内迁移企业比重高一些。

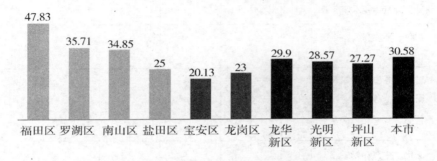

图 7—9　全市企业区内迁移情况（单位:%）

注：大鹏新区企业数量较少，抽样企业中大鹏新区没有迁移企业，暂不讨论。

2. 分阶段看

2010 年前区内迁移主要集中在福田和罗湖两个区，从第二阶段（1996—2000 年）开始，宝安、龙华、南山、龙岗等地区的企业区内迁移大幅增长，其中宝安、龙华、南山企业迁移随时间的递进呈递增趋势。前三个阶段（2005 年以前）企业迁移主要集中分布在福田和罗湖，第四阶段（2006—2010 年）开始宝安、南山企业迁移也变得活跃，到第五阶段（2011 年以后）以福田、宝安为主等七个地区均有企业进行迁移（见表 7—3）。随着时间的推移，企业进行内部迁移的地区越来越多，企业区内迁移也更加频繁。

表 7—3　　　　　全市抽样企业不同阶段区内迁移情况

阶　段	宝安区	福田区	光明新区	龙岗区	华新区	罗湖区	南山区	坪山新区	盐田区	合计
第一阶段 （1995 年以前）		9				10				19
第二阶段 （1996—2000 年）		41			1	31	4		2	79
第三阶段 （2001—2005 年）	1	22			1	8	3			35
第四阶段 （2006—2010 年）	2	17				4	7			30
第五阶段 （2011 年以后）	33	35	5	23	31	13	25	3	1	169
合　计	36	124	5	23	33	66	39	3	3	332

（三）企业迁移次数

1. 全市市内迁移企业的平均迁移次数为 1.67 次

分片区看，原关内福田、罗湖、南山和盐田的迁移企业的平均迁移次数较多，其中盐田的最多，平均 2.67 次；其次是福田，平均 2.09 次；罗湖和南山稍微少一些，分别为平均 2.05 次和 1.89 次；宝安、龙岗及三个新区迁移企业的平均迁移次数都低于 2 次，其中龙岗区平均 1.14 次，为全市最低。

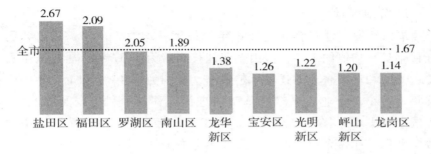

图 7—10　全市迁移企业平均迁移次数（单位：次）

2. 全市迁移企业迁移 1 次的占比最高

迁移次数越多的企业数量越少，即企业迁移次数与企业数成反向关系。抽样企业中，迁移企业中最多迁移了 7 次，这类企业占迁移企业的 0.35%，比重最高的为迁移 1 次的企业，占比 62.85%，占比超六成，迁移次数从 2 次至 6 次的企业数量依次递减（见图 7—11）。

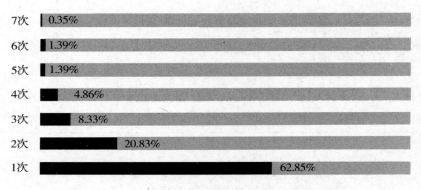

图 7—11　全市不同迁移次数企业占比情况

（四）企业迁移年龄

全市迁移企业的平均迁移年龄为 3.05 年。分地区来看，福田和罗湖迁移年龄最大，光明新区和坪山新区迁移年龄最小；分时间段来看，第三阶段的企业迁移年龄最大，企业迁移年龄随时间呈抛物线变化趋势。

1. 分地区看

福田和罗湖迁移企业的迁移年龄最大，均大于 4 年，高出各区迁移年龄平均值约 1 年；南山企业迁移年龄为 3.37 年，居各区第三位；光明和坪山企业的迁移年龄最小，分别为 1.44 年和 1.2 年，迁移年龄过小，企业还未打好基础便进行迁移，不利于企业的发展。各区企业平均迁移年龄都不高，都在 4.2 年以下。从图 7—12 中的数据来看，迁移企业一般在成立 3 年左右选择迁移。

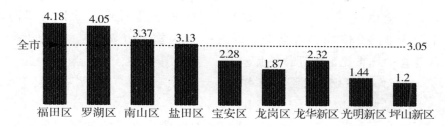

图7—12　各区迁移企业迁移年龄（单位：年）

2. 分阶段看

全市企业各阶段迁移年龄变化情况呈抛物线形状，各阶段迁移企业的平均迁移年龄为3.05年，第一阶段企业迁移年龄为3.96年，第三阶段企业迁移年龄达到峰值为9.13年，直到第五阶段企业迁移年龄回落至1.63年（见图7—13）。早期和后期迁移企业的迁移年龄均较小，分别为3.96年和1.63年。早期迁移企业较少，这一阶段企业迁移年龄较小；后期迁移企业最多，迁移的企业多为服务业企业，服务业企业迁移相比工业企业更为便捷、迁移成本更低、迁移更为活跃，迁移年龄就较低。

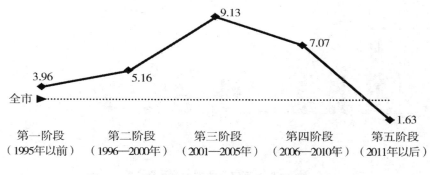

图7—13　各阶段迁移企业迁移年龄（单位：年）

二　大企业①市内迁移情况

2011—2014年，全市发生过区内迁移的"四上"企业共331

---

① 大企业主要指2011—2014年间规模以上工业企业、资质等级建筑业企业、限额以上批零住餐企业、规模以上服务业企业，简称"四上"企业。

家，占全市"四上"企业总数的 2.07%；发生过跨区迁移的"四上"企业共 383 家，占全市"四上"企业总数的 2.4%。大企业跨区迁移的比重比区内迁移的比重高。

（一）不同地区大企业市内迁移

1. 从数量上看

南山、光明、福田和龙岗是迁入大企业数量最多的区，分别为73 家、66 家、60 家和59 家；龙华、宝安、罗湖和坪山迁入大企业数量在 35 家至 21 家之间；盐田和大鹏迁入大企业数量较少，分别为 13 家和 1 家（见图 7—14）。

福田是迁出大企业数量最多的区，为 131 家；罗湖、南山、宝安属于第二梯队，分别为 67 家、56 家和 57 家；龙岗和龙华新区都是 29 家；其余各区都在 10 家以下。

区内迁移大企业数量最多的是福田，为 163 家，罗湖、宝安和龙岗都在 40 家左右，南山和龙华则分别为 12 家和 20 家，其余各区区内迁移企业数量很少。

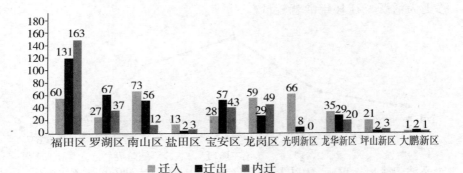

图 7—14　市内各区大企业迁移数量

2. 从比重上看

原关内地区，福田和罗湖大企业区内迁移比重和迁出企业比重都较高；南山和盐田区外迁入比重较高，迁出和区内迁移比重则较低。

跨区迁入大企业比重最高的是盐田和南山，分别为 3.92% 和

2.60%（见图7—15），福田和罗湖只有1.77%和1.56%（见图7—16）。盐田是唯一在原关内各区中土地资源较为充裕的一个区，期间吸引了一批房地产企业迁入，而南山则是高科技产业的聚集地，吸引了不少高新技术大企业迁入。

福田、罗湖和南山迁出企业比重分别为3.86%、3.86%和2%，是全市跨区迁移大企业主要来源地。

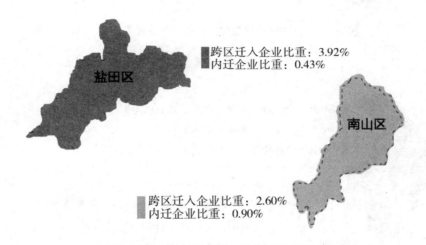

图7—15　迁入比重较高的南山和盐田区情况

福田和罗湖区内迁移企业比重较高，分别为4.81%和2.13%，属于"四上"企业区内迁移最高的区域；而南山和盐田的区内迁移比重较低，分别为0.43%和0.90%。

发展较早原关外工业大区宝安和龙岗大企业迁移差异较大。

龙岗跨区迁入及区内迁移的"四上"企业数量都比宝安的多，龙岗共有59家"四上"企业迁入和49家"四上"企业区内迁移，而宝安只有28家"四上"企业迁入及43家"四上"企业区内迁移（见图7—17）。"四上"企业迁入比重龙岗为2.94%，相比宝安高出2个百分点；跨区迁出"四上"企业比重龙岗为1.44%，低于宝安的1.83%；龙岗区内迁移"四上"企业比重为2.44%，相比宝安的1.38%高出1个百分点，表明龙岗区的发展态势相对宝安区占优。

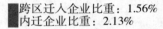

跨区迁入企业比重：1.56%
内迁企业比重：2.13%

福田区

跨区迁入企业比重：1.77%
内迁企业比重：4.81%

罗湖区

图7—16　迁移企业比重较高的福田和罗湖区情况

"四上"企业迁入数量：28家，占比0.90%
"四上"企业内迁数量：43家，占比1.38%
"四上"企业跨区迁出数量：57家，占比1.83%

"四上"企业迁入数量：59家，占比2.94%
"四上"企业内迁数量：49家，占比2.44%
"四上"企业跨区迁出数量：29家，占比1.44%

宝安区

龙岗区

图7—17　宝安和龙岗的企业迁移情况

新区方面，成立较早的光明、坪山新区区外迁入"四上"企业比重较高，为8.92%和4.85%。2007年光明新区成立，2009年坪山新区成立，在2010年深圳实施特区一体化后，这两个新区的土地、资源等优势吸引了很多"四上"企业迁入，这也是全市"四上"跨区迁移企业比例最高的2个区。而比对同为2011年成立的龙华新区和大鹏新区，由于龙华新区本身的基础设施较为完善，但是本身的工业企业发展较快，新区成立后不断吸引"四上"企业迁入，但是本身土地资源有限，且区内"四上"企业数量较多，2011—2014年迁入龙华的企业有35家，迁入企业比重为2.71%，迁出20

家，迁出企业比重为 2.24％；而大鹏新区由于配套设施相对落后，暂时迁入的企业数量较少，只有 1 家，迁入企业比重偏低，只有0.86％，而迁出企业有 2 家，迁出企业比重为 1.72％。新区区内迁移只有发展较为完善的龙岗新区数量稍多，有 20 家"四上"企业区内迁移，区内迁移率为 1.55％；而其他新区的区内迁移数量很少，区内迁移"四上"企业比重很低，均低于 1％，光明新区区内迁移的"四上"企业甚至为 0（见表 7—4）。

表 7—4　　　　全市各区"四上"企业迁移情况

所在区	区外迁入		迁出		区内迁移			净迁移
	企业数（家）	比重（％）	企业数（家）	比重（％）	企业数（家）	比重（％）	所属区企业（家）	净迁移家数（家）
福田区	60	1.77	131	3.86	163	4.81	3391	−71
罗湖区	27	1.56	67	3.86	37	2.13	1735	−40
南山区	73	2.60	56	2.00	12	0.43	2803	17
盐田区	13	3.92	2	0.60	3	0.90	332	11
宝安区	28	0.90	57	1.83	43	1.38	3122	−29
龙岗区	59	2.94	29	1.44	49	2.44	2008	30
光明新区	66	8.92	8	1.08	0	0.00	740	58
坪山新区	35	2.71	29	2.24	20	1.55	1293	6
龙华新区	21	4.85	2	0.46	3	0.69	433	19
大鹏新区	1	0.86	2	1.72	1	0.86	116	−1
全市	383	2.40	383	2.40	331	2.07	15973	0

注：正数为净迁入，负数为净迁出。

（二）大企业跨区迁移流向分析

1. 原关内"四上"企业不断西进

2011—2014 年，原关内地区罗湖"四上"企业不断往福田和南山迁移，福田的企业大量迁入南山，总体呈向西迁移的趋势（见图

7—18）。南山区依靠西丽片区、粤海高新区及科技园等高新科技园区迅速发展形成的集聚效应，吸引了原关内外各区的信息技术服务业及工业"四上"企业迁移进来。例如酷派软件科技、北斗星科技从福田迁往西丽，嵘兴实业、壹卡会科技从福田迁往科技园等。

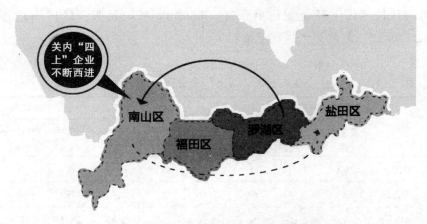

图7—18 关内"四上"企业不断西进情况

而向东逆向迁移的"四上"企业相对数量较少，主要是建筑业房地产"四上"企业（比重为46.8%）及批发零售业"四上"企业（比重为36%）。

2. 原关内工业"四上"企业在2011年大量迁往关外

2010年深圳正式实施特区一体化，2011年原关内"四上"企业出现大批迁往关外，迁入地主要是宝安、光明、龙华、龙岗四个原关外区，企业类型以工业"四上"企业（比重为52%）和建筑房地产类"四上"企业（比重为35.4%）为主。2011年，原关内各区"四上"企业迁往龙岗的共有41家，其中工业企业21家；迁往宝安的"四上"企业共22家，工业企业9家；迁往龙华新区和光明新区的"四上"企业分别为23家和21家，工业企业都是7家（见图7—19）。

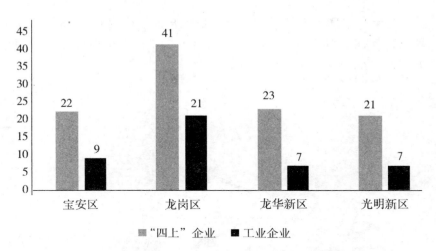

图7—19　2011年关内大企业及工业企业迁移情况

3. 原关外"四上"企业集中迁往新区

2011—2014年间，原关外各区中，从宝安迁入光明、龙华、坪山三个新区的"四上"企业数量最多（见图7—20），共57家，其中流入光明新区"四上"企业为27家，占宝安迁出"四上"企业总量比重接近50%。

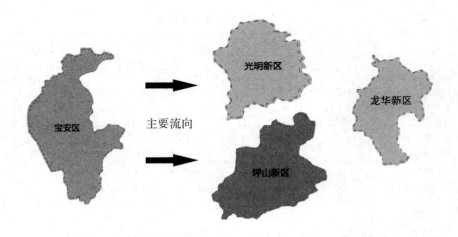

图7—20　宝安区"四上"企业迁往光明、龙华、坪山的情况

　　龙岗区"四上"企业主要迁往龙华和坪山这两个新区（见图7—21）。原关外各区之间跨区迁移的"四上"企业以工业企业为主，占比91.8%。

图7—21　龙岗区"四上"企业迁往龙华新区和坪山新区的情况

　　"四上"企业的跨区迁移的具体情况如表7—5所示。

表7—5　　　　　　　　　　**"四上"企业跨区迁移情况**

迁出/迁入	罗湖区	福田区	南山区	盐田区	宝安区	龙岗区	龙华新区	光明新区	坪山新区	大鹏新区	总计
罗湖区		37	11	4	1	12	2				67
福田区	18		53	8	13	17	18	1	3		131
南山区	2	10			8	11	1	21	3		56
盐田区						1		1			2
宝安区	1	3	4			7	5	33	4		57
龙岗区	3	7			1		9	1	7	1	29
龙华新区	3	3	2		2	6		9	4		29
光明新区			3		3	2					8
坪山新区						2					2
大鹏新区			1			1					2
总计	27	60	73	13	28	59	35	66	21	1	383

4. 原关外迁入关内的"四上"企业数量较少

2011—2014 年间，从原关外迁入关内的"四上"企业中，建筑和房地产企业最多（见表 7—6），共 14 家，占总迁移量的 46.7%；而工业企业共 6 家，全部迁往南山，其中 5 家原本属于南山区企业，且全部属于高新技术制造业，迁到宝安、光明新区等地方后，第二年又重新迁回南山区，显示了南山区对信息产业企业的黏性非常强。

（三）各区大企业净迁移分析

2011—2014 年间，光明、龙岗、坪山是"四上"企业净迁入最多的 3 个区，且都是工业企业的净迁入为主；福田、罗湖、宝安 3 个区是主要的迁出区，福田迁出的企业多属于服务业和工业企业，罗湖迁出"四上"企业则是以批发零售业为主，宝安大部分迁出"四上"企业是工业企业；南山区迁出很多工业"四上"企业，但是同时迁入更多服务业"四上"企业，整个区的"四上"企业数量净迁入为正；盐田区迁入的"四上"企业主要以房地产企业为主。

表 7—6　　　2011—2014 年各区"四上"企业净迁移情况

净迁移	宝安区	大鹏新区	福田区	光明新区	龙岗区	龙华新区	罗湖区	南山区	坪山新区	盐田区
房地产	1		-13		5	-1	-2	1		9
服务业	6		-27		-2	3	-9	29		
工业	-40	-1	-18	58	22	-5	-7	-28	18	1
建筑业	3		-7	-1	0	2	-3	5	1	
批发零售业	2		-3	1	5	7	-21	9	0	
住宿餐饮业	-1		-3			0	2	1		1
总计	-29	-1	-71	58	30	6	-40	17	19	11

注：正数为净迁入，负数为净迁出。

（四）大企业迁移相关经济指标分析

1. "四上"迁移企业的增加值

基于 2013 年"四上"企业数据，对"四上"迁移企业的增加值进行核算：

（1）原关内。分地区看，原关内盐田区迁入"四上"企业增加值占本区 GDP 的比重最高为 23.16%（见图 7—22），福田、罗湖、南山跨区迁入的"四上"企业增加值占本区 GDP 的比重都在 1.5% 左右。

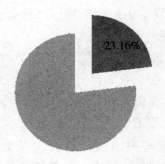

图 7—22　盐田区迁入"四上"企业增加值占本区 GDP 比重

根据上文分析，我们可知盐田区迁入的"四上"企业主要集中在房地产行业企业，恰逢最近几年盐田的房地产项目较多，导致迁入"四上"企业的增加值占比较大，但是这种增加值持续性不强。

迁出企业增加值比重最高的福田为 7.38%，其次是罗湖和南山，分别为 3.13% 和 2.55%，盐田则很少（见图 7—23）。区内迁移企业增加值比重较大的为福田，占 3.53%，其他比重较小。

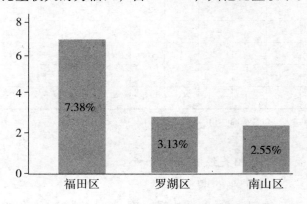

图 7—23　迁出增加值比重前三名情况

（2）原关外工业区。宝安和龙岗两个原关外工业大区中，宝安的迁入"四上"企业增加值占 GDP 比重为 2.83%，龙岗为 1.78%，而宝安和龙岗迁出企业的增加值占 GDP 比重均没有超过 1%。

（3）新区。新区方面，光明新区和坪山新区迁入企业增加值占 GDP 比重最高，分别为 9.80% 和 3.79%（见图 7—24），表明 2011—2014 年间迁入"四上"企业对这两个区的经济增长起到重要的推动作用。根据上文分析，我们知道迁入光明新区和坪山新区的企业都是工业企业为主，企业发展的持续性强，后续发展较好；龙华迁入、迁出的"四上"企业的增加值占 GDP 比重基本平衡，大鹏新区迁入、迁出"四上"企业的增加值占 GDP 比重较少，而区内迁移占区 GDP 比重较大的原因是广东核电合营有限公司在 2011 年由南澳街道迁移到大鹏街道。

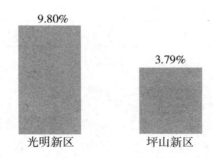

图 7—24　光明新区、坪山新区迁入增加值比重

深圳市内迁移"四上"企业增加值具体情况如表 7—7 所示。

表 7—7　　　　　　　市内迁移"四上"企业增加值情况

所在区	区外迁入		迁出		区内迁移		净迁移
	增加值（亿）	占区 GDP 比重（%）	增加值（亿）	占区 GDP 比重（%）	增加值（亿）	占区 GDP 比重（%）	净迁移 GDP（亿）
福田区	38.28	1.42	199.36	7.38	95.32	3.53	-161.08

续表

所在区	区外迁入		迁出		区内迁移		净迁移
	增加值（亿）	占区 GDP 比重（%）	增加值（亿）	占区 GDP 比重（%）	增加值（亿）	占区 GDP 比重（%）	净迁移 GDP（亿）
罗湖区	23.21	1.56	46.52	3.13	8.18	0.55	−23.31
南山区	41.13	1.28	81.8	2.55	4.95	0.15	−40.67
盐田区	94.6	23.16	0.43	0.11	0.94	0.23	94.17
宝安区	57.61	2.83	19.86	0.98	27.28	1.34	37.75
龙岗区	38.26	1.78	6.43	0.30	14.08	0.66	31.83
光明新区	56.87	9.80	0.48	0.08	0	0.00	56.39
坪山新区	14.58	3.79	0.07	0.02	0.4	0.11	14.51
龙华新区	13.59	1.04	13.66	1.04	3.31	0.25	−0.07
大鹏新区	0.27	0.11	9.78	3.99	32.67	13.34	−9.51

注：净迁移 GDP 正数表示净迁入 GDP，负数表示净迁出 GDP。

2. "四上"迁移企业税收

深圳仅有三个区的迁入"四上"企业带来税收超过 10 亿元，分别来自宝安区、盐田区和光明新区，其中宝安区迁入"四上"企业带来 19.26 亿元的税收（占 2014 年宝安区总税收的 4.9%）、盐田区迁入"四上"企业带来 13.71 亿元的税收（占 2014 年盐田区总税收的 55.78%），以及光明新区迁入"四上"企业创税 11.21 亿元（占 2014 年光明新区总税收的 20.91%），其中宝安区迁入"四上"企业创税全市最高；全市大多数行政区的迁入"四上"企业税收总额分布在 6 亿元以上 10 亿元以下，其中包括：福田区、南山区、龙岗区以及罗湖区，迁入"四上"企业税收总额分别是 9.76 亿元（占 2014 年福田区总税收的 4.73%）、8.10 亿元（占 2014 年南山区总税收的 5.56%）、8.07 亿元（占 2014 年龙岗区总税收的 3.81%）和 6.83 亿元（占 2014 年罗湖区总税收的 7.99%）；坪山、龙华和大鹏新区迁入"四上"企业带来的税收总额均小于 3 亿元，额度较小（见图 7—25）。

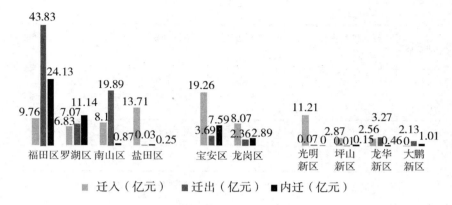

图7—25　市内迁移"四上"各类迁移企业税收总额

迁出"四上"企业带走的税收最多的是福田 43.83 亿元（占 2014 年福田区总税收的 21.26%），其次是南山 19.89 亿元（占 2014 年南山区总税收的 13.66%），罗湖的为 7.07 亿元（占 2014 年罗湖区总税收的 8.27%），其他各区迁出企业带走的税收额度都不大，全部在 4 亿元以下。

区内迁移的"四上"企业总税收较多的是福田、罗湖和宝安，分别为 24.13 亿元（占 2014 年福田区总税收的 11.71%）、11.14 亿元（占 2014 年罗湖区总税收的 13.03%）和 7.59 亿元（占 2014 年宝安区总税收的 1.93%），其他各区区内迁移"四上"企业的税收额度都不大，在 3 亿元以下（见表 7—8）。

表 7—8　　　各区各类迁移"四上"企业总纳税占比情况

所在区	迁入纳税占比（%）	迁出纳税占比（%）	内迁纳税占比（%）	2014 年各区总税收（亿元）
福田区	4.73	21.26	11.70	205.17
罗湖区	7.99	8.27	13.03	85.48
南山区	5.56	13.66	0.60	145.60
盐田区	55.78	0.12	1.02	24.57

所在区	迁入纳税占比 （%）	迁出纳税占比 （%）	内迁纳税占比 （%）	2014 年各区总税收 （亿元）
宝安区	4.90	0.92	1.93	392.68
龙岗区	3.81	1.12	1.37	211.57
光明新区	20.90	0.13	0.00	53.63
坪山新区	8.48	0.03	0.44	33.80

注：2014 年宝安区总税收含龙华新区，2014 年龙岗区总税收含大鹏新区。

3. "四上"迁移企业的质量分析

迁入质量最好的是盐田区；迁入质量最差的是大鹏新区。

分区来看，迁入"四上"企业质量最好的是盐田区，企均增加值超过 7 亿元，企均纳税超过 1 亿元；其次是宝安，企均增加值超过 2 亿元，企均纳税为 6877 万元。

质量最差的是迁入大鹏新区的"四上"企业，企均增加值低于3000 万元，企均纳税为 0 万元；其次是龙华的"四上"企业，企均增加值低于 4000 万元，企均纳税低于 800 万元。其余各区的迁入企业的企均增加值都在 6000 万元至 9000 万元之间，企均纳税在 1100万—2600 万元之间（见表 7—9）。

表 7—9　　各区迁移"四上"企业企均增加值和企均纳税情况

所在区	迁入		迁出		内迁	
	企均增加值 （万元）	企均纳税 （万元）	企均增加值 （万元）	企均纳税 （万元）	企均增加值 （万元）	企均纳税 （万元）
福田区	6379	1627	15219	3346	5848	1481
罗湖区	8595	2529	6943	1055	2212	3010
南山区	5634	1110	14607	3551	4124	729
盐田区	72772	10549	2175	142	3149	832

续表

所在区	迁入		迁出		内迁	
	企均增加值（万元）	企均纳税（万元）	企均增加值（万元）	企均纳税（万元）	企均增加值（万元）	企均纳税（万元）
宝安区	20575	6877	3484	647	6345	1766
龙岗区	6484	1368	2217	813	2873	589
光明新区	8617	1698	600	83	—	—
龙华新区	3884	733	4711	1128	1653	229
坪山新区	6943	1368	348	64	1318	514
大鹏新区	2679	—	48917	10665	326695	10074

注：大鹏新区由于2011—2014年间迁入的"四上"企业数量较少，且企均税收为负数，经核实后证明为退税造成，因此在对比分析"四上"迁移企业企均纳税指标时不考虑大鹏新区的迁入"四上"企业。

　　迁出质量最好的是大鹏新区；迁出质量相对较差的是光明新区和坪山新区。

　　迁出"四上"企业质量最好的是大鹏新区企业，企均增加值为4.89亿元，企均纳税为1.07亿元左右；其次是福田和南山区企业，企均增加值分别为1.52亿元和1.46亿元，企均纳税3346万元和3551万元；光明新区和坪山新区的迁出企业质量相对较差，企均增加值分别为600万元和348万元，企均纳税分别为83万元和64万元。

　　各区区内迁移的企业企均增加值和企均纳税较为均衡，其中企均增加值最高的是宝安，为6345万元，最低的是坪山，为1318万元；企均纳税最高的是罗湖，为3010万元，最低的是龙华新区，为229万元。

三　不同经营特征的企业市内迁移分析

（一）不同行业企业迁移分析

1. 不同行业抽样企业市内迁移比对

分行业看，金融业、信息传输、软件和信息技术服务业等行业企业迁移比重较高，住宿和餐饮业、教育等行业企业迁移比重较低。农、林、牧、渔业，卫生和社会工作，公共管理，社会保障，水利，环境和公共设施管理业和社会组织企业样本数均只有一家，样本基数过小，导致行业迁移比为 0% 或 100%。金融业迁移比最高，6 家金融样本企业（均为证券公司）都进行了迁移，迁移比为 100%。信息传输、软件和信息技术服务业迁移比高达 74.07%，迁移比排各行业第二（见图 7—26）。

建筑业　63.64%

信息传输、软件和
信息技术服务业　74.07%

金融业　100%

图 7—26　不同行业企业市内迁移情况

　　其次是建筑业，建筑业迁移比为 63.64%。交通运输、仓储和邮政业、房地产业、科学研究和技术服务业和居民服务、修理和其他服务业迁移比也高于 50%。住宿和餐饮业、教育迁移比均不足三成，文化、体育和娱乐业、制造业和批发和零售业迁移比均不足四成，迁移比低于全市平均水平。

　　迁移企业数量较多的行业有制造业、批发和零售业，迁移企业分别有 52 家和 97 家，这两个行业的企业总数也最多，所以迁移比较低，制造业、批发和零售业对整体迁移比影响程度较深。信息传输、软件和信息技术服务业、租赁和商务服务业等行业迁移企业数虽然不如制造业迁移企业多，但其迁移比重较大，与制造业、批发和零售业的低迁移比形成抵消效应（见表 7—10）。

表 7—10　　　　　　　不同行业全市抽样企业迁移比重

行　业	迁移企业（家）	迁移占比（%）	抽样企业总数（家）
农、林、牧、渔业	0	0	1
制造业	52	36.62	142
建筑业	14	63.64	22
批发和零售业	97	40.76	238
交通运输、仓储和邮政业	14	51.85	27
住宿和餐饮业	2	25	8
信息传输、软件和信息技术服务业	20	74.07	27
金融业	6	100.00	6
房地产业	18	54.55	33
租赁和商务服务业	40	50	80
科学研究和技术服务业	15	53.57	28
水利、环境和公共设施管理业	1	100	1
居民服务、修理和其他服务业	4	57.14	7
教育	2	20.00	10
卫生和社会工作	0	0	1
文化、体育和娱乐业	3	33.33	9
公共管理、社会保障和社会组织	0	0	1
总计	288	44.93	641

2. 不同行业大企业市内迁移比对

2011—2014 年间"四上"市内迁移企业中，建筑业和房地产业迁移企业比重最高，分别为 17.01%和 12.31%，远远高于其他行业迁移企业的比重；其次，工业和批发零售业的迁移比重较高，分别为 4.28%和 4.36%，都超过 4%；而服务业和住宿餐饮业的最低，只有 2.20% 和 1.98%（见图 7—27）。

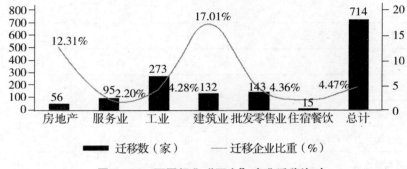

图 7—27　不同行业"四上"企业迁移比对

综合不同行业抽样企业及"四上"企业的迁移情况可见，服务于本地或本区域消费者的企业更具有区位黏性，而具有更大消费市场的出口企业迁移性较强，典型的生产部门如建筑、交通和批发、企业服务（在某种程度上，也为生产部门提供服务）等服务于更广阔的市场，迁移性较强；而满足最终需求的典型部门，如零售、批发和旅店/餐馆迁移性较弱。

（二）不同性质企业迁移分析

1. 不同性质全市抽样企业迁移比对

全市抽样企业中，合资企业的迁移比重最高，为 100%，但其基数较少，只有 2 家；其次是内资企业，内资企业基数最大，迁移比重较高，迁移企业占内资企业总量的 45.93%；而外资企业的迁移比重则相对较低，仅为 16%（见图 7—28）。

2. 不同性质大企业迁移比对

从 2011 年至 2014 年"四上"企业的迁移情况看，内资背景的"四上"企业市内迁移比重最高，其中跨区迁移企业比重为 2.50%，区内迁移企业比重为 2.28%；合资"四上"企业市内迁移的比重稍低，跨区迁移企业比重为 2.68%，区内迁移企业比重为 1.68%；外资背景的"四上"企业迁移的比重最低，跨区迁移企业比重为 1.89%，区内迁移企业比重为 1.39%（见表 7—11）。

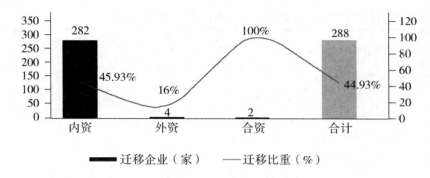

图 7—28　不同性质抽样企业迁移比对

表 7—11　　　　　不同性质"四上"企业迁移比对

性质	跨区迁（家）	占比（%）	区内迁（家）	占比（%）	企业总数（家）
内资	295	2.50	270	2.28	11819
外资	56	1.89	41	1.39	2960
合资	32	2.68	20	1.68	1194
合计	383	2.40	331	2.07	15973

综合全市抽样企业及 2011—2014 年"四上"企业的情况，内资企业和合资企业的市内迁移率较高，外资企业市内迁移率则较低。

（三）不同规模企业迁移分析

1. 不同规模全市抽样企业迁移比对

从营业收入的角度来看，抽样企业中营业收入越高的企业发生过迁移的企业比重越高，营业收入在 2000 万元以上的企业迁移企业的比重为 72.73%（见表 7—12）；从企业总资产的角度来看，总资产越高的企业发生过迁移的企业比重越高，总资产超过 2000 万元的企业迁移比高达 80.70%（见表 7—13）；从从业人数的角度来看，人数多的企业迁移比重相对也高，但是迁移比重最高的企业在 51—100 人区间的企业，企业迁移比重最高为 64.52%。

表 7—12　　　不同规模抽样企业迁移比重（营业收入角度）

分层指标	分层标准	迁移企业数（家）	迁移企业比重（%）	总企业数（家）
营业收入分层	0—10 万元	82	39.23	209
	10 万—50 万元	71	40.80	174
	50 万—200 万元	53	44.92	118
	201 万—2000 万元	50	52.08	96
	2000 万元以上	32	72.73	44
	总　计	288	44.93	641
企业总资产分层	0—10 万元	57	31.32	182
	10 万—50 万元	70	44.03	159
	50 万—200 万元	60	40.82	147
	总　计	187	—	488

表 7—13　　　不同规模抽样企业迁移比重（企业总资产角度）

分层指标	分层标准	迁移企业数（家）	迁移企业比重（%）	总企业数（家）
企业总资产分层	201 万—2000 万元	55	57.29	96
	2000 万元以上	46	80.70	57
	总　计	288	44.93	641
从业人数分层	0—10 人	178	40.92	435
	11—50 人	75	50.34	149
	51—100 人	20	64.52	31
	100 人以上	15	57.69	26
	总　计	288	44.93	641

由图 7—29 和图 7—30 可以看出，全市抽样企业的迁移比重与企业的经营规模、资产规模呈明显的正相关趋势。

迁移企业的比重与企业从业人数相关性并不是特别明显，50—100 人的企业迁移比重最高。

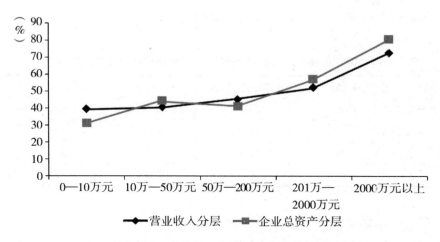

图 7—29　营业收入与企业总资产迁移比

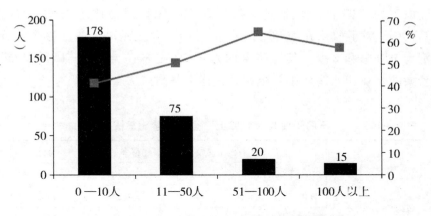

图 7—30　企业从业人数与迁移企业比重相关性

比对跨区迁移、区内迁移及未迁移的"三普"抽样企业的企均情况，从企均资产看，跨区迁移企业的资产最高为 5937.13 万元，其次是区内迁移企业 3106.22 万元，而未迁移企业的企均资产只有 1353.93 万元；从企均营业收入角度看，区内迁移企业的企均营业收入最高为 4663.62 万元，其次是跨区迁移企业 3392.28 万元，最少是未迁移企业 2152.11 万元；从企均人数角度看，跨区迁移企业企均人数最多为 101.13 人，随后是未迁移企业 54.63 人，人数最少的是区内迁移 50.32 人（见表 7—14）。

表 7—14 跨区迁移、区内迁移及未迁移三经普抽样企业的企均情况

迁移情况	企业个数（个）	企均资产（万元）	企均营收（万元）	企均人数（人）
跨区迁移	92	5937.13	3392.28	101.13
区内迁移	196	3106.22	4663.62	50.32
未迁移	353	1353.93	2152.11	54.63
总 计	641	2547.54	3098.06	59.99

2. 不同规模"四上"企业迁移比对

按营业收入分层看，营业收入在 1 亿—100 亿元之间的"四上"企业迁移数量最多，共 291 家，比重也最高，达 5.78%；而 5000 万元以下的"四上"企业迁移数量有 281 家，但是比重最低，只有 3.70%。营业收入在 5000 万—1 亿元和 100 亿元以上的迁移企业分别为 140 家和 2 家，其迁移率均为 4.2% 左右（见表 7—15）。规模较大的企业相比规模小的企业其迁移率略高。

表 7—15 不同营业收入"四上"企业迁移比重情况

	分 层	迁移数（家）	迁移率（%）	总计
营业收入分层	0—5000 万元	281	3.70	7586
	5000 万—1 亿元	140	4.24	3302
	1 亿—100 亿元	291	5.78	5037
	100 亿元以上	2	4.17	48
	合 计	714	4.47	15973

"四上"企业中，迁移的共有 714 家，其中 2014 年迁移企业的企均营业收入是 4.3 亿元，并未迁移的企业平均水平为 2.9 亿元；2014 年迁移的"四上"企业企均增加值为 8718 万元，比未迁移的"四上"企业增加值 7501 万高出 16.2%；2014 年迁移的"四上"企业企均资产为 4695 万元，比未迁移的"四上"企业 2148 万高出

118.5%；2014 年迁移的"四上"企业企均人数为 388 人，比未迁移的"四上"企业 327 人高出 19%（见表 7—16）。可见，迁移的"四上"企业相比未迁移的"四上"企业各项指标占优，迁移"四上"企业质量相比未迁移的"四上"企业要好。

表 7—16　　　　　"四上"企业企均情况对比

迁移情况	数量（家）	2014 年企均营收（万元）	2014 年企均增加值（万元）	2014 年企均资产（万元）	2014 年企均人数（人）
迁移企业	714	43000	8718	4695	388
未迁移企业	15259	29000	7501	2148	327
总计	15973	30000	7556	2262	330

第三节　"四上"工业企业迁出情况分析

本课题基于 2011—2014 年"四上"工业企业数据，对营业收入超过 2000 万元、从业人员超过 100 人的"四上"工业企业进行筛选，经统计敏感度测算，将营业收入下降 60% 且从业人数下降 60% 的 1121 家企业作为疑似迁移的对象，从中抽样 103 家企业实地调查，核实企业的具体经营状况。

抽样的怀疑企业核实结果显示，在 103 家企业中，共有倒闭企业 12 家，市内迁移企业 18 家，迁往市外 25 家，怀疑迁出命中率为 24.27%，未迁移的 48 家。下面针对 25 家往市外迁移的企业进行分析。

经研究发现，迁出深圳的"四上"企业主要流向深圳市周边城市，如东莞、惠州、佛山等地，其中宝安区企业迁出至东莞的趋势尤为明显；行业上，这些迁离深圳的"四上"工业企业以电气机械、计算机通信制造业为主；企业性质上内资占比较高。

通过比较迁出市外的"四上"工业企业与市内存量"四上"工业企业的经济指标，可以看出迁出市外的企业质量整体低于市内存量的平均水平；此外，通过这 25 家迁出市外企业的市内迁移行为可以发现，已经在深圳市内迁移过的企业对市外迁移的选择性更强。

一 迁出"四上"工业企业的行业、性质分析

（一）迁出"四上"工业企业的行业

迁出深圳的工业企业主要集中在计算机、通信和其他电子设备制造业、电气机械和器材制造业、通用及专用设备制造业等行业，其中计算机、通信和其他电子设备制造业及电气机械和器材制造业数量最多，分别为 7 家和 6 家，占比分别为 28% 和 24%（见表 7—17）。通用设备制造业、家具制造业和纺织服装、服饰业、橡胶和塑料制品业迁出企业各 2 家，各占 8%。皮革、毛皮、羽毛及其制品和制鞋业、金属制品业、专用设备制造业、仪器仪表制造业迁移企业相对较少，这四个行业各有 1 家迁移企业。深圳市最主要的行业是计算机、通信和其他电子设备制造业及电气机械和器材制造业，这两个行业也是深圳市 GDP 的主要来源，迁移企业合计占比超五成，随着企业规模的拓展和政策、环境的变化，导致这两个行业企业迁出量较大。

表 7—17   迁出"四上"工业企业的行业情况

行业	数量（家）	占比（%）
纺织服装、服饰业	2	8
皮革、毛皮、羽毛及其制品和制鞋业	1	4
家具制造业	2	8
橡胶和塑料制品业	2	8
金属制品业	1	4
通用设备制造业	2	8
专用设备制造业	1	4
电气机械和器材制造业	6	24
计算机、通信和其他电子设备制造业	7	28
仪器仪表制造业	1	4
合计	25	100

（二）迁出"四上"工业企业的性质

25 家迁出深圳的工业企业中，内资企业共 16 家，占比 64%，港资企业、外资企业及中外合资企业分别为 5 家、2 家和 2 家，合计占比 36%，不足四成（见表 7—18）。内资企业占各种类型企业数最多，内资企业基数最大，所以是迁出企业最多的企业类型，占总迁出企业数量超六成。香港与深圳相邻，来深办企的港资企业占比仅次于内资企业，所以企业迁出数量占总迁出企业数量的五分之一。外资和中外合资各占 8%，占比最少。

表 7—18　　　　迁出深圳"四上"工业企业性质分布

指标	内资	港资	外资	中外合资	总计
迁出企业数量（家）	16	5	2	2	25
迁出所占比例（%）	64	20	8	8	100
企业总数量（家）	49	41	9	4	103
迁出企业各类占比（%）	32.65	12.20	22.22	50	24.27

二　迁出"四上"工业企业的迁出地和迁往地分析

（一）按迁出地分析

25 家迁出深圳的"四上"工业企业中，从宝安区的迁出企业数量最多为 14 家，占迁出企业比重为 56%，其次是从南山迁出的企业为 5 家，占迁出企业总量 20%。龙岗、龙华和福田的迁出企业数量分别为 3 家、2 家和 1 家（见表 7—19）。宝安作为深圳市工业区，是深圳工业企业迁出的主要阵地；其次是南山区，南山区服务业比重逐年增加，不断有工业企业外迁；龙岗也是深圳工业基地之一，其工业企业迁出深圳的数量排在第三位。

表 7—19　　　　"四上"工业企业迁出深圳各区分布

指标	宝安区	福田区	龙岗区	龙华新区	南山区	总计
企业数量（家）	14	1	3	2	5	25
占比（%）	56	4	12	8	20	100

（二）按迁往地分析

25 家迁出深圳的"四上"工业企业中，迁往省内其他地方的有 15 家，其中迁往临近东莞的共有 12 家，占了绝大多数，迁往惠州、佛山和云浮的各 1 家；迁往省外的共 10 家，迁往江苏、江西和湖南的最多，分别是 3 家、2 家和 2 家，其他地方如成都、福建和上海各 1 家（见表 7—20）。深圳大部分工业企业选择迁移到邻近的东莞地区，其次选择迁往江苏等华东地区。其原因为：一方面随着政府产业转移政策的落实，大力推进产业转移；另一方面深圳市企业面临土地资源越发稀缺、劳动力成本大幅上升的压力，所以不少企业最终选择迁出深圳，以寻求更大的发展空间。

表 7—20　　　　　　迁出"四上"工业企业迁往地分布

地区	东莞	惠州	佛山	云浮	成都	福建	江苏	江西	上海	湖南	总计
省内	12	1	1	1							15
省外					1	1	3	2	1	2	10

三　迁出工业企业的经济指标分析

（一）不同行业"四上"工业企业迁出深圳经济指标分析

从迁出深圳市工业企业的各项指标来看，企业经营状况是影响各行业企业迁移的一项重要指标。家具制造业拥有很高的企均资产及营收（见表 7—21），其中企均营收是迁出深圳企业整体平均水平的 2.25 倍，但在迁出企业中，家具制造业无论是迁移年所产生的 GDP 还是企均纳税均低于迁出企业的整体水平，尤其在企均纳税方面，不及整体迁出企业平均水平的 1/2。由此可见，迁出深圳市的这些家具制造业企业是具有一定规模的大企业，迁移前经营效益可能是影响这些企业迁移的其中一个重要因素，同样类型的行业还有通用设备制造业。反观迁出深圳的服装制造业企业和电气机械和器材制造业，它们迁移年的企均营收与企均实收资本均在整体平均水平之下，但企均人数为平均水平的一倍多，并且迁移年所产生的 GDP 与企均纳税均高于平均水平，因此，这些服装制造业的企业多为劳动密集型，是规模以上企业中规模较小的企业，迁出深圳市的原因多为节约生产成本等因素，企业经营状况对这些企业的迁移行为影响不大。

表7—21　　不同行业"四上"企业迁出深圳经济指标分析

所属行业	企均迁移年营收（万元）	企均迁移年实收资本（万元）	企均迁移年人数（人）	企均迁移年GDP（万元）	企均纳税（万元）
纺织服装、服饰业	6962.95	1020.05	481.00	2053.05	236.30
皮革、毛皮、羽毛及其制品和制鞋业	4304.00	104.80	102.00	392.00	74.10
家具制造业	20559.10	4874.55	258.50	1058.20	97.80
橡胶和塑料制品业	7807.80	2524.00	357.50	1681.60	403.65
金属制品业	3768.80	200.00	210.00	571.40	71.60
通用设备制造业	11504.40	2650.00	191.50	1899.45	220.05
专用设备制造业	3732.90	1300.00	119.00	1450.30	160.70
电气机械和器材制造业	4993.08	769.53	321.83	1887.13	319.35
计算机、通信和其他电子设备制造业	6577.64	1639.89	239.86	1064.63	152.20
仪器仪表制造业	17239.40	100.00	575.00	4147.50	466.10
总体迁出	7948.62	1597.54	287.72	1548.84	226.78

不同行业企业迁移动机不同，为寻求更好的发展或因政策吸引而主动或被动地选择迁移。迁出深圳的皮革、贸易、制鞋业企业，金属制造业的企业无论各项指标均低于整体平均水平，说明这些企业的企业规模相对较小，经营效益相对较差，企业的迁出行为多为被动迁移。值得注意的是，迁出深圳的仪器仪表制造业类型的企业，虽然它们的企均资本较低，但它们的企均人数、企均纳税，以及企

均 GDP 贡献能力均排在迁出深圳行业中的第一位，属于迁出深圳企业中具有一定科技含量的制造业，属于优质企业的迁出，并在同业中具有一定的比较优势与竞争力，因此它们迁出深圳的原因多为企业的主动选择因素所影响。

此外，电器机械和器材制造业、橡胶和塑料制造业的企业，它们具有较多的企均人数、较强的纳税能力及 GDP 贡献能力。从企均营业收入与企均资本来看，这些企业的规模也与整体迁出企业的平均水平相一致，经营状况良好，但这些企业却选择迁出深圳，可能受到其他地方的政策吸引，出于企业长期发展等角度，迁出深圳。

最后如计算机、通信和其他电子设备制造，专业设备制造这两类行业的企业，它们的各项指标均居于迁出企业的平均水平，迁出原因体现得较为综合，决定迁出深圳的因素体现得较不明显。

（二）不同迁往地外迁企业经济指标分析

通过对比分析各迁移地的经济指标可以发现，迁出深圳市的"四上"工业企业规模、增加值及税收等经济指标低于市内存量"四上"工业企业的平均水平。

从迁出深圳企业的目的地来看（见表 7—22），虽然迁至东莞的企业数量最多，但整体质量较差，各项企业经济指标均低于迁出企业的平均水平，情况相似的为迁往江苏的企业，均为数量多、质量差的类型。迁往佛山的企业具有最高的企均营收以及企均实收资本，但企均人数与企均 GDP 贡献能力均趋于平均水平，企均纳税是平均水平的 1/2，说明该企业利润较低，纳税能力较差；而迁往湖南的企业恰与这种情况相反，它们虽然企均实收资本较低，但纳税能力，GDP 贡献能力极高，说明企业效益良好，并且利润极高。迁往华东地区的企业规模不大，其营业收入和资产均低于迁移企业的平均水平，除迁往上海和江西的工业企业 GDP 高于平均值外，迁往江苏和福建的工业企业的 GDP 均低于平均水平。迁往成都的企业属劳动密集型企业，迁移企业平均人数和 GDP 都远大于平均值。

表 7—22　　　　　　**不同迁往地外迁企业经济指标分析**

迁移地	数量（家）	迁移年企均营收（万元）	迁移年企均实收资本（万元）	迁移年企均人数（人）	迁移年企均GDP（万元）	迁移年企均缴税（万元）
东莞	12	5697.1	1434.04	210.25	1210.7	172.68
惠州	1	2912.1	3000	260	745.5	75
佛山	1	38206.1	6749.1	257	1370.9	120.6
云浮	1	6359.2	4835.9	515	1663.4	309.3
成都	1	8585.9	1800	585	4622.8	674.3
福建	1	3732.9	1300	119	1450.3	160.7
江苏	3	7209.57	334.93	266	1129.53	95.27
江西	2	5588.5	670.05	651.5	2315.95	199.65
上海	1	7728.1	1000	250	1811.3	436.3
湖南	2	15010.1	850	291.5	2253.95	568.1
迁出企业	25	7948.62	1597.54	287.72	1548.84	226.78
存量平均	—	37264.19	4819.25	577.96	10802.38	2018.92

四　迁出工业企业与市内迁移的关联分析

在 25 家迁出深圳"四上"工业企业中，曾经发生过市内迁移的企业占比高达 88%（见图 7—31）。

分区看，龙岗区、龙华新区、南山区迁出深圳市的"四上"工业企业均发生过市内迁移，宝安区发生过市内迁移的企业占比约为 80%，接近整体平均水平（见图 7—32）。由此可知，各区中迁出深圳市外的企业在迁出前对市内迁移的选择性较强。

将这 25 家迁出深圳的企业的市内迁移行为与全市企业市内迁移行为进行对比可以发现，迁出深圳的企业具有在迁出前较强的市内迁移选择性的同时，迁移年龄偏大，但企均迁移次数较少（见表 7—23）。

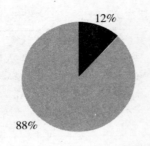

■ 未市内迁移   ■ 已市内迁移

图 7—31   迁出深圳"四上"工业企业发生过市内迁移的比例

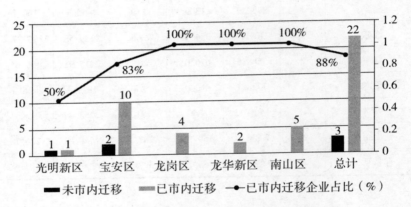

■ 未市内迁移   ■ 已市内迁移   ● 已市内迁移企业占比（%）

图 7—32   各区迁出深圳企业市内迁移占比分布

表 7—23   迁出市外企业与市内存量企业对比情况表

	迁出深圳企业	深圳市内存量企业
深圳市内迁移率（%）	88.00	44.93
企均市内迁移年龄（年）	8.00	3.05
企均市内迁移次数（次）	1.41	2.83

　　迁出深圳市企业具有较高的市内迁移率可以说明，这些迁出的
"四上"企业在迁出深圳市前，已经进行至少一次市内迁移选择的概
率较高，但由于市内迁移后企业的诸多需求仍未得到满足，故选择

迁出市外来满足企业长期或短期利益，如寻求更为廉价的用工成本、价格更低的租金等。

迁出深圳的企业的市内迁移年龄较大，一方面说明这些迁出深圳的企业成立时间较早，另一方面说明这些迁出深圳的企业在成立较晚的时间后才选择进行企业迁移。

值得注意的是，迁出企业的迁移年龄约为市内存量企业的 2 倍，但企均迁移次数只为市内存量企业的 1/2，这说明，迁出市外企业更偏向在企业发展后期进行少次迁移选择，但市内存量企业更偏向于在企业发展中期进行多次迁移选择；从迁出企业市内企均迁移次数可以看出，这些迁出企业更偏向于在第二次迁移迁离深圳市外，而市内存量企业的第二次迁移仍考虑留在深圳市内。

第四节　企业迁移类型及影响企业迁移的因素

企业迁移是企业进一步发展的需要，是战略决策的结果，企业的成功迁移往往可以获取迁入地区的优势资源，或低廉的生产要素，为企业的成长拓展新的空间。企业迁移存在着生存型迁移、机会型迁移和政策型迁移等迁移类型。

一　生存型迁移及其影响因素

生存型迁移主要是一些劳动密集型企业因为劳动力、土地、能源等生产要素制约，不得不向外寻求发展出路而做出的被动性迁移。其主要体现为企业整体迁移、生产基地迁移和在外地投资建厂等形式。

深圳生存型迁移企业省内主要迁移到粤东、粤西及粤北等省内欠发达地区，省外主要迁往广西、江西、四川、河南等欠发达地区（见图 7—33），利用其丰富的自然资源、廉价的劳动力、广阔的市场、相对宽松的环保准入以及招商引资的优惠政策等，寻求企业经营成本的降低。当原有区位劳动力和土地等生产要素成本日益上涨，竞争日趋激烈，而企业迁移成本不足以阻碍企业迁移时，很多企业会选择整体迁移，谋求继续生存和发展的空间；也有一些企业根据生产的需要选择生产基地迁移，使其更加接近原材料产地、接近劳动力供应地或接近销售市场。以全球最大的代工巨头富士康为例，据不完全统计，富士康已经在内地的 13 个城市或者城镇设立了当地的工厂和其他业务。其中位于河南郑州的鸿富锦精密电子公司在短短几年内，就以 352 亿美元的进出口总额，位居 2014 年中国对外贸易 500 强企业综合实力的前三强，而富士康深圳基地的产值则连年下降。

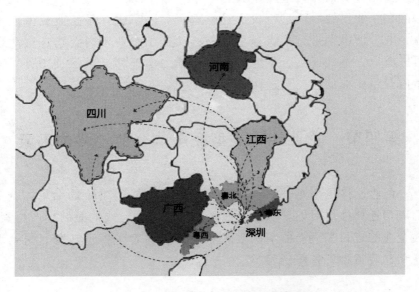

图 7—33 深圳生存型企业迁移情况

影响生存型迁移的主要因素是土地租金和劳动力成本。

首先，近年来，随着深圳工业化和城镇化进程的加速，城市建设用地不断蔓延扩张，土地紧缺自然成为深圳发展最为突出的问题，主要表现在生态景观用地与城市建设用地之间的矛盾冲突。土地资源稀缺必然带来土地价格的上涨和土地供应量的减少。企业生产规模的扩大使得用地需求上升，而深圳原关内发达地区首先无法提供充足的土地满足企业扩张需求，然后逐步向原关外迁移。近年来，企业为了扩大再生产，纷纷积极在深圳市外围寻找具有充足土地资源的产业集聚区。

其次，劳动力价格对制造业尤其是劳动密集型制造业迁移的影响较大，近年来不断上升的人工成本是导致企业迁出深圳的主要原因。目前，大陆基本工资是有计划性的调涨。现在沿海地区的用工成本越来越贵，广东用工成本已逼近台湾地区，随着人工、社保要求的提高，工厂的人工开支不断增加，很多台商纷纷选择将工厂迁移到东南亚。目前，珠三角用工成本大约是 600—650 美元，是菲律宾、印尼、越南、泰国的 2 倍以上，是湖南的 1.6 倍以上。

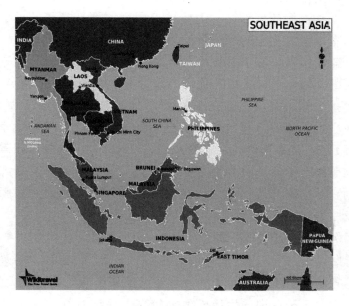

图 7—34　深圳劳动密集型企业迁移情况

此外，前几年靠近内陆的城镇劳动力成本很低，吸引了不少企业过去，但现在看来这种优势在快速递减，很多地方的工资可能和深圳差不多，在做其他方面的转型升级，比如说用机器人代替人，或者开展一些像维修苹果二手机这样的服务项目，更多地向"服务商贸"转型。

二 机会型迁移及影响因素

机会型迁移主要是一些规模型成熟企业由于现有生存空间制约了企业的发展，为了谋求新的竞争优势而做出的主动扩张性迁移。其主要体现为总部迁移、研发基地迁移、营销中心迁移等形式。机会型迁移企业主要向大城市、核心技术基地等主动聚集，利用大城市得天独厚的区位优势、产业优势、人才优势、金融优势和信息优势等谋求更好的人才、技术、信息等战略性资源。比亚迪 2008 年将研发中心从上海迁到深圳，主要是想利用深圳计算机软件、机电产品、汽车电子为主导的产业及配套优势。

总部迁移意味着企业核心的外移，必然要求企业总部迁入地拥有便利的交通和通信条件、优秀的人力资本以及良好的商务环境等，这恰恰是大都市具有的优势，目前总部迁移具有逐渐增强的趋势。而企业研发基地的迁移则是为了更加接近科研机构（如大学、科研院所等），更容易获得高素质的人才等。北京、上海及广州等大城市具有优越的产学研环境和人才集聚优势，这无疑为企业新产品的研发和创新活动的开展提供了优良的科技和智力资源。例如腾讯将微信开发中心定在广州。

案例 华为迁往松山湖

长期以来，"华为迁址"的传言始终不断。一方面，劳动力、原材料等各项环节价格开始上涨，导致近年来华为经受相当大的压力。另一方面，由于深圳的生活成本等较高，深圳对众多高级劳动力包括应届大学生等在内的吸引力已经逐渐减弱。在这样的情况下，华为陆续将部分研发部门转移，尤其是北京、上海等研发人员聚集、科研机构和大学众多的城市。松山湖和坂田（龙岗）就华为所反映出来的问题，也许就是深圳城市瓶颈所在。作为改革开放的前沿，从刚开始的狂飙突进式发展，到现今出现土地、空间、资源、环境方面的瓶颈，这就是深圳的"四个难以为继"。

1998 年，华为在坂田片区圈下 1.3 平方公里土地，建设总部基地，准备将总部从南山迁至于此。那时坂田尚在布吉辖区内，偏安于深圳原关外，"荒地"一望无际，那时的华为也远不如现在这般赫赫有名。如今，15 年过去了，华为已经成为一家世界级跨国企业，目光早已遍及全球，其在坂田的总部每年都会接待众多来自国内外的客户，而坂田片区虽然名称改为了"街道"，但仍以城中村握手楼和工业厂房为主，处于半城半乡状态——在华为快速成长为一家国际化企业的同时，它所在的城市片区却并没有成为国际化城区，多年来停滞不前，只是重复着"握手楼"和"盒子厂房"，没有一家像样的医院、没有文体中心，甚至连餐饮配套都缺乏。深圳不但应该有最好的创业环境，也应该有国内最好的全球商务环境。但近年来的实践似乎表明，华为片区的城区环境、商务环境的营造并无大的进步。华为周边的综合环境是华为考虑迁移的重要因素。

华为跨区域发展是必然的，深圳要做的是学会如何让创业成功并已做成的企业，能够继续在深圳获得更大的发展；如何让做大到像华为这样的企业，需要整合全球资源的企业，能够继续对深圳有所依赖；深圳如何提升自己的全球商务运筹环境和服务水平，包括政府效率和法治水平、整体外语能力和生活环境等，让那些不看重土地、税收等优惠政策，但看重城市的全球商务环境的企业，能够对深圳满意并产生依赖感。

三 政策型迁移及影响因素

政策型迁移主要是一些污染严重、资源浪费以及那些与区域经济发展不相协调的企业受地方产业转移、环境治理政策以及其他区域政策的影响而被迫选择迁移。

因政策优惠而选择政策追逐型迁移。如倍思电子（深圳）有限公司，生产、经营计算机及电信产品的数据通信线及其组件、以太网线、电脑宽带线、跳线、通信光纤、光伏发电板及其组件，因为江西政府承诺政策优惠而于 2014 年从深圳迁往江西；思恩腾生物科技集团是致力于女性健康项目开发研究与推广的医药企业，2013 年与桑海开发区签约，享受当地政府的政策优惠，"HPV 项目及中药深加工项目"正式入驻桑海开发区，并逐步将其深圳、澳门、南昌的工厂整合归拢，全部转移至桑海，后期该企业的销售总部也将转移至桑海。

欧美的贸易保护政策也会倒逼企业转移。目前，欧洲和日本对缅甸进口的鞋子有免税政策，越南本身享受一些最惠国待遇，对于欧洲的客户，企业税收上可以减少三四个点。由此，许多企业已搬迁到东南亚等地方。

第五节　企业迁移对政府统计工作的影响

一　对政府统计日常工作的影响

（一）对基本单位名录库维护的影响

基本单位统计是一项基础的统计工作，基本单位作为国民经济的构成细胞，既是经济管理的基本单位，也是统计调查的基本单位。它是各项统计调查的字典库和抽样框。因此，做好基本单位名录库维护工作对于统计工作大局非常重要。基本单位信息库的维护包括单位名称、地址、联系信息、行业等各方面的信息，实时动态的基本单位库应该能够反映企业迁移的信息，但是统计部门由于队伍力量的局限，加上大部分企业迁移后不主动注销原企业的登记信息，市场监管部门一般在企业不年检或未提交年报信息的若干年后才吊销企业执照，统计和市场监督管理部门均难以对单位及时进行跟踪核实，难以及时掌握企业的迁移情况。再者，大量企业以功能性迁移为主，对维护基本单位库造成信息干扰，容易让基本单位库管理人员混淆功能性迁移和整体性迁移，导致漏统。如淑女屋，公司总部在南山区，生产地在龙华新区，2011 年归属龙华新区统计部门统计，2012 年后企业工厂外迁，当年不再纳入规模以上工业企业统计，但是企业并非整体搬迁，而是转型为商贸型企业，这些信息没有得到及时跟踪，导致南山区的总部企业 2012—2013 年没有纳入一套表统计，2014 年，第三次全国经济普查后，才被发现纳入南山区统计。

（二）对统计归属地管理的影响

对于整体迁移的企业，迁移后统计归属地发生变化，统计管理部门应相应调整，但是由于一套表均是网上直报，部分企业迁移后，由于不了解有关政策，或出于各种原因没有及时联系迁入地的统计管理部门，调整统计管理方，导致统计数据与所属地区不吻合。

对于功能性迁移的企业，迁出功能性部门后，原址继续保留部分经营部门，但是均是隶属同一个法人，此种情况下，各地的功能性部门一般不单独核算，根据一套表有关制度，不单独统计各个功能性部门，如企业仅迁移生产部门，企业原址单位转变为总部，根据目前的统计制度，统计的归属地尚不明确，现实情况是既存在由法人所在地统计部门统计的情况，也存在由生产部门所在地统计的情况。如某服装企业，法人所在地是福田区，总部设在福田，工厂在龙岗区，该企业一直由龙岗进行统计。又如某电子企业，法人所在地是南山区，生产所在地是坪山新区，但是一直由南山区统计部门进行统计。2010年后，深圳市企业迁移数量增加，大部分企业属于功能性迁移，给统计归属地管理带来较大的挑战。

（三）对统计核算的影响

根据国家一套表统计制度，较大规模的企业纳入重点统计，定期提交统计数据，这些企业简称"四上"企业，经济整体增长情况主要根据"四上"企业增速计算得出，如规模以上工业企业增速，根据在统的规模以上工业企业同比增长情况确定规模以上工业增加值增速，这忽略了企业迁移的因素，如企业迁离深圳市，在次年被剔除出一套表统计，计算地区的工业增加值增速时，没有计算其基数，导致工业增加值基数被低估，增速高估。相反，如企业迁入深圳市，上年同期的基数被带入，导致统计数据的基数高估，增长速度被低估。对于迁离深圳市的企业如此，对于市内各区之间迁移的企业也是如此，深圳市的企业迁移方向总体是原关内到原关外，目前的统计制度会低估原关外地区的增长速度，高估原关内地区的增速。

（四）对统计数据准确性的影响

简单的法人统计原则不反映企业迁移后多产业活动单位的现实。企业发生功能性迁移后，一个法人经营地跨两个或两个以上地区，但统计一般以法人为原则进行，一般选择一个地区进行统计。如华为，从南山区迁移至龙岗区，统计归属地在龙岗区，但是由于功能性部门仍在南山区，两区之间一直存在统计数据切分的问题，这种切分认为主观性较强，缺乏足够的依据支撑，企业自身也难以准确区分各个地区的创造的增加值。深圳市近年来有大量企业发生功能性迁移，在区与区之间，存在前店后厂的情况，这些跨区经营的统计数据划归任何一个区均不科学，导致数据不准确，但是在各区之间进行划分也存在核算的困难。近年来，随着企业加速向深圳市外围地区迁移，甚至把生产地迁移到惠州、河源等地，但是深圳总部基地保留，依然对所属分部进行全面统计，干扰了统计数据的准确性，这也是统计数据与其他部门数据存在差异的一个重要原因。

关联交易干扰数据准确性。部分企业产能迁移后，在迁入地成立关联企业形式开展运作，该企业是和在深企业发生大量关联交易，关联交易的定价直接关系到企业的增加值及税收。如某上市公司，在苏州昆山成立了子公司，与深圳母公司发生大量关联交易，在增加值和税收上存人为调节的因素，母公司和子公司近年的增加值有跷跷板的变动轨迹，在深公司的数据无法如实反映其真实经营情况。类似关联交易发生于大量产能迁移企业特别是大企业，对统计数据造成人为的干扰。市内迁移企业也发生类似行为，如福田区某生物制药企业，生产部门迁移到大鹏新区，由于医药管理有产销必须分开的规定，因此大鹏新区的生产部门以子公司形式存在，但是福田母公司一直视坪山新区的子公司为成本部门，导致该企业只亏不赚，且不产生任何税收，不符合企业生产的实际情况，也导致地区税源流失。在地方管理部门的协调下，该企业调整了关联交易的价格，才能确保经营成果在统计核算和税收方面得到体现。

关联交易导致统计数据失真较多发生于外向型的港资企业，20世纪80年代，大量港资企业把生产部门迁移到深圳，销售部门继续保留在香港，在深港企生产的产品一般销售给香港关联公司，关联交易的价格偏低，使港企长期处于假亏损的状态，人为造成增加值偏低。

（五）对统计分类的影响

企业发生功能性迁移后，企业的经营性质将发生变化，企业的分类应相应调整，比如企业迁移生产部门后，转变为研发及零售为主的企业，应归入第三产业，但是由于统计管理部门力量有限，较难掌握隐蔽性强的功能性迁移情况，加上企业不了解有关统计制度，继续按照工业企业填报报表，导致第二产业数据虚高。目前，深圳市向第三产业转型的制造业企业增多，不仅是原特区内，包括原特区外如大鹏新区，大量企业迁走了生产部门，转型从事检测和销售管理，如不及时进行分类调整，会影响统计数据分类的准确性。

（六）对统计解读的影响

如果企业的全部经营活动均在深圳发生，根据统计部门采集的数据可判断企业的经营状况，但是企业发生产能迁移后，判断企业的经营情况困难增加。如某玩具企业，生产车间有 2 个，把一个生产车间迁移至湖南，另外成立了一家兄弟公司，从深圳生产数据看，该企业近年来表现较差，但是位于湖南的关联企业增长较快，仅依据采集该公司深圳基地的数据判断公司的发展情况变得不准确。近年来，深圳大量企业发生产能外迁，如富士康，大部分产能迁移到河南省，深圳的生产处于大幅度萎缩态势，但是集团的业务整体稳中有升；如雄韬电源，部分产能转移到越南和湖北，集团经济总产出处于上升通道，但是深圳工厂统计的数据是下降的趋势。可见，统计部门根据采集的统计数据来进行统计分析，判断企业集团发展情况或行业发展现状，提出相关政策建议会产生一定的偏误，降低了统计解读的准确性。

二　相关建议

（一）积极应对企业迁移行为对政府统计工作的影响

坚持标本兼治，长远看，根据政府层次的事权划分演变情况，逐步取消较低层级区域的核算，淡化对街道及区层级的经济核算，解决因企业迁移带来的跨区统计核算问题。随着交通网络的完善，区域间经济活动迅速增加，深莞惠一小时经济圈初步形成。加上互联网渗透到经济活动的各个领域，为企业跨地区开展经营活动提供了技术支持，使物理边界变得模糊，经济的功能部门可以在更大的范围内进行部署。根据目前的工商税收有关办法，通常情况是，企业在一个县市内经营，通常是一个法人下面一个或多个无法独立核算的产业活动单位，跨县市经营的，较多企业设立法人企业开展经营活动。可见，在县区内分别核算企业的经济产出难度越来越大，建议从长远看，根据各区的事权调整，如果能够逐步把经济管理职能集中在市级层面，区级政府侧重点在于社会管理，那么对区经济核算的必要性将下降。街道办的职能演变就是如此。目前，大部分区的街道不再具备经济管理职能，也没有对街道进行独立经济核算。

从短期看，对企业迁移带来的各种统计问题采取有效措施，确保统计数据如实准确反映地区经济发展成果。一是统计归属地管理问题。对于后跨区经营的企业，建立具有可操作性的标准，确定统计归属地。对于管理和生产分开的企业，以员工数量为标准，可按二八原则，确定统计归属地，即如果某区从业人员占比超过80%，企业的经营成果应全部纳入该区核算。否则，以此从业人员数为依据，按比例进行区域划分。考虑到企业量较多，建议年销售收入超过10亿元的企业，按此原则进行核算。二是统计人员力量配置时向基层倾斜。建立企业巡查制度，抽查一定量的企业，定期进行巡查，掌握企业的迁移情况。三是统计核算问题。目前的统计制度下，企业迁移后，基数跟随企业的处理方法不能如实反映地区经济情况，建议改革统计制度，核算地区经济增长速度时，迁入企业的基数不应该带入，迁走的企业基数不应带出。四是统计数据准确性问题。对于生产部门迁离深圳市，但是外地的经营成果又纳入深圳核算的单位，可以通过与社保单位的从业人员数进行比对，发现此类企业，并协调企业按照在地原则进行统计。五是统计分类问题。对于企业功能性迁移，经营性质发生变化的，通过加强日常统计监测，及时进行分类调整。六是统计分析和解读的问题。进行统计数据分析时，考虑企业迁移的因素，结合企业迁移的情况进行分析，保证结论的准确性。

（二）及时、全面对企业迁移行为进行统计监测

1. 统计监测企业的迁移行为对于掌握地区经济情况及趋势具有重要意义

从世界经济近代史看，地区发展离不开产业的转移，产业转移的实现形式是企业迁移，可见，企业迁移对于解读经济的重要意义。

近年来，珠三角制造业区域整合加快，产业集聚、梯度转移是企业迁移的主线。如占深圳市场份额一半以上的安兴纸业，把复印纸生产车间迁移到江门新会银洲湖纸业基地，这里汇集维达、中顺洁柔、华泰、亚太等，相比之下，深圳缺乏原材料和纸业企业集聚的优势，但是有临近市场的优势，对深圳而言，外向型、销售功能型、总部型特征的企业在增多，也是企业转型的方向。安兴纸业的总部及销售部门留在深圳，新会生产基地以子公司形式运作。可见，掌握了企业的迁移信息，就掌握了产业变化的节奏。

2. 目前的监测方法及困难

现有统计制度难以有效监测企业的迁移情况，主要原因是企业迁移以部分迁移为主。企业迁移属于一种自主性行为，统计管理机构对于企业迁移情况的跟踪具有较强的被动性。一般而言，发现企业发生迁移的手段有三个，一是企业人员主动与基层统计部门联系，告知搬迁情况，并提交企业搬迁说明，由统计人员确认情况属实后，在基本单位库里进行迁出或注销操作。此类情况主要包括"四上"企业，需要报送定期报表、联系较为密切的单位。"四上"企业占企业总量的比例较小，部分"四上"企业迁移没有及时进行沟通导致不掌握其迁移信息，此外，产能迁移的企业无法掌握其信息。二是基本单位库系统审核拦截功能提示。迁移企业在迁入地正常经营后，出于经营需要到政府部门办理登记或审批业务时，须在基层统计部门进行法人单位基本情况登记。如该企业未办理基本单位库企业信息迁出或注销，而直接办理企业信息备案登记，系统将自动弹出"企业信息重复"字样的提示。此时迁入地的统计人员必须向迁出地的统计部门反馈情况，待迁出地的迁出或注销业务办理完毕，迁入地的迁入或登记业务方可成功办理。这种通过等待反馈发现企业迁移的方法，具有一定的滞后性，适用对象也仅限于有一定规模的企业单位，且对于产能迁移企业也无法监控。三是实地走访。对于大部分的中小企业迁移统计监测，实地走访是目前最准确可靠的方法，确认以后直接在基本单位库管理系统办理企业信息注销即可。此方法可掌握各类企业迁移情况，但是消耗的人力、物力较多。

3. 监测建议

探索建立企业迁移的统计监测制度和方法，有效统计监测企业的迁移行为。

一是利用基层网格化或大综管等系统信息，进行基本单位库维护。深圳是国内较早开展大综管实践的城市，通过整合基层政府的多个部门的力量，统一开展信息采集和管理工作，有效缓解人力不足问题，提升了工作效率，减少了重复劳动。这种管理模式对于统计基础工作的意义非常重大，在各区的经济普查及龙岗区的企业发展调查中，通过利用街道办的综合管治力量，可以迅速完成企业现场信息的采集工作。企业迁移一般分为整体迁移或功能迁移，信息较为简易，无须经过专业的训练即可采集，具有较强的可操作性。

二是整合各个部门的信息，建立一个完整的数据库，为监测企业迁移情况提供支持。迁移企业无论是整体迁移还是部分迁移，均具有独有的特征，如整体迁移企业虽然不一定及时注销，但是购买的员工社会保险一定会停止，部分迁移企业人数会发生下降，通过整合、分析这些部门的数据信息，可以为有效监测、评估企业迁移情况提供依据。

三是在监测好企业迁移情况的基础上，加强对企业迁移行为的研究。定期比较地区或园区的企业迁移前后的经济产出情况，评估企业迁移对于地区经济发展额成效，以便更好地提供统计咨询和监督服务。此外还包括迁移后的监测，比如迁移企业的固定资产投资监测，大部分迁移企业在迁移过程中伴随着较大规模的固定资产投资，这为统计社会投资提供了线索。

第六节　怀疑迁出模型

通过对企业走访经验的积累可以发现，迁出深圳市的企业在营业收入指标及从业人数指标上，均在迁移年前后出现骤降的特征，故可通过相关模型，计算出这两个指标的下降阈值，来定位怀疑企业是否具有迁出深圳市的行为以及目的。从而对迁出深圳市企业的跟踪，以及后续分析提供便利。

研究对象："四上"企业中的工业企业。

研究目标：设定筛选条件对"四上"工业企业中的迁出深圳企业进行定位。

一　下限阈值的设定

对下限阈值的设定目的是过滤掉低质量企业的噪声影响。

定义：营收下限 2000（万元）

　　　　人数下限 100（人）

通过下限筛选后的数据集合保留了 94.89% 的营收信息，以及 75.01% 的企业数量信息（见表 7—24），因此通过分析筛选后的数据集合在企业营收及企业数量两个维度上具有代表性。

表 7—24　　　　　　　　　　下限阈值设定表

总"四上"工业企业营收（亿元）	31068.7	筛选后营收占比
下限筛选后工业企业营收（亿元）	29481.3	94.89%
总"四上"工业企业数（家）	8188	筛选后数量占比
下限筛选后工业企业存量（家）	6142	75.01%

二　营收及人数下降比例对企业迁出深圳市外关联的敏度分析

本部分为确定营收指标与人数指标下降比例，定位迁出深圳市外企业。

精度上，营业收入及人数指标的下降幅度与所定位的企业集合中迁出深圳市企业的命中率是正相关的，即当营业收入与人数未下降或增长时所定位企业集合中迁出深圳市企业的命中率最差，当营业收入与人数下降 100% 时命中率最高。

由于精度上当营业收入与人数下降 100% 时命中率最高，但广度上该集合所涵盖的迁出企业最少，因此通过敏度分析的方法来保证精度不变的同时，提高广度上的覆盖。

定义重点怀疑企业集合为：营业收入与人数下降 100% 时的存量

企业。原理图如图 7—35 所示。

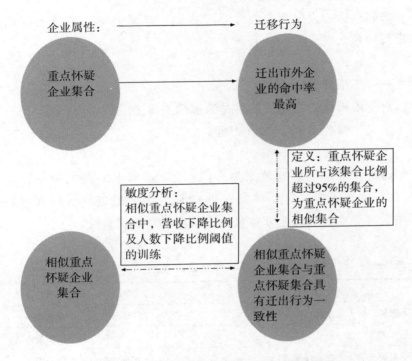

图 7—35　营收及人数下降比例对企业迁出深圳市
外关联的敏度分析原理图

以各指标每 20% 的下降幅度调整企业集合，最终找到当营收与
人数指标均下降 60% 的时候，所找到的相似集合在营收与人数指标
的敏度最大，即找到筛选怀疑的迁出企业阈值为营收下降 60%，人
数下降 60%（见表 7—25）。

表 7—25　　　　营业收入下降、人数下降敏度分析表

单位：%

人数下降 营收下降	20	40	60	80	100
20	64.51	79.51	90.73	97.44	99.81

人数下降 营收下降	20	40	60	80	100
40	75.73	84.35	91.98	97.71	99.81
60	88.40	91.98	95.18	98.70	99.81
80	96.30	96.91	97.89	98.98	99.91
100	99.72	99.81	99.91	100.00	100.00

第八章

深圳市 iGDP 相关统计指标
核算及其分析

第一节　深圳互联网发展现状

深圳是全国"互联网"普及程度最高的城市之一，无线宽带网络覆盖率达 88.9%，家庭宽带普及率达 84.3%，网民数量达到 819 万人。深圳的移动互联网发展程度领先全国，建成 4G 基站超过 1 万个，是全国 4G 网络覆盖密度最大的城市；4G 用户超过 130 万户。此外，深圳是全球重要的电子信息产业基地，培育了华为、中兴等全球领先的 ICT 企业，拥有完整的智能终端产业链，全球 70% 的智能终端产自深圳。

良好的基础设施、硬件支持和较高的互联网普及率使深圳成为互联网产业发展的沃土。在互联网内容服务方面，腾讯、迅雷等一大批深圳本土培育的企业为超过 8 亿来自世界各地的用户提供服务；电子商务方面，深圳 2014 年电子商务交易额突破 1.5 万亿元，同比增长 58.43%，稳居国家第一梯队。

深圳成熟的互联网产业环境催生了各种"互联网+"的新兴业态。其中，互联网金融发展尤为迅猛，全国第一家"纯网络银行"微众银行已在深圳诞生并发放首笔贷款。第三方支付、P2P 网贷平台、众筹等模式更是层出不穷，交投活跃：深圳第三方支付平台的年交易额超过 2.7 万亿元，占全国规模 50% 以上；P2P、众筹等融资平台累计交易额达 300 亿元，占全国规模近 30%。深圳的 O2O 发展水平亦位居全国前列，超越上海，排名第三，本地生活性服务业的互联网化程度较高。

第二节 iGDP 核算情况

一 麦肯锡的核算方法

麦肯锡全球研究院使用支出法对 13 个国家的 iGDP 指数进行计算，此计算方式涵盖以下四个要素：

个人消费：指个人消费者通过互联网购买商品和服务，或访问互联网过程中产生的各类消费，即个人在电子商务平台、宽带、移动互联网、线上/线下购买软硬件、电子设备和智能手机等的消费总额。

公共支出：政府在互联网消费和投资上的支出，包括软件、硬件、服务和基础电信服务等。

商业投资：企业在互联网相关技术上的投资，包括基础电信服务、外联网、内联网、网站建设等。

贸易余额：一国在与互联网相关的商品、服务、设备以及在 B2C、B2B 电子商务上出口和进口的差额。

在上述要素的计算中，采用了以下假设及方法：

（1）涉及电子设备（电脑及智能手机）方面的计算，按使用电子设备上网的时间/使用电子设备的整体时间折算其互联网相关的价值。

（2）通过互联网销售的商品及服务按销售全价计算。即便某些网上交易可以不通过互联网发生，但通过网上实现的交易依然表现了互联网在销售过程中的重要性。

（3）个人消费中的移动互联网和固定宽带消费全部纳入计算。

（4）使用自下而上分析法计算企业投资和贸易差额中信息通信产品和服务价值。以麦肯锡 2009 年的科技、媒体和通信数据库的亚类（即软件、硬件、服务及基础电信服务）为基础，分析其互联网相关程度（软件和服务的互联网相关程度为 70%，硬件和电信服务的互联网相关程度为 40%）。

根据上述方法，麦肯锡测算了 13 个主要经济体的 iGDP 指数，其中，2009 年中国的 iGDP 指数为 2.6%，2013 年则增长至 4.4%，增幅达 33.3%；排名则从 2009 年的第 10 位升至 2013 年的第 5 位，超过除英国以外的 G8 国家。从结构上来看，互联网相关的贸易顺差是拉动 2009 年中国 iGDP 的主要动力，其余要素对中国 iGDP 的影响程度较低，与中国情况相似的还有印度；其余国家的 iGDP 则主要由个人消费拉动。

但伴随着中国互联网普及率进一步提升，企业对互联网相关技术的投资热情高涨，中国的互联网经济得到了长足的发展。2014 年 11 月在中国召开的首届世界互联网大会更是吸引了众多世界知名互联网领军人物参加，李克强总理亦拨冗与参会代表座谈，并在座谈中表示，互联网可以成为中国经济发展的新发动机，因此要全力支持互联网发展，尤其是电子商务的发展，再次引发各界对互联网经济的关注。

二 深圳市 iGDP 及其核算定义

麦肯锡的研究展示了互联网对经济的贡献，但并未对 iGDP 进行具体定义。借鉴麦肯锡的研究成果，课题组提出了 iGDP 的定义：为实现互联互通提供相关产品和服务的企业增加值，用于衡量互联网经济对深圳 GDP 的影响；iGDP 指数是指 iGDP 占 GDP 的比重。

由于麦肯锡采用的支出法不适合地区核算，课题组从深圳的实际情况出发，采用收入法进行核算，核算的要素包括企业的固定资产折旧、劳动者报酬、生产税净额及营业盈余。同时结合中国互联网产业链的实况，将深圳互联网企业划分为基础设施服务商、资源型服务商、专业化服务商以及互联网内容提供商四大类。

（一）基础设施服务商

建设互联网基础设施、生产互联网相关的基础软硬件及制造互联网终端设备，具体包括互联网基础硬件的生产制造，基础设施软件研发，及手机、台式电脑、平板电脑及网络电视等终端设备的生产。

（二）资源型服务商

资源型服务商即基础电信运营商，如中国电信、中国联通、中国移动及其他宽带运营商等，拥有通信网络以及国际通信信道出口，依托自身网络资源的优势，向客户出售或出租电信资源。

（三）专业化服务商

通过自身掌握特定关键技术，为内容提供商提供网络系统支持、网络管理优化、应用系统解决方案、云服务大数据等专业性服务。

（四）互联网内容提供商

通过互联网向网络用户提供服务，主要分为五种类型：一是门户网站的网页分发；二是视、音频媒体网站的流媒体分发；三是网络游戏网站的游戏客户端下载及内容更新；四是在线软件更新，如系统软件升级、病毒库更新；五是电子商务网站的交易平台服务。

深圳 iGDP 核算过程是针对基础设施服务商、资源型服务商、专业化服务商、互联网内容提供商这四类企业与互联网经济相关的增加值进行核算，最后汇总得出。

三　深圳 iGDP 总量情况

2014 年，深圳与 iGDP 相关的互联网企业为 5759 家，其中规模以上企业 464 家，规模以下企业 5295 家。2014 年，深圳 iGDP 为2976.84 亿元，同比增长 17.39%，深圳的 iGDP 指数为 18.61%。

（一）规模以上企业数量情况

2012—2014 年，深圳规模以上互联网企业分别有 273 家、362家和 464 家，年均新增 90 多家（见表 8—1）。

表 8—1　　　　　　　　规模以上互联网企业数量

单位：家

年份	基础设施服务商	资源型服务商	专业化服务商	互联网内容提供商	合计
2014	273	15	72	104	464
2013	208	15	57	82	362
2012	144	14	48	67	273

分类来看，基础设施服务商规模以上企业数量最多，增长也最快，2013 年底达到 273 家，同比增长 31.25%，占 59%；内容提供商的企业数量和增长率随后，2013 年底有 104 家，同比增长 26.83%，占 22%；专业服务商的企业数量和增长率排第三位，企业数量占 16%；资源服务商企业数存量最少，增长速度最低，比例仅占 3%（见图 8—1）。

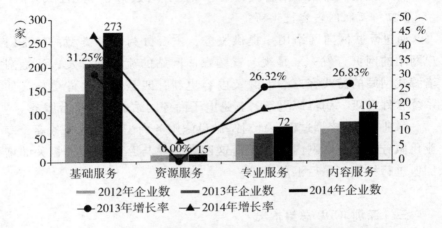

图 8—1　深圳规模以上互联网服务商企业数量增长情况

（二）深圳 iGDP 情况

2014 年，深圳 iGDP 为 2976.85 亿元，同比增长 17.39%（见表 8—2）。从 iGDP 构成看，基础服务类企业（包括规模以上和规模以下企业，下同）计入 iGDP 增加值占比最大，2014 年计入 iGDP 增加值为 2359.45 亿元，同比增长 13.43%，占比达到 79.26%；内容服务类企业计入 iGDP 增加值 439.72 亿元，增速最快，同比增长 42.44%（见图 8—2），占比为 14.77%；资源服务类增加值和专业服务类企业计入 iGDP 增加值数额较小，分别为 91.47 亿元和 86.21 亿元，同比增长均为 20% 多，占比都在 3% 左右（见图 8—3）。

表 8—2　　　　　深圳互联网企业计入 iGDP 增加值分布情况

单位：亿元

年份	基础服务商	资源服务商	专业服务商	内容服务商	合计
2014	2359.45	91.47	86.21	439.72	2976.85
2013	2080.12	75.32	71.78	308.70	2535.92
2012	1687.04	69.97	54.54	257.66	2069.21

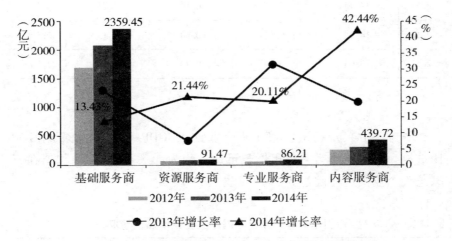

图 8—2　不同服务商计入 iGDP 增加值增长情况

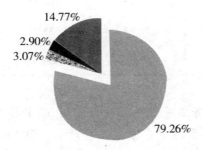

图 8—3　深圳 2014 年 iGDP 构成情况

（三）深圳 iGDP 指数

2012—2014 年，深圳的 iGDP 指数分别为 15.98%、17.50% 和 18.61%（见表 8—3）。

表 8—3　　　　　　　　深圳 iGDP 指数分布情况

单位：%

年份	基础服务商	资源服务商	专业服务商	内容服务商	合计
2014	14.75	0.57	0.54	2.75	18.61
2013	14.35	0.52	0.50	2.13	17.50
2012	13.03	0.54	0.42	1.99	15.98

（四）龙头企业情况

华为、中兴及腾讯三家龙头企业计入 iGDP 增加值占深圳 iGDP 比重较大，其中华为、腾讯增长迅速，华为计入 iGDP 的增加值在三家龙头企业中占比超过 50%（见表 8—4）。

表 8—4　　　　深圳华为等三家互联网龙头企业增加值情况

年份	龙头企业（亿元）	龙头企业占比（%）	其他企业（亿元）	其他企业占比（%）
2014	2075.50	69.72	901.34	30.28
2013	1850.35	72.97	685.57	27.03
2012	1432.58	69.23	636.63	30.77

（五）剔除华为等三家龙头企业后深圳 iGDP 情况分析

剔除华为、中兴和腾讯三家龙头企业后，2014 年深圳的基础服务商企业计入 iGDP 增加值数额最大为 516.71 亿元，内容服务商排第二位，达 206.96 亿元，资源服务和专业服务数额相对偏小（见表 8—5）。从增速看，各类互联网服务商均有较高的增速。

表 8—5　剔除华为等三家龙头企业后深圳互联网企业增加值情况

单位：亿元

年份	基础服务商	资源服务商	专业服务商	内容服务商	合计
2014	516.71	91.47	86.21	206.96	901.35
2013	416.95	75.32	71.78	121.51	635.56
2012	424.09	69.97	54.54	88.04	636.64

　　剔除三家龙头企业后，深圳 iGDP 指数 2012 年为 4.91%，2013 年为 4.74%，2014 年为 5.63%（见表 8—6）。

表 8—6　剔除华为等三家龙头企业后深圳互联网企业增加值占 GDP 比重

单位：%

年份	基础服务商	资源服务商	专业服务商	内容服务商	合计
2014	3.23	0.57	0.54	1.29	5.63
2013	2.88	0.52	0.50	0.84	4.74
2012	3.27	0.54	0.42	0.68	4.91

　　从结构来看，基础设施服务商依旧是占比最大的，达 57.33%；内容服务商随后，达 22.96%；资源服务商占比为 10.15%；专业服务商占比为 9.56%（见图 8—4）。

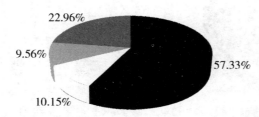

22.96%
9.56%
57.33%
10.15%

■基础服务商 □资源服务商 ▨专业服务商 ■内容服务商

图 8—4　剔除华为等三家龙头企业各服务商增加值占比

四 按服务商类别细分 iGDP 情况

（一）基础设施服务商

2014 年，基础设施服务商企业共 2842 家，其中规模以上企业273 家，规模以下企业 2569 家；计入 iGDP 的企业增加值为 2359.45亿元。

1. 规模以上企业数量

2012 年，规模以上基础设施服务商企业共有 144 家，2013 年突破 200 家达 208 家，2014 年达 273 家（根据 CNNIC 的报告，电视终端于 2014 年首次统计上网率数据，所以电视终端从 2014 年开始纳入 iGDP 统计），如表 8—7 所示。

表 8—7　　　　　　　基础网络及终端设备提供商企业数量

单位：家

年份	基础网络	手机	台式电脑	平板电脑	电视	合计
2014	115	96	15	27	20	273
2013	102	72	13	21	—	208
2012	83	44	10	7	—	144

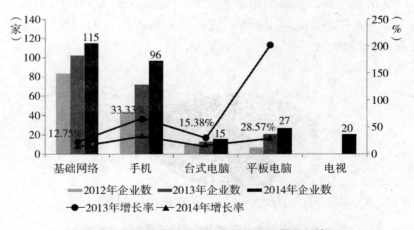

图 8—5　基础网络及终端设备提供商数量增长情况

　　基础网络和手机制造企业数量较多，截至 2014 年规模以上企业共有 115 家基础网络企业，96 家手机制造商。手机生产制造商数量和平板电脑生产商企业数量增长最快，基础网络设备制造企业增长和台式电脑制造企业数量增长较慢（见图 8—5）。相比 2013 年，2014 年各类基础设施服务商企业数量增速有所放缓。

　　截至 2014 年，规模以上企业中，基础网络设备制造企业数量占 42%，手机生产企业数量占 35%，平板电脑生产商占 10%，台式电脑生产商占 5%，电视制造商占 7%。

　　2. 计入 iGDP 企业增加值

　　基础设施服务商计入 iGDP 的企业增加值逐年增长，2012 年基础服务商计入 iGDP 的企业增加值为 1687.05 亿元，2013 年为 2080.11 亿元，2014 年达 2359.45 亿元（见表 8—8）。

表 8—8　　　　　　　　　　基础服务商企业增加值

单位：亿元

年份	基础设施	手机	台式电脑	平板电脑	电视	合计
2014	1544.81	745.87	27.96	18.24	22.57	2359.45
2013	1418.8	627.01	22.81	11.49	——	2080.11
2012	1076.32	561.24	30.83	18.66	——	1687.05

　　基础网络和手机生产制造商企业增加值数额较大，2014 年基础设施软硬件制造企业增加值为 1544.81 亿元，手机生产商企业增加值为 745.87 亿元，其他的数额相对较少（见图 8—6）。基础设施软硬件制造企业和手机生产制造商企业增加值稳步增长，台式电脑企业和平板电脑企业增加值年平均增长缓慢，台式电脑年平均增长率为负。

　　截至 2014 年，基础设施软硬件制造商的企业增加值占 65.47%，手机制造企业的增加值占 31.61%，其他的企业增加值占比相对很小。

图8—6　基础服务商企业计入 iGDP 增加值增长情况

3. 华为等龙头企业情况

华为、中兴两家龙头企业的基础网络部分的企业增加值占深圳基础网络增加值的90%左右，其中2013年占比最高，为91.06%，2012年占比稍低，为89.34%，2014年占比为90.65%（见图8—7）。其中华为基础网络部分企业的增加值在全市比例的占比中超过50%。

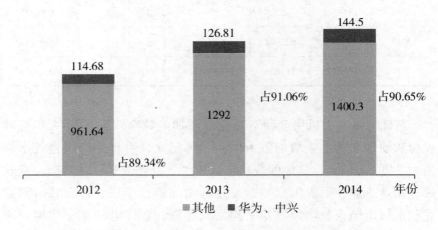

图8—7　华为、中兴基础网络计入 iGDP 增加值与全市情况比较

在手机终端的制造生产上，华为和中兴在全市的占比逐年上升，由2012年的53.69%上升到2014年的59.32%，接近六成（见图

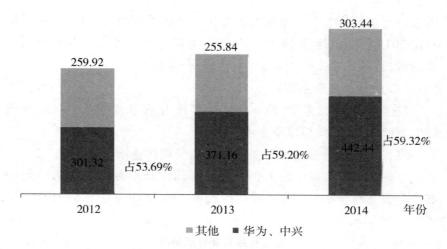

图 8—8　华为、中兴手机部分增加值与全市情况比较

8—8）。2012—2014 年间，中兴的占比则逐年下降，而华为的上升较快，2014 年华为的手机终端企业增加值首次超过了中兴的企业增加值。

基础网络和终端提供商中，华为的增长非常迅速，远远超出同行平均水平，而中兴则增长相对缓慢。

（二）资源型服务商

资源型服务商企业全部是规模以上企业，企业的数量变化不大，企业的增加值在 2014 年出现比较大的增长，增长率达 21.44%（见表 8—9）。

表 8—9　　　　　　　　　资源型服务商相关情况

年份	企业数（家）	增长率（%）	增加值（亿元）	增长率（%）
2014	15	0.00	91.47	21.44
2013	15	7.14	75.32	7.65
2012	14	——	69.97	——

资源型服务商一般企业规模较大，涉及准入及投资门槛等方面

因素，所以数量上没有出现太大变化。企业增加值的增长率 2014 年相比 2013 年高出接近 14 个百分点，主要得益于各大运营商数据业务的增长。

（三）专业化服务商

截至 2014 年，全市共有 1172 家专业化服务商企业，其中规模以上企业 72 家，规模以下企业 1100 家。

（1）专业服务商企业数量和增加值呈现快速增长势头。

专业化服务商规模以上企业数量年均增长率在 22% 左右；而全部专业服务商企业增加值的年均增长率超过 25%（见表 8—10）。

8—10 专业化服务商发展情况

年份	规模以上企业数（家）	增长率（%）	增加值（亿元）	增长率（%）
2014	72	26.32	86.21	20.10
2013	57	18.75	71.78	31.61
2012	48	—	54.54	—

（2）应用解决方案类规模以上企业数量增长最快，且数量最多（见表 8—11 和图 8—9）。

表 8—11 专业化服务商细分行业规模以上企业数量情况

单位：家

年份	网络系统支持	网络系统管理优化	应用解决方案	云服务大数据	合计
2014	14	15	30	13	72
2013	11	13	22	11	57
2012	11	12	16	9	48

应用解决方案类规模以上企业数量最多，增长最快；网络系统支持、网络系统管理优化及云服务大数据企业则数量相当；而云服

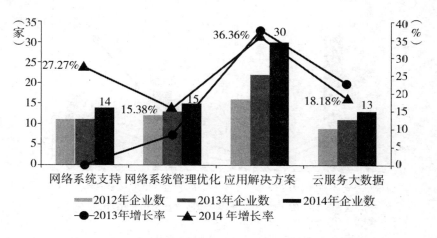

图 8—9　专业化服务商细分行业规模以上企业数量情况

务和网络系统支持年均增长率增长较快；网络系统管理优化数量增长最慢。

（3）云服务大数据类企业增加值增长最快。

专业服务类企业中，网络系统支持类企业增加值较大，2014 年为 32.23 亿元，其他各类差别不大（见表 8—12）。云服务大数据企业的增长较为突出，2013 年增长率为 88.82%，2014 年增长率达到了 32.40%（见图 8—10）。

表 8—12　　　　　专业化服务商细分行业企业增加值情况

单位：亿元

年份	网络系统支持	网络系统优化管理	应用解决方案	云服务大数据	合计
2014	32.23	15.91	19.08	19.00	86.22
2013	24.87	15.62	16.93	14.35	71.77
2012	18.36	14.96	13.63	7.60	54.55

（四）互联网内容提供商

截至 2014 年，共有 1730 家互联网内容提供商企业，其中规模以上企业 104 家。

图 8—10 专业化服务商细分行业企业增加值情况

（1）互联网内容提供商规模以上企业数量快速增长，2014 年突破 100 家。

互联网内容服务商的企业数量以年均 24.33% 的速度增长，其中 2012 年为 67 家，2013 年为 82 家，2014 年超过了百家，数量达到了 104 家（见表 8—13）。

表 8—13 互联网内容服务商企业数量

单位：家

年份	门户网站	流媒体	网络游戏	在线软件	交易促成平台	合计
2014	21	7	39	6	31	104
2013	18	7	28	6	23	82
2012	15	7	21	4	20	67

网络游戏和交易促成平台的企业数量最多，增长最快；门户网站企业数量和增长速度都处于中等水平；在线软件和流媒体的企业数量最少，增长最慢。

（2）门户网站、网络游戏和在线软件计入 iGDP 企业增加值增长较快,其中,网络游戏占比最大,占深圳互联网内容提供商计入 iGDP 企业增加值的40%左右(见图8—11)。

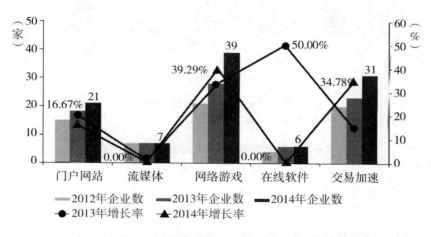

图8—11 内容服务商细分行业企业数量情况

网络游戏企业计入 iGDP 增加值最高,2014 年为 177.97 亿元,流媒体 63.34 亿元,门户网站 95.99 亿元,交易促成平台 71.95 亿元,在线软件只有 30.46 亿元(见表8—14)。

表 8—14 互联网内容服务商企业增加值

单位:亿元

年份	门户网站	流媒体	网络游戏	在线软件	交易促成平台	合计
2014	95.99	63.34	177.97	30.46	71.95	439.71
2013	49.07	45.89	121.36	11.93	80.45	308.70
2012	32.26	59.85	107.16	5.12	53.28	257.67

在线软件计入 iGDP 增加值的增长率最高,连续两年增长率超过 130%,门户网站近两年年均增长在 70% 以上,而网络游戏近两年年均增长在 30% 左右,流媒体的增长速度相对滞后,交易促成平台的增长则不稳定(见图8—12)。

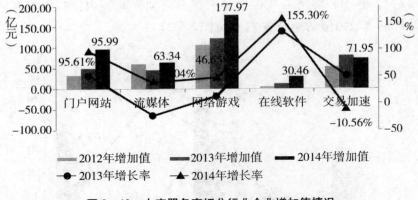

图 8—12　内容服务商细分行业企业增加值情况

（3）腾讯的企业增加值在互联网内容提供商中占比一直在 60%
以上。

（4）剔除腾讯等龙头企业后，其他企业计入 iGDP 增加值情况。

剔除腾讯等龙头企业后，交易促成平台、网络游戏及门户网站
的增加值数量较大，2014 年分别为 66.83 亿元、40.18 亿元和
65.73 亿元，流媒体和在线软件相对较少（见表 8—15）。网络游
戏、在线软件、交易促成平台和门户网站呈现较快增长，而流媒体
增长稍慢。2014 年的增长速度相对 2013 年加快，而流媒体部分则
由于快播公司的倒闭出现了较大幅度的负增长（见图 8—13）。

表 8—15　剔除腾讯等龙头企业互联网内容服务商企业增加值

单位：亿元

年份	门户网站	流媒体	网络游戏	在线软件	交易促 成平台	合计
2014	65.73	3.76	40.18	30.46	66.83	206.96
2013	31.48	7.70	20.28	11.93	50.13	121.52
2012	19.20	6.59	20.99	5.12	36.15	88.05

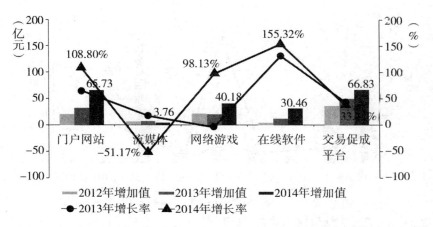

图 8—13　剔除腾讯等龙头企业行业后内容服务商细分行业企业增加值情况

五　按地区细分 iGDP 情况

（一）深圳各区互联网规模以上企业数量分布

1. 南山区的互联网企业数量最多，增长最快

互联网企业数量最多的是南山，2014 年有 210 家；福田和宝安属于第二梯队，分别是 75 家和 72 家；龙岗、龙华、罗湖和光明属于第三梯队，分别是 33 家、32 家、19 家和 14 家；坪山和盐田最少，分别是 6 家和 3 家（见表 8—16）。企业数量增速较快的为坪山、宝安和南山（见图 8—14）。

表 8—16　　　　　深圳各区 iGDP 相关企业数量分布

单位：家

年份	宝安区	福田区	光明新区	龙岗区	龙华新区	罗湖区	南山区	坪山新区	盐田区	合计
2014	72	75	14	33	32	19	210	6	3	464
2013	50	62	12	29	26	18	160	3	2	362
2012	35	55	10	23	10	16	120	2	2	273

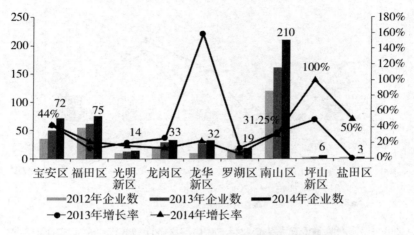

图 8—14　深圳各区互联网企业数量增长情况

2. 南山、福田和罗湖各种类型的互联网企业分布较为均衡，其余各区主要是基础服务类企业

基础服务类规模以上企业分布如下，其中南山最多 91 家，宝安 67 家随后，其次是龙华 32 家，龙岗 29 家，福田 22 家，其余各区数量相对偏小（见表 8—17）。资源服务类企业主要集中在福田，共 6 家，占比接近 50%。专用服务和内容服务类企业主要集中在南山和福田。

表 8—17　　2014 年深圳各区不同类型互联网企业分布情况

单位：家

各区	基础服务	资源服务	专业服务	内容服务	合计
宝安区	67	2	2	1	72
福田区	22	6	15	32	75
光明新区	14	—	—	—	14
龙岗区	29	1	—	3	33
龙华新区	32	—	—	—	32
罗湖区	4	3	2	10	19
南山区	91	3	53	63	210
坪山新区	6	—	—	—	6
盐田区	3	—	—	—	3

（二）深圳各区 iGDP 分布

iGDP 高度集中在南山和龙岗两个区，2014 年两个区的 iGDP 分别为 1337. 58 亿元和 1202. 01 亿元，合计在全市的 iGDP 总量中占比超过 80%；iGDP 较低的是罗湖和盐田，2014 年分别为 4. 61 亿元和 1. 38 亿元（见表 8—18）。

分类型看，龙岗和南山的基础服务占比较大，福田的资源服务占比较大，内容服务和专业服务集中在南山（见表 8—19）。

表 8—18　　　　　　　深圳各区 iGDP 相关企业增加值分布

单位：亿元

年份	宝安	福田	光明	龙岗	龙华	罗湖	南山	坪山	盐田	合计
2014	42. 84	137. 17	46. 81	1202. 01	191. 01	4. 61	1337. 58	13. 43	1. 38	2976. 84
2013	25. 51	115. 64	35. 32	936. 54	172. 55	4. 36	1237. 15	8. 39	0. 45	2535. 91
2012	26. 98	116. 18	22. 73	789. 94	199. 18	3. 93	895. 98	13. 97	0. 31	2069. 20

表 8—19　　　　　　　深圳各区 iGDP 占全市 iGDP 比重

单位：%

年份	宝安	福田	光明	龙岗	龙华	罗湖	南山	坪山	盐田	合计
2014	1. 44	4. 61	1. 57	40. 38	6. 42	0. 16	44. 93	0. 45	0. 05	100
2013	1. 01	4. 56	1. 39	36. 93	6. 80	0. 17	48. 79	0. 33	0. 02	100
2012	1. 30	5. 61	1. 10	38. 18	9. 63	0. 19	43. 30	0. 68	0. 02	100

2014 年深圳各区不同类型互联网企业增加值如表 8—20 所示。

表 8—20　　　2014 年深圳各区不同类型互联网企业增加值情况

单位：亿元

区域	基础服务	资源服务	专业服务	内容服务	合计
宝安	32. 72	1. 12	8. 84	0. 17	42. 85

续表

区域	基础服务	资源服务	专业服务	内容服务	合计
福田	13.67	91.47	4.17	27.86	137.17
光明	46.81	—	—	—	46.81
龙岗	1197.88	0.92		3.21	1202.01
龙华	191.01	—	—	—	191.01
罗湖	1.14	0.93	0.92	1.63	4.62
南山	990.33	1.22	43.56	302.47	1337.58
坪山	13.43	—	—	—	13.43
盐田	1.38	—	—	—	1.38

第三节　深圳各行业的互联网化程度

互联网对深圳的大部分行业有不同程度的渗透。2014 年，深圳市 16062 家规模以上企业中，有 1895 家企业使用互联网进行销售活动；若包括规模以下企业，全市有电子商务销售行为的企业超过 30000 家。从销售额来看，2014 年全市规模以上企业实现的电子商务销售额 1834 亿元；若包括规模以下企业，则全市企业电子销售额约达 2200 亿元。

一　电子商务渗透率

（一）电子商务渗透率

电子商务渗透率是指有电子商务销售的企业数占企业总数的比例。2014 年，深圳市规模以上企业中，电子商务渗透率总体为 11.80%，其中，渗透率较高的行业有烟草制品业、住宿业以及互联网和相关服务业，渗透率分别为 100%（烟草制品业仅 1 家企业）、45.21%、44.64%（见表 8—21）。

表 8—21　　　　　　　　各行业电子商务渗透情况

行业	有电子商务销售企业数（家）	企业数（家）	电子商务渗透率（%）
总计	1894	16062	11.80
采矿业	0	4	0.00
石油和天然气开采业	0	1	0.00
开采辅助活动	0	3	0.00
制造业	940	6305	14.91
农副食品加工业	4	33	12.12
食品制造业	11	42	26.19
酒、饮料和精制茶制造业	1	15	6.67
烟草制品业	1	1	100.00
纺织业	6	58	10.34
纺织服装、服饰业	46	188	24.47
皮革、毛皮、羽毛及其制品和制鞋业	5	77	6.49
木材加工和木、竹、藤、棕、草制品业	6	22	27.27
家具制造业	28	141	19.86
造纸和纸制品业	13	151	8.61
印刷和记录媒介复制业	10	147	6.80
文教、工美、体育和娱乐用品制造业	41	301	13.62
石油加工、炼焦和核燃料加工业	0	6	0.00
化学原料和化学制品制造业	21	161	13.04
医药制造业	1	45	2.22
化学纤维制造业	1	4	25
橡胶和塑料制品业	49	516	9.50
非金属矿物制品业	14	134	10.45

续表

行业	有电子商务 销售企业数（家）	企业数（家）	电子商务渗透率 （%）
黑色金属冶炼和压延加工业	1	15	6.67
有色金属冶炼和压延加工业	5	59	8.47
金属制品业	50	381	13.12
通用设备制造业	44	277	15.88
专用设备制造业	46	339	13.57
汽车制造业	3	43	6.98
铁路、船舶、航空航天和其他运输设备制造业	8	64	12.5
电气机械和器材制造业	167	958	17.43
计算机、通信和其他电子设备制造业	328	1872	17.52
仪器仪表制造业	26	185	14.05
其他制造业	4	57	7.02
废弃资源综合利用业	0	2	0.00
金属制品、机械和设备修理业	1	11	9.09
电力、热力、燃气及水生产和供应业	0	46	0.00
电力、热力生产和供应业	0	17	0.00
燃气生产和供应业	0	1	0.00
水的生产和供应业	0	28	0.00
建筑业	19	817	2.33
房屋建筑业	4	166	2.41
土木工程建筑业	6	161	3.73
建筑安装业	4	233	1.72
建筑装饰和其他建筑业	5	257	1.95
批发和零售业	381	3327	11.45

续表

行业	有电子商务销售企业数（家）	企业数（家）	电子商务渗透率（%）
批发业	261	2485	10.50
零售业	120	842	14.25
交通运输、仓储和邮政业	63	860	7.33
铁路运输业	1	3	33.33
道路运输业	17	304	5.59
水上运输业	4	54	7.41
航空运输业	3	14	21.43
装卸搬运和运输代理业	30	353	8.50
仓储业	4	120	3.33
邮政业	4	12	33.33
住宿和餐饮业	222	766	28.98
住宿业	132	292	45.21
餐饮业	90	474	18.99
信息传输、软件和信息技术服务业	113	706	16.01
电信、广播电视和卫星传输服务	5	38	13.16
互联网和相关服务	25	56	44.64
软件和信息技术服务业	83	612	13.56
房地产业	7	817	0.86
房地产业	7	817	0.86
租赁和商务服务业	66	1304	5.06
租赁业	2	30	6.67
商务服务业	64	1274	5.02
科学研究和技术服务业	38	637	5.97
研究和试验发展	12	99	12.12
专业技术服务业	22	487	4.52
科技推广和应用服务业	4	51	7.84

续表

行业	有电子商务销售企业数（家）	企业数（家）	电子商务渗透率（%）
水利、环境和公共设施管理业	8	69	11.59
水利管理业	0	2	0.00
生态保护和环境治理业	4	19	21.05
公共设施管理业	4	48	8.33
居民服务、修理和其他服务业	7	162	4.32
居民服务业	4	32	12.5
机动车、电子产品和日用产品修理业	2	46	4.35
其他服务业	1	84	1.19
教育	2	96	2.08
教育	2	96	2.08
卫生和社会工作	2	56	3.57
卫生	2	54	3.70
社会工作	0	2	0.00
文化、体育和娱乐业	26	90	28.89
新闻和出版业	2	9	22.22
广播、电视、电影和影视录音制作业	12	28	42.86
文化艺术业	3	8	37.5
体育	5	32	15.63
娱乐业	4	13	30.77

从表 8—21 可看出以下特点：

一是住宿业电子商务渗透率较高。携程等在线预订酒店网站和 APP 诞生后得到广泛应用，深圳的住宿业企业为适应潮流开始了互联网化销售，许多酒店也通过自己的网站进行销售，住宿业与互联网结合程度较高。

二是纺织服装、服饰业受电子商务的影响较大。近年来纺织服装行业经历了改革开放以来最艰难的时期，在国内经济整体下行风险下裹足难行，市场需求疲弱，资金短缺与流通不畅，融资成本上升，成为纺织服装行业发展的桎梏。而电子商务的兴起为其打开了一道门，如好订单网等为服装订单交易的第三方服务平台兴起，提供包括接发单、企业推广、资金托管等创新服务在内的多种服务方式，为服装企业提供便捷、安全及高效的电子商务渠道。

三是制造业的电子商务渗透率普遍超过 10%。

四是公共设施以及能源加工行业等垄断性行业的电子商务交易企业数为零，互联网对这类行业商务交易几乎没有影响。

五是建筑业整体和房地产业等行业的电子商务渗透率很低。这是由于建筑业以及房地产市场销售大都在线下完成，产品单件性、生产周期长、工作量大、涉及面广，这些因素都制约了互联网在产业中的应用。除了传统的垄断性行业（如能源供应等）外，深圳各行业都受到互联网不同程度的影响。

（二）各行政区的电子商务渗透率

通过观察表 8—22 中各地区的电子商务渗透率发现，除盐田、大鹏的电子商务渗透率在 10% 之下，其他行政区的电子商务渗透率都在 10% 以上。其中，光明新区电子商务渗透率最高，为 14.65%；但各地区电子商务渗透率差别不大，均处于 10%—15% 之间（福田区整体规模以上企业数量较多，受其影响，电子商务渗透率为 9.52%，接近 10%）（见图 8—15）。从电子商务企业数量来看，开展电子商务销售活动企业数量最多的行政区依次为宝安区、南山区和福田区，最少的为大鹏新区和盐田区。

表 8—22　　　各行政区规模以上企业数及电子商务渗透率

地区	电子商务企业数（家）	规模以上企业数（家）	电子商务渗透（%）
光明	108	737	14.65
坪山	63	445	14.16
龙华	172	1312	13.11

续表

地区	电子商务企业数（家）	规模以上企业数（家）	电子商务渗透（%）
南山	362	2841	12.74
罗湖	212	1703	12.45
宝安	382	3156	12.10
龙岗	243	2037	11.93
福田	322	3383	9.52
盐田	23	330	6.97
大鹏	8	118	6.78

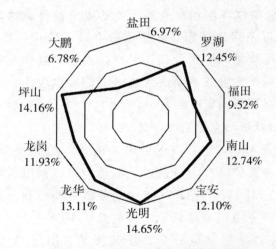

图 8—15　各行政区电子商务渗透率

二　各行业电子商务销售额

通过互联网实现销售额超过 1 亿元的行业有 35 个之多，其中，计算机、通信和其他电子设备制造业使用互联网实现销售额在这 35 个行业中最高，为 751.54 亿元。第二大行业为批发业，电子商务销售额高达 475.57 亿元。受在线旅游带动，航空运输业实现电子商务销售额 104.80 亿元，排名第三（见图 8—16）。

各行政区之间的电子商务销售额有着明显的差异，电子商务销售额的大小排序依次为：龙华—福田—宝安—南山—龙岗—罗湖—

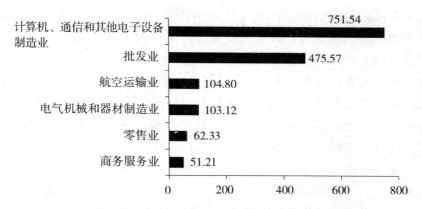

图 8—16　电子商务销售额超过 50 亿元的行业（单位：亿元）

光明—坪山—盐田—大鹏。其中，受到富士康的带动，龙华新区的电子商务销售额最高，达到了 522.2 亿元，是电子商务销售额最低的大鹏区的 76.7 倍；福田区的电子商务销售额排名第二，其销售额为 353.45 亿元；而盐田区和大鹏新区的电子商务销售额相对来说较低，分别为 8.02 亿元和 6.64 亿元，与电子商务渗透率情况较为相似（见图 8—17）。

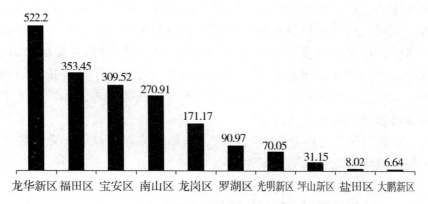

图 8—17　深圳各行政区电子商务销售额汇总（单位：亿元）

分析龙华新区和大鹏新区规模以上企业电子商务销售额的差距，

其主要原因是大鹏新区开展电子商务销售活动的企业行业分布都集中在批发业，其他行业的电子商务渗透率不高。大鹏新区电子商务销售额最大的行业为批发业，为 6.46 亿元，占大鹏新区规模以上企业总电子商务销售额的 97.28%；而其他行业的电子商务销售活动十分有限。与之相反，龙华新区开展电子商务销售活动的企业行业分布则较为广泛，尽管电子商务销售额所占的比重大小不一，但绝大多数的行业都能够利用互联网进行线上销售。

通过分析深圳各产业、各行政区的电子商务渗透率和电子销售额可以看出，互联网已经逐步成为深圳各行业的生产工具之一，下文将通过案例进一步分析互联网对深圳产业生产力的影响。

第四节　互联网对生产力影响的案例分析

基于"开放、平等、协作、分享"等核心价值而发展的互联网，不仅改变了人们的生活方式、消费方式和工作方式，也重构了商业模式，各行各业按照传统规则建立的竞争优势正被互联网经济逐步瓦解，拥有互联网基因的企业正迅速蚕食传统企业市场，导致各行各业重新洗牌。基于互联网应用诞生的新商业模式，如易迅电子商务、微众银行，和利用互联网思维进行改造的企业，如世华地产的 Q 房网，将有机会获得更加迅速的发展。从对增加值的影响来看，深圳的个别产业受到电子商务的影响明显，开展电子商务销售活动的企业增加值增速较同行业中没有开展电子商务销售活动的企业增加值增速有所提升。

互联网在自身产业发展的同时，也影响着深圳其他产业的发展趋势，具体体现在以下几个方面：

一　"互联网+"商业模式涌现

在互联网的浪潮下，企业和消费者的距离逐步缩短，传统的产业链被切断并重新整合，产生了新的商业模式。深圳的企业也积极应用"互联网+"的商业模式，逐步利用互联网在生产要素配置中的优化和集成作用，提升自身的创新力和生产力。"互联网+"的商业模式下，企业的效率也得到有效优化，如加一联创，其劳动生产率是行业平均水平的 10 倍以上；企业的税收贡献也有所提升，如一加手机，其人均税收贡献是传统企业的 2 倍以上。

案例 1　产业链网络化　提升企业生产力

互联网在对企业提出产品升级挑战的同时，也改变着产业生态。过去，制造业企业寻找合适的供应商较为困难，需要实地考察工厂的生产情况，确定产品的品质；因为信息沟通不便，企业在寻找供应商的时候所花费的成本较大，产品的定价也随之上调。互联网带来了信息上的便利，减少了信息不对称的风险，越来越多的企业开始在网上寻找供应商，如使用阿里巴巴平台等。制造业正从过去单一封闭的产业链向产业网过渡——在产业网里，企业可以接触到来自各地的优秀供应商，寻找合适厂商的成本大大降低，从而降低了产品的价格。此外，产业网可以让优秀的企业脱颖而出、生产效率低、生产质量差的企业将逐渐被淘汰，资源可以得到更有效的利用，地区的生产力从而得以提升。

加一联创是一个创造产业网的典型案例。作为小米的手机配件供应商，加一联创主要生产耳机，但与普通的手机配件供应商不同，加一联创还拥有独立的耳机品牌和独特的供应链渠道。其将代工厂、品牌商、零组件商和渠道商整合成产业网，即"互动联创平台"；同时通过组建自身的专家团队，联合最具优势、最专业的厂商资源，不断吸引专业音乐人士及音乐发烧友加入共同创作产品；产品完成后，以出厂价直接供应给销售渠道，在销售完成后再进行利润分成。

产业网的优势极大地提升了加一联创的生产力，2014 年，加一联创的劳动生产率（本报告中劳动生产率均指人均增加值）为 71.45 万元，高于平均水平 10 倍以上。

案例 2　剪断分销链条　让产品"走出去"

互联网缩短了生产者与消费者之间的距离，过去，厂家通常依靠市场调查了解消费者对产品的想法，而市场调查需要耗费大量人力、物力、财力，耗时较长，且抽取的样本不一定准确无误地反映需求。而互联网出现后，消费者可以通过网络发表对产品的意见，生产者可以透过网络直接收集到消费者的意见，对产品热衷的"发烧友"还会提出具有建设性的产品改善方法，加强消费者与产品之间的互动。透过互联网模式，企业可以极大地节省市场调研和市场推广的成本。小米就是一个"用互联网思维颠覆传统企业的游戏规则"的例子：不靠硬件靠服务赚钱，定位发烧友手机并形成了独特的粉丝文化。而其每年身价都会实现"三级跳"，从 2.5 亿美元到如今已经逼近百亿美元的估值。而深圳培育的一加手机也是互联网模式下的成功例子，且比小米更早地"走出去"，获得了国外用户的肯定。

一加手机目前完全通过电商销售，没有线下实体店；通过论坛方式与用户互动，用户提出建议后，团队会每周一次进行软件迭代。2014 年，一加手机一经推出便进入美国市场，获得流媒体如《时代周刊》等的推介，由于需求远超预期，用户只能通过邀请方式购买，当年手机销量已超过 100 万部。据了解，公司计划 2015 年把手机销量增加到 300 万至 500 万部，明年翻一番至 1000 万部。互联网模式下，产品在企业运营中所产生的增值部分更大，产生了更高的税收效益，2014 年，一加手机缴纳增值税超 1000 万元，人均税收贡献超过 2.5 万元，深圳"四上"手机企业平均人均税收贡献为 1.14 万元，一加手机的人均税收贡献是行业平均水平的 2 倍以上。

二　倒逼传统制造企业进行创新

互联网对传统制造业形成了倒逼效应，驱使企业进行改革，不断提高自身的创新能力。在互联网浪潮下，如何研发出更能满足"互联互通"需要的产品，是对传统制造企业研发能力提出的挑战。如乐视电视，依托其根植于互联网的优势，销量和市场份额都不断攀升。面对互联网产品的冲击，传统电视制造企业必须以创新自救，加大研发投入。企业加大研发投入后，生产力会有所提升，可以带动增加值增长。

案例 3 网络电视推动电视制造产业品质升级

随着国内居民生活水平的不断提高，作为传统"三大件"之一的电视机，其市场已经接近饱和：2015 年，电视机市场容量趋于基本稳定。其中，中国的市场容量在 4700 万台左右，全球的市场容量在 2.4 亿台左右。面对增长有限的市场容量，电视制造商相互间的竞争将进一步加剧。与此同时，消费者不再满足于仅能观看传统节目的电视机，能够连接网络、收看网络节目的智能电视成为市场主流，电视产业吸引了来自互联网企业的跨界竞争，如乐视 TV、小米 TV 等。监测报告显示，2014 年上半年，中国绝大多数彩电品牌销量以及市场份额占比均呈现不同程度的下降或者持平的走势（见图 8—18）。相较传统品牌的颓势，乐视 TV 超级电视的销量和市场份额持续高速攀升。为了在竞争激烈的市场中抢占份额，传统电视制造企业已开始将产品互联网化。

以康佳为例，近年来提出了智能电视互联网运营平台的目标，并与腾讯、优酷等互联网企业和视频网站进行战略合作，先后推出了一系列的智能电视新品。在推出新产品后，康佳的劳动生产率大致呈上升趋势（见图 8—19）。

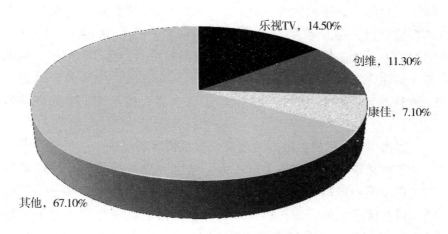

图 8—18 2014 年电视品牌市场份额占比

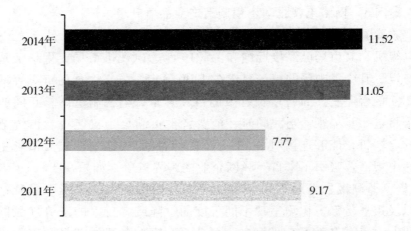

图 8—19　2011—2014 年康佳劳动生产率情况

资料来源：康佳公布的年报。

三　金融企业互联网化步伐加快

互联网对金融市场也有着极大的影响——电子支付、云计算、社交网络、搜索引擎乃至应用程序等互联网工具都开始成为提供金融服务的平台，资金融通、支付和信息中介逐步从线下活动转移至线上，金融生态逐渐发生变化。一方面，互联网企业与传统持牌金融机构合作，逐步涉猎金融业务，如阿里巴巴的余额宝、腾讯的"抢红包"微信支付、百度推出的金融服务平台，此外，阿里、腾讯等开始建立自己的持牌金融机构体系；另一方面，传统的金融企业开始利用互联网、大数据等工具，加强与客户的互动，降低交易的成本。

案例 4　互联网金融产品改变金融机构市场地位

各种互联网金融产品层出不穷，社会各界对互联网金融产品的接受程度不断提高。以第三方互联网支付为例，2014 年第三方互联网支付 80767 亿元，同比增长 50.3%，金融互联网化的程度不断提升。2013 年推出的余额宝更是互联网金融产品的代表之一，运行一年，该基金用户达 1.85 亿人，规模达到 5789 亿元。对接余额宝的天弘基金一跃成为业界领头羊，成为 2014 年国内管理资产净值最大

的基金公司，而该公司在 2012 年仅排名第 50 位。与之相比，总部
设于深圳的博时基金在 2012 年排名第 5 位，2014 年降至第 12 位，
管理资产净值与天弘基金相差超过 4500 亿元（见表 8—23）。通过
两者的对比，可以看出互联网对资金汇集的作用。

表 8—23 天弘基金与博时基金规模对比

年份	天弘基金		博时基金	
	排名	资产规模（亿元）	排名	资产规模（亿元）
2012	50	99.5	5	1371.32
2013	2	1943.62	9	1059.8
2014	1	5897.97	12	1140.1

案例 5 传统金融机构加快布局互联网金融

传统金融机构也曾是互联网的受益者。以银行业为例，网络渠
道的普及化能使银行的业务及管理费用有效降低，在银行网点柜面
办理一笔业务，银行平均支付的成本在 1 元左右；而通过网上银行
办理一笔业务的平均成本不到 0.1 元，相当于节省 90% 的中间投入。
但随着互联网对金融市场的影响不断扩大，传统金融机构的商业模
式面临挑战，部分金融机构开始自我革新，布局互联网金融。

以平安集团为例，将金融服务融入生活场景，陆续设立陆金所、
万里通等互联网金融业务公司，截至 2014 年 12 月 31 日，互联网金
融业务公司用户总量达 9141 万人，占整个集团互联网用户规模的
66.72%。互联网业务公司用户中持有传统金融产品的人数达 3815
万人，其中 120 万人是从互联网金融迁徙到核心金融业务的新客户，
互联网服务已成为平安获取客户的重要手段之一。

除了获取客户，传统金融机构布局互联网也将有利于降低交易
成本。对比红岭创投和平安银行的资产周转率，2013 年红岭创投的
资产周转率为 20.68%，而平安银行因受制于存贷比等因素，资产周
转率仅为 2.76%；2014 年红岭创投的资产周转率更大幅提升至
67.95%，平安银行仅微升至 3.36%（见表 8—24）。可以发现，互

联网模式下交易成本大幅降低，资金得到更充分的利用。

表 8—24 资产周转率对比

单位:%

年份	红岭创投		平安银行	
	资产周转率	增长	资产周转率	增长
2013	20.68	—	2.76	—
2014	67.95	47.27	3.36	0.6

四 物流企业受电子商务拉动增长

受到网络购物的拉动，深圳快递增加值增速逐年增加。如表 8—25 所示，快递行业增加值增速从 2013 年的 68.95% 提升至 2014 年的 106.83%，增长速度迅猛。

表 8—25 快递行业增加值增速

单位:%

2012 年	2013 年	2014 年
—	68.95	106.83

注：2012 年服务业开始纳入国家一套表制度，故 2011 年无数据。

从业务指标来看，深圳快递业务量增速虽然较快，但快递业务收入增速较慢。对比 2014 年北京、上海、广州、深圳快递行业业务指标增速（见表 8—26），深圳快递业务量增速为 44.33%，高于北京和上海，但快递业务收入增速仅为 32.81%，低于北京和上海，平均每单收入甚至有所倒退。由于快递业务收入按公司总部所在地核算，在深圳的许多快递分公司收入汇入其总部所在地清算，导致其经营活动无法在统计上体现。与收入情况的统计相同，快递分公司所产生的增加值也无法纳入深圳的 GDP 核算。

表 8—26　　　　　　2014 年北上广深快递业务增速对比

单位：%

增速	快递业务量	快递业务收入	收入/单数
北京	35.38	57.03	15.99
上海	35.12	40.04	3.64
广州	75.99	50.69	-14.38
深圳	44.33	32.81	-7.98

第五节　深圳互联网经济发展机遇及挑战

一　政策环境：支持力度大

2014 年 11 月，习近平主席第一次在 APEC 会议上全面阐释了中国经济进入新常态。归纳起来表现在三个方面，一是中国经济的增速会下降；二是中国的经济结构需要改变；三是中国经济的驱动力将从要素驱动、投资驱动转向创新驱动。创新将成为中国经济下一步发展的驱动力，创新不可能离开信息产业，也离不开互联网。

2015 年的《政府工作报告》提出，国家要制定"互联网+"行动计划，推动移动互联网、云计算、大数据、物联网等与现代制造业的结合，促进电子商务、工业互联网、互联网金融健康发展，引导互联网产业拓展国际市场。

在 2014 年世界互联网大会上，国务院副总理马凯致辞称："将更好利用互联网，改造提升传统产业，培育发展新产业、新业态，推动经济提质增效升级、迈向中高端水平。"马凯还表示，将会进一步加速互联网基础设施建设，促进网络经济发展，推动新兴互联网技术研发，保障互联网安全。

二　产业趋势：互联网经济进入加速发展的新阶段

1994 年 4 月 20 日，中科院一条 64K 的国际专线，连接国际互联网，中国互联网时代起步。

第一个 10 年即 2005 年以前，互联网行业跟传统行业共同生存、和平相处，互联网催生了很多新的经济，如门户网站和互联网游戏。这一阶段末期，以经营游戏为主的腾讯实现了香港上市。

第二个 10 年起，即 2005 年以后，互联网在逐渐改变，甚至在颠覆很多传统行业。互联网对传统行业的改变和对传统行业的颠覆大致可分为四个阶段：

第一阶段，营销的互联网化，这一阶段很多的广告开始转移到互联网上来。

第二阶段，渠道的互联网化，最典型的是网购、电子商务的快速发展。

第三阶段，产品的互联网化，很多厂商开始按照互联网的特点生产产品，比如小米手机。

第四个阶段，也就是目前的阶段，互联网已经开始全面的、深入的改变、颠覆各个包括金融、教育、旅游、健康、物流等传统行业，而且这一进程在加剧。过去互联网对传统行业的改变一般集中在第三产业，而今天这样的改变已经开始波及第二产业，甚至于到第一产业。比如很多的互联网公司开始建造汽车，另外，很多农村的用户开始用互联网把农产品直接销售到城市，互联网对新行业、新业态的催生才刚刚开始。互联网正在跟生产、消费各个环节进行结合，产生了诸多的像电子商务、3D 打印、智能制造等新行业、新业态，正在发展的互联网、大数据、云计算等新兴的信息技术也在助力产业的升级改造和经济的转型。随着互联网技术、物联网技术的广泛应用，社会将进入一个万物相连的新时代。根据互联网权威研究机构的预测，5 年内中国将有百亿台设备连接互联网，现在它们将变得互联化、智能化，并且与手机和社交网络紧密相连，这些变化让诸多行业、诸多产业迎来了新的发展机遇，大数据、云计算等新技术的发展，让社会进入了一个数据的时代，未来的经济可能由数据驱动，借助这些新技术我们将看到智慧城市的运营、智慧制造的工厂、智慧运营的物联网络等。

这些变化随着政府有效实施"互联网+"战略而加速，互联网基础设施建设将加快，这些基础设施包括网络的基础设施、数据的基础设施和标准接口的基础设施（见图 8—20）。这些基础建设及技术标准的研发制定也将是互联网经济触发的巨大商机。

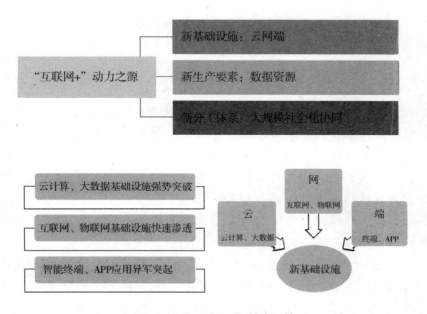

图 8—20　"互联网+"的发展情况

三　深圳发展互联网经济的机遇

（一）制造能力强，特别是电子信息制造业发达，把握基础设施机遇有优势

对比北京、上海、广州等地，深圳有着丰富的制造业基础。2013 年，深圳的规模以上工业增加值超过 5600 亿元，占全市 GDP 近 50%，而广州、上海的工业增加值占 GDP 的比重约在 30%，北京的工业增加值占比不超过 20%。在电子信息制造业方面，深圳的优势更加明显。2013 年，深圳规模以上计算机、通信和其他电子设备制造业企业的增加值超过 3000 亿元，而北京、上海、广州的该行业增加值不超过 1000 亿元；深圳规模以上计算机、通信和其他电子设备制造业的增加值占规模以上工业企业的 50% 以上，其余三地的占比均不超过 10%。除了华为、中兴等龙头企业外，深圳在电子元器件、组装、配件等方面都有业内著名的企业，如芯片方面有意法半

导体、国民技术，触摸屏幕方面有伯恩光学、蓝思科技。深圳已形成一个成熟的电子信息产业集群，为深圳带来硬件制造方面的技术积累、人才优势。由此可见，深圳在把握互联网基础设施机遇方面相比其他城市更有优势。

（二）民营经济发达，创新动力强劲，机制灵活

一是深圳的非公有制经济十分活跃。2014 年，非公有制企业户数将近 57 万户，公有制企业户数仅 2000 多户。非公有制经济对新事物的接受程度高、接受能力强，能为互联网经济提供良好的发展氛围。例如，在互联网金融概念被提出之前，深圳的传统非"一行三会"监管的金融业企业已经有所发展，在互联网金融出现后，这些企业开始互联网化，且发展势头迅猛，如小牛资本，原为线下的金融资产中介机构，2014 年开始涉足互联网金融领域，搭建了 P2P 平台，目前累计成交金额已突破 6 亿元。

二是新注册企业中互联网企业明显提升。自李克强总理提出"万众创新"的口号后，2014 年深圳新增注册企业共 23 万户，同比增加 39.6%，其中，深圳的信息传输和计算机服务软件业新登记企业数量超过了金融业，在各行业中排名第三，共 18219 户，同比增长 120.4%，占新设企业总户数的 7.8%；与 2013 年相比，该行业新增注册企业排名提升 1 位，新增注册企业数量增加了接近 10000 户，占新设企业总户数的比例提高近 3 个百分点。新增企业的发展壮大将能使深圳的互联网经济持续健康发展。

四　深圳发展互联网经济的挑战

（一）传统制造业融入互联网经济的难度较大

互联网经济颠覆了各个行业，包括制造业。传统的生产方式是大批量、低成本，互联网经济时代是小批量、多品种和快速反应，销售模式从传统的工厂—分销商—用户调整为工厂—用户，在库存管理、广告模式、管理方式等方面都发生了较大的变化，不适应时代发展的企业将被市场淘汰。深圳的制造业规模较大，尽管深圳培育了华为等一批有强大竞争力的企业，但是仍存在大量缺乏竞争力的低端制造业企业。深圳的制造业从加工组装起步，时至今日，低

附加值的加工制造业仍然占据较大的比例，这些行业占用大量的土地资源空间，但是产出较低。第三次全国经济普查结果显示，2013年，全国制造业企业的总资产贡献率为 14.8%，上海市规模以上工业企业法人单位总资产贡献率为 12.8%，同期深圳市的规模以上工业企业的总资产贡献率不足 10%。这些企业缺乏核心技术和有竞争力的产品，在互联网经济时代，主动融入"互联网+"的挑战较大。同时，这些企业占用的土地空间较多，制约了新经济的发展空间。小米互联网方式的制造，在竞争中赢得了市场，但是深圳大量手机制造商无法适应变化，大量消亡。如在电视制造领域，乐视网络电视崛起的同时，深圳的创维和康佳产量连年下降。

（二）深圳的人口结构有待优化

第六次全国人口普查显示，2010 年底，北京常住人口 1961 万人，其中，大专以上学历（含大专，下同）618 万人，占 31.5%；上海常住人口 2302 万人，其中，大专以上学历 505 万人，占 21.9%；广州常住人口 1270 万人，其中，大专以上学历 244 万人，占 19.2%；深圳常住 1036 万人，其中，大专以上学历 178 万人，占比仅为 17.2%（见图 8—21），分别比北京、上海和广州低 14.3 个、4.7 个和 2 个百分点。

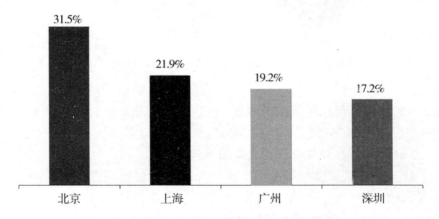

图 8—21 北京、上海、广州及深圳大专以上学历人数占比

可见，在北上广深4个一线城市中，深圳的高学历人口相对比例偏低。互联网经济是智力密集型产业，高学历人口比例遥遥领先的北京，互联网经济发展也在国内处于领先位置，上海次之。

（三）互联网骨干企业及创新型企业数量与北京和上海存在较大差距

中国互联网协会和工信部信息中心评选的2014年中国互联网企业100强中〔评价对象是持有工业和信息化部颁发的增值电信业务经营许可证，经营互联网信息服务业务（ICP）、互联网接入服务业务（ISP）、互联网数据中心业务（IDC）及在线数据处理与交易处理业务等四类业务中的一种或多种业务，不含基础设施和基础服务提供商〕，北京占据48家，上海占据18家，深圳仅有6家（见图8—22）。

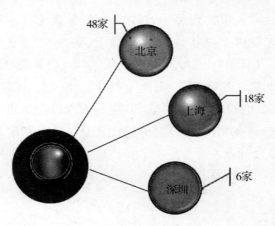

图8—22　2014年中国互联网企业100强分布

《互联网周刊》评选出的2015年互联网企业300强中，北京有139家，上海有50家，深圳仅26家。

（四）给政府经济管理方式带来挑战

目前政府管理如产品质监、统计和税收等制度均是围绕传统经济的运作模式制定，对于互联网经济的创新业态，难以有效地进行管理。如网络经济下，税务部门难以认定征税义务人和征税对象，难以确定征税对象的性质，税收管辖权也变得模糊不清。结果就是管控不到位，如 GDP 核算，互联网经济的创新型业态容易游离于传统的统计体制之外，在现行制度下，难以对互联网经济的发展进行全面的了解和分析。

（五）互联网经济过于依赖个别大企业

华为、腾讯和中兴是 iGDP 贡献居前三的企业，2014 年合计 iGDP 达 2075.5 亿元，占全市 iGDP 的比重达到 69.72%。深圳的 iGDP 过度集中在个别企业，这些企业是深圳的互联网经济发展的主要动力，辐射作用巨大。但是，大企业发展规律呈现扩散式发展，如华为近年来各个功能部门逐步迁移至其他地区，腾讯的新产品"微信"也是由广州团队开发，2015 年初，腾讯广州创业基地落户越秀区。可见，过于依赖大企业较为被动。

第六节 时间序列季节调整操作说明①

由于不同季节对经济现象的影响程度有差异，相同的经济现象在不同的季节里表现出的形式也会有所差异，这主要是受到季节因素的影响，未经季节调整的经济指数在月度和季度间不能直接比较，因而就不能及时反映经济现象在年内的一般基本发展趋势。

一般而言，任一子年度（即月度和季度）经济时间序列都可分解四部分：趋势、季节成分、循环周期成分和不规则成分。趋势项代表着经济时间序列的长期趋势；循环周期成分是指随着不同时期进行周期性变化的序列成分，反映的是经济的繁荣与衰退；季节性反映时间序列在不同年份的相同季节所呈现的周期性变化，通常由气候因素、日历结构（比如闰年、交易日、移动假日等）等所引起；不规则成分包括狭义的不规则影响、异常值和其他所有不可预测的影响因素。季节调整就是利用一定的技术手段，对子年度经济时间序列进行分解，识别、分解经济时间序列各组成因素，剔除季节变动和不规则因素的影响，使时间序列的发展图形由不规则调整得尽

---

① 高铁梅：《计量经济分析方法与建模（第二版）》，清华大学出版社 2009 年版。

量平滑，以便在研究子年度时间序列不同月份（或季度）之间的关系时，可进行经济意义上的比较，以反映经济活动的短期基本变动趋势。

目前所使用的各类季节调整程序及方法都是以比率移动平均法为方法核心，随后引入 ARIMA 模型解决随机序列建模问题，以及季节调整诊断。季节调整基本步骤主要有：（1）利用移动平均法对趋势—循环要素、季节因子和不规则要素进行初始估计；（2）计算暂定的趋势循环要素和最终的季节因子；（3）计算最终的趋势循环要素和最终的不规则要素；（4）结果诊断。

以下将利用 Eviews8 软件对季节调整操作进行简单说明（以深圳市 2008 年 3 月至 2014 年 11 月社会消费品零售总额序列为例①）。

首先打开序列（series）窗口，点击 Proc – Seasonal Adjustment。在 Eviews8 中共提供 5 种调整方法，即 Census X–13 方法、Census X–12 方法、X–11 方法、Tramo/Seats 方法和移动平均法。本书主要介绍 Census X–12 方法和 Tramo/Seats 方法的操作步骤。

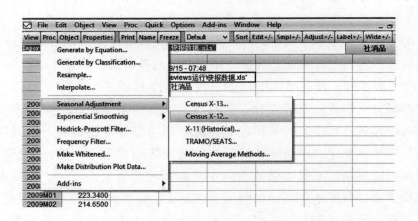

一　Census X–12 方法

Census X–12 方法有 5 个选择框，分别是：季节调整选择设定

---

①　季节调整的观测值的个数是有限制的。对于季度数据而言至少需要 4 年数据，最多能调整 20 年的月度数据及 30 年的季度数据。

（Seasonal Adjustment option）、ARIMA 选择（ARIMA options）、交易日/节假日设定（Trading Day/Holiday）、异常值设定（Outliers）、诊断（Diagnostics）。

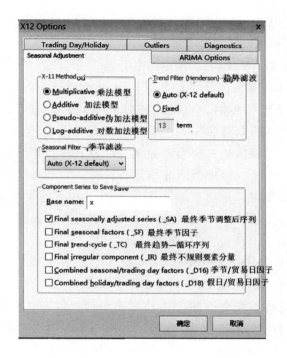

（一）季节调整选择设定（Seasonal Adjustment option）

（1）X-11 方法（X-11 method）：对经济时间序列调整第一步是指定季节调整分解形式，在 Eviews 中共有乘法、加法、伪加法和对数加法四种模型，其中，乘数、伪加法和对数加法不允许有零和负数。一般情况下，如果序列中的趋势项、季节项、循环项和不规则项相互独立则采用加法模型，如果相互关联则采用乘法模型，本例选用乘法模型。[①]

_____

① 乘法模型：经济时间序列＝趋势项×季节项×循环项×不规则项；加法模型＝趋势项+季节项+循环项+不规则项。乘法模型主要用于呈指数级数增长的序列，而加法模型则主要适用于呈线性增长的数据序列，或者是围绕中值波动的时间序列。

（2）季节滤波（Seasonal Fliter）：估计季节因素时，允许选择季节移动平均滤波，X-12自动确定为缺省选择。需要注意的是，如果序列短于20年，X-12程序不允许指定3×15的季节滤波。本例选用"X-12自动确定"。

（3）趋势滤波［Trend Filter（Henderson）］：估计趋势—循环分量时，允许指定亨德松移动平均项数，可以输入大于1和小于等于101的奇数，缺省选择是X-12自动确定。本例选用"X-12自动确定"。

（4）保存调整后的分量序列（Component Serial to save）：经X-12程序进行季节调整后，可得到各分量序列，其中带_SA后缀的序列为最终的季节调整后序列，是指扣除了季节因素、不规则因素和循环因素，主要反映长期趋势的调整序列；带_SF后缀的序列为分离出的季节因子，可观测淡旺季分布；带_TC后缀的序列为最终的趋势—循环序列，是指只剔除了季节因子和不规则要素的时间序列，仍包含趋势项和循环项的时间序列。调整后的分量序列可多选，本书选择_SA、_SF、_TC序列。

（二）ARIMA选择（ARIMA options）

X-12方法是基于移动平均法的季节调整方法，这会造成两端缺失，因此，需要采取合适的方法补充丢失值，以减少信息损失，其中ARIMA模型能通过延长原序列，弥补移动平均法末端项补欠值的问题。点击ARIMA Option标签，出现ARIMA模型对话框。

（1）数据转换（Data Transformation）：在配备合适的ARIMA模型之前允许转换序列，缺省选择是不转换，Auto选择则是根据AIC准则自动确定是不做转换还是进行对数转换，Logistic选择则是对原序列做logistic变换，原序列要求在0—1之间，Box-Cox power则是对原序列做Box-Cox变换。本书选择auto。

（2）ARIMA说明（ARIMA Spec）：X-12程序提供两种不同的方法选择ARIMA模型。其中"Specify in line"缺省指定为（0 1 1）；"Select from file"则是从外部文件提供的说明集合中选择ARIMA模型。本书选择"Specify in line"。

（3）回归因子选择（Regressors）：允许通过定义外生回归因子捕捉交易日和节假日影响。

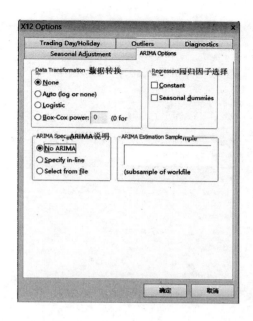

（三）交易日/节假日设定（Trading Day/Holiday）

可以在进行季节调整和利用 ARIMA 模型消除节假日和交易日影响，因此可通过"Adjustment options"确定是否需要进行这项调整，本书选择不调整。通过"Trading Day Effects"选项可对交易日影响进行调整，本书选择不调整。通过"Trading Day Effects"可对流量序列做节假日调整，但只适用于西方国家，本书选择不调整。

（四）异常值设定（Outliers）

异常值的调整分别是在步骤和 X-11 步骤中进行，在 ARIMA 步骤中可设置 4 种类型异常值，分别为：加性异常值（adctive outliers，AO）、水平变换（Level Shift）、暂时的水平变化（Temporary level Change）和弯道影响（Ramp Effect），本书选择加性异常值。而 X-11 步骤中只能做加性异常值，且前提是必须在 X-11 步骤中做了交易日/节假日调整，本书选择 ARIMA 步骤中的加性异常值。

（五）诊断（Diagnostics）

诊断包括两个选择，一是季节因素的稳定性分析；二是其他诊断。

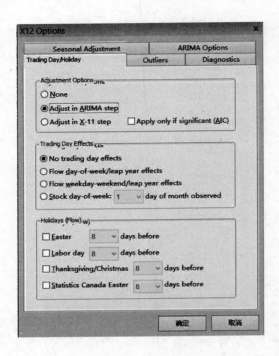

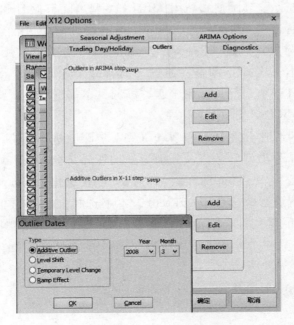

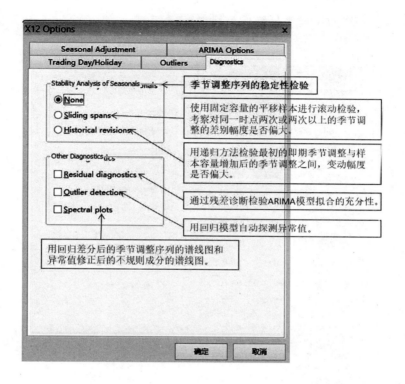

二　Tramo/Seats 方法

Tramo/Seats 能对原序列进行插值，识别和修正几种不同类型的异常值，并对工作日变化及复活节等特殊回归因素及假定过程的误差项参数进行估计。在 Eviews8 中，Tramo/Seats 方法对话框下有 3 个选择框，分别为 Tramo/Seats、Regressor、Outliers。

（一）Tramo/Seats

首先选择 "Run Seats after Tramo"，即先用 Tramo 对数据进行预处理，然后用 Seats 将时间序列分解为趋势要素、循环要素、季节要素及不规则要素 4 个部分。数据转换（Transformation）的缺省选择为 "自动选择不变换或对数变换"，本书选用缺省选择。ARIMA 模型的缺省选择为 "Search all"，即可获得一个自动的模型识别程序，并能根据 BIC 准则选择最合适模型，本书选用缺省选择。保存序列中，后缀名为_ forecast 的序列为预测序列，后缀名为_ SA 的序列为最终的季节调整序列，后缀名为_ SF 的序列为最终季节因子，后缀名为_ TRD 的序列为最终的趋势循环序列。

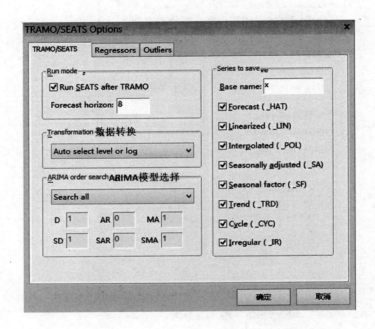

（二）回归因子（Regressor）

在回归因子选项中，可将春节因素序列作为外生变量引入，以剔除原序列中的春节因素影响。此外，Tramo/Seats 方法也可进行交易日和节假日调整。

（三）异常值（Outliers）

Tramo/Seats 可以处理四种类型的异常值，分别为水平移动、附加异常值、暂时变化和更新异常值。Eviews8 中的缺省选择是自动检测所有类型异常值，本书选用缺省选择。

最后，设置完所有选择后，可得到 Census X－12 或者 Tramo/Seats 的运行结果和最终的调整序列。

三　深圳互联网企业 100 强（根据营业收入排名）

根据 2015 年企业营业收入排名，深圳互联网企业 100 强如表8—27 所示。

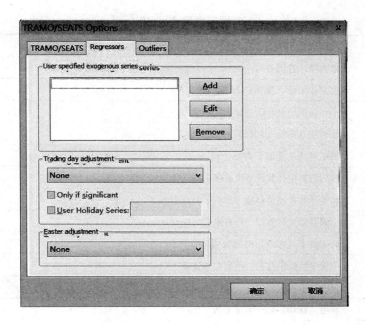

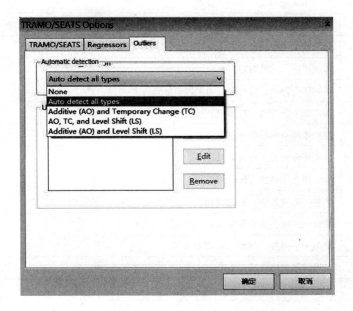

表 8—27　　　　　　　　　　深圳互联网企业 100 强

排名	公司名称
1	华为技术有限公司
2	富泰华工业（深圳）有限公司
3	中兴通讯股份有限公司
4	联想信息产品（深圳）有限公司
5	腾讯科技（深圳）有限公司
6	深圳市腾讯计算机系统有限公司
7	宇龙计算机通信科技（深圳）有限公司
8	中国移动通信集团广东有限公司深圳分公司
9	高先电子（深圳）有限公司
10	中国电信股份有限公司深圳分公司
11	普联技术有限公司
12	联想（深圳）电子有限公司
13	深圳市天珑移动技术有限公司
14	深圳市兆驰股份有限公司
15	深圳市共进电子股份有限公司
16	深圳市中兴软件有限责任公司
17	中国联合网络通信有限公司深圳市分公司
18	深圳市华讯方舟科技有限公司
19	深圳市神舟电脑股份有限公司
20	深圳市金立通信设备有限公司
21	深圳市兴飞科技有限公司
22	才众电脑（深圳）有限公司
23	深圳创维数字技术有限公司
24	昊阳天宇科技（深圳）有限公司
25	深圳市卓翼科技股份有限公司
26	深圳市中兴通讯技术服务有限责任公司
27	深圳平安金融科技咨询有限公司
28	深圳市百纳威电子股份有限公司

排名	公司名称
29	中国长城计算机深圳股份有限公司
30	深圳三星电子通信有限公司
31	深圳市同洲电子股份有限公司
32	宝德科技集团股份有限公司
33	中国移动（深圳）有限公司
34	深圳市齐普生信息科技有限公司
35	深圳市康佳通信科技有限公司
36	深圳市欧珀通信软件有限公司
37	国际商业机器科技（深圳）有限公司
38	深圳市世纪凯旋科技有限公司
39	平安科技（深圳）有限公司
40	深圳市智讯拓科技有限公司
41	中通信息服务有限公司
42	百度国际科技（深圳）有限公司
43	深圳市振华通信设备有限公司
44	深圳市泰衡诺科技有限公司
45	深圳市迅雷网络技术有限公司
46	深圳易方数码科技股份有限公司
47	深圳市金宏威技术股份有限公司
48	深圳市欧拓斯电子有限公司
49	深圳市赛格电子商务有限公司
50	华森科技（深圳）有限公司
51	深圳市财付通科技有限公司
52	深圳市电信工程有限公司
53	深圳市渴望通信有限公司
54	深圳迈瑞软件技术有限公司
55	深圳市天威视讯股份有限公司
56	深圳万利达移动通信有限公司

续表

排名	公司名称
57	深圳国人通信有限公司
58	连展科技（深圳）有限公司
59	深圳市创梦天地科技有限公司
60	深圳市新国都技术股份有限公司
61	深圳市京华信息技术有限公司
62	深圳市国乾科技有限公司
63	深圳市东方拓宇科技有限公司
64	深圳国泰安教育技术股份有限公司
65	深圳市亿通科技有限公司
66	安费诺东亚电子科技（深圳）有限公司
67	深圳走秀网络科技有限公司
68	深圳市双赢伟业科技股份有限公司
69	深圳市星王电子有限公司
70	深圳市梦网科技股份有限公司
71	深圳市基思瑞科技有限公司
72	酷派软件技术（深圳）有限公司
73	帕诺迪电器（深圳）有限公司
74	深圳第七大道科技有限公司
75	深圳市金汇马科技有限公司
76	深圳证券通信有限公司
77	深圳市易讯天空网络技术有限公司
78	深圳市双翼科技有限公司
79	国际商业机器系统集成（深圳）有限公司
80	深圳市中兴新地通信器材有限公司
81	深圳市国电科技通信有限公司
82	深圳市至高通信技术发展有限公司
83	深圳市深信服电子科技有限公司
84	深圳市欧正通讯设备有限公司

续表

排名	公司名称
85	卓望数码技术（深圳）有限公司
86	深圳市聚电电子有限公司
87	深圳市珍爱网信息技术有限公司
88	深圳天珑无线科技有限公司
89	深信服网络科技（深圳）有限公司
90	深圳天源迪科信息技术股份有限公司
91	凯士林电子（深圳）有限公司
92	茂鑫源电子（深圳）有限公司
93	广东南方电信规划咨询设计院有限公司
94	中天信实业（深圳）有限公司
95	深圳联宇华电子有限公司
96	深圳市家电网科技实业有限公司
97	深圳市传奇数码有限公司
98	深圳市冠源泰科技有限公司
99	深圳第七大道网络技术有限公司
100	深圳市易思博软件技术有限公司

四　2014 年互联网企业 100 强（《工信部信息中心》深圳企业）

2014 年中国互联网企业 100 强如表 8—28 所示。

表 8—28　　　　2014 年中国互联网企业 100 强排行榜

排名	公司名称	主要品牌
1	腾讯控股有限公司	腾讯网、QQ、微信
35	迅雷公司	迅雷、迅雷看看、迅雷游戏
41	博雅互动国际有限公司	博雅互动
76	深圳走秀网络科技有限公司	走秀网
96	深圳市珍爱网信息技术有限公司	珍爱网
100	深圳市中青宝互动网络股份有限公司	美峰数码、中科奥、名通信息

五 2015 年互联网创新企业名单 （《互联网周刊》）

2015 年互联网创新企业名单如表 8—29 所示。

表 8—29 2015 年互联网创新企业名单

排名	公司名称
6	说客英语
21	一块邮/居新网络
49	人人聚财
66	小荷特卖/蓝色互动
68	CODING 扣钉网络
69	火乐科技 HOLA
74	通讯录 PLUS/葡萄信息
75	秘密/无秘/无觅
90	小恩爱
96	钱升钱
154	E 微贷
173	华傲数据 AUDAQUE
179	迈迪加/SLEEPACE 舒派
180	KNEWBI 知趣网
181	奥比中光科技 ORBBEC
201	深圳市成者科技有限公司
210	Jpush/极光推送
226	EMIE 亿寻觅/深圳市亿觅科技有限公司
239	牙邦科技/深圳市牙邦科技有限公司
251	UcPaas 云之讯网络/深圳市云之讯网络技术有限公司
268	多备份 DBFen/深圳市木浪科技有限公司
270	医疗人才港
273	燕麦企业云盘 OATOS/深圳企业云科技有限公司
276	MYOTee 脸萌

续表

排名	公司名称
281	天使客／深圳天使客科技有限公司
284	Zealer 深圳载乐网络／深圳市载乐网络科技有限公司
295	Cuptime 智能水杯／深圳麦开网络技术有限公司

六　iGDP 核算方法

为方便对深圳 iGDP 的核算，课题组参考了麦肯锡关于 iGDP 的统计及统计局关于 GDP 的统计方法，结合深圳市的实际情况，提出了深圳 iGDP 的核算办法：

深圳 iGDP = 深圳规模以上企业 iGDP + 深圳规模以下企业 iGDP

深圳规模以上企业 iGDP = ∑（为深圳互联互通提供服务的规模以上企业增加值 × 折算系数）

深圳规模以下企业 iGDP = ∑（不同行业深圳规模以上企业 iGDP ×（该行业规模以下企业的收入／该行业规模以上企业的收入））

深圳互联互通提供服务的企业划分为基础设施服务商、资源型服务商、专业化服务商以及互联网内容提供商四大类。

企业的增加值 = 劳动者报酬 + 生产税净额 + 固定资产折旧 + 营业盈余。

不同为深圳互联互通提供服务的企业的折算系数表：

（1）手机、台式电脑、平板电脑、电视等终端的折算率根据 CNNIC 的年度报告中各种不同终端的上网率得到，电视终端的上网率是由 2014 年的报告首次公布（见表 8—30）。

表 8—30　　　手机、台式电脑、平板电脑等终端的折算率

单位：%

年份	基础网络	手机	台式电脑	平板电脑	电视
2014	1	0.858	0.708	0.432	0.156
2013	1	0.81	0.697	0.441	——
2012	1	0.745	0.706	0.459	——

（2）华为和中兴的基础网络和手机终端增加值比例是根据这两家企业的年报得到（见表8—31）。

表8—31　　华为和中兴的基础网络和手机终端增加值比例

单位：%

年份	华为		中兴	
	基础网络	手机	基础网络	手机
2014	0.74	0.26	0.7163	0.2837
2013	0.7616	0.2384	0.7116	0.2884
2012	0.78	0.22	0.6032	0.3968

（3）资源服务类企业中，各大运营商折算系数根据各大运营商的数据业务收入占比得到，而专业视频宽带按系数1折算（见表8—32）。

表8—32　　　　运营商和专业视频宽带折算系数

年份	运营商	专业视频宽带
2014	0.3946	1
2013	0.3283	1
2012	0.297	1

（4）专业服务商企业和互联网内容提供商企业的折算系统按1来折算（见表8—33）。

表8—33　　　　专业服务商和内容提供商的折算系数

年份	专业服务商	内容提供商
2014	1	1
2013	1	1
2012	1	1

（5）腾讯的比例系数根据腾讯的各年年报数据估算得到（见表8—34）。

表 8—34 腾讯的比例系数

年份	门户	流媒体	游戏	软件	电商
2014	0.13	0.256	0.592	0	0.022
2013	0.094	0.204	0.54	0	0.162
2012	0.077	0.314	0.508	0	0.101

七 iGDP 相关从业人数计算

规模以上企业的从业人数 = Σ（为深圳互联互通提供服务的规模以上企业人数×折算系数）

规模以下企业的从业人数 = Σ［不同行业深圳规模以上企业 iGDP 相关从业人数×（该行业规模以下企业的从业人数/该行业规模以上企业的从业人数）］

八 iGDP 企业家数计算

计入 iGDP 企业家数 = Σ（行业企业数×不同服务商系数）

计入 iGDP 企业家数在各行业中的占比情况如表8—35所示。

表 8—35 计入 iGDP 企业家数在各行业中的占比情况

行业大类	基础服务商	资源型服务商	专业化服务商	互联网内容提供商
电气机械和器材制造业	0.001992032	—		
计算机、通信和其他电子设备制造业	0.089688507	—	0.001074114	
电信、广播电视和卫星传输服务	—	—	0.078947368	0.184210526
互联网和相关服务	0.04	—	0.1	0.64
软件和信息技术服务业	0.069204152	—	0.081314879	0.064013841
专业技术服务业	0.009029345	—		0.002257336

注：资源型服务商只有规模以上企业，故不计算系数。

第七节　相关建议

一　明确定位，发挥创新之城优势，让创新成为互联网发展的驱动力

改革开放 30 多年来，深圳先后产生了华为、中兴、腾讯等一批大企业。过去两年时间，深圳在智能硬件、生物科学、无人机等科技领域快速走到全国前列，类似华大基因、大疆科技、房多多、友宝等大批科技企业也在国内快速走红。这些无疑都离不开创新，创新是深圳从一个小渔村发展成国际化大都市的原动力。而互联网经济因为其发展速度快、技术更新快、模式变化快等特点，对创新提出了更高要求。为提升在互联网时代深圳的创新促动，应从如下几个方面保障创新：一是让企业成为创新主体，打造以企业为主体的技术创新体系。通过市场的利益诱导机制链接各种创新要素资源，让企业作为市场主体和创新主体在创新中扮演更加重要的角色，让企业家走到前台，成为技术创新的主导者、组织者和风险承担者，形成了创新的示范效应；通过技术入股等股权激励机制激发人才的创新意识与能力。二是积极推进服务型政府建设。坚持市场化道路，减少政府对于企业的干预，增强服务意识，强化政府对 IT 等创新产业的政策支持力度。三是积极发挥龙头企业的示范性作用及人才溢出效应。华为、腾讯、中兴等大企业不仅从经济上推动了深圳的发展，而且为深圳积累很多人才，这些企业的发展本身激发了人才的创业创新意识，许多从这些公司出来的人员开展创业活动对深圳创业氛围起到了积极的作用，必将对深圳互联网发展产生深远影响。深圳应该充分发挥这些龙头企业的示范性作用，积极出台相应的扶持政策及措施，引导相关人员开展创业，充分利用这些人才的溢出效应，打造"大众创业、万众创新"的新景象。

二　找准目标，发挥独特产业链优势，占领"互联网+"发展制高点

2015 年两会期间，国务院总理李克强在政府工作报告中重点提道：政府要制订"互联网+"行动计划，推动移动互联网、云计算、大数据、物联网等与现代制造业结合，促进电子商务、工业互联网和互联网金融健康发展，引导互联网企业拓展国际市场。深圳在制订自身的"互联网+"计划时，需要结合自身的特点，扬长避短：一是积极布局物联网产业。与中国其他城市相比，深圳有独特优势，即中国制造的产业链在东莞等深圳周边城市形成，IT 企业很容易在深圳聚集，如小米虽在北京，但硬件生产、加工等环节多在深圳。在深圳的 iGDP 指数中，以制造业为主体的基础服务类企业占比达56%也是明证。深圳除了华为、中兴等龙头企业外，在电子元器件、组装、配件等方面都有业内著名的企业，如芯片方面有意法半导体、国民技术，触摸屏幕方面有伯恩光学、蓝思科技，深圳已形成一个成熟的电子信息产业集群，为深圳带来硬件制造方面的技术积累、人才优势。而在整个"互联网+"发展中，物联网对于 IT 硬件的需求非常大，涉及整条 IT 硬件的产业链企业，并且物联网的硬件需求的产值将会占比较大，对于深圳强化自身的电子制造业发展将是非常好的契机，应及早布局，积极推动产业发展。二是积极布局大数据产业。课题组的统计数据显示，深圳云服务大数据企业的增加值增长迅速，在专业服务类企业中远远超过其他企业的增速，显示整个行业的良好发展势头。而大数据的重要性对于以后互联网发展的重要性毋庸置疑，大数据市场也会越做越大，全国首家大数据交易所于 2015 年 4 月 14 日在贵阳成立，腾讯在天津投资建设亚洲最大的数据中心，百度在北京投资建立大数据处理中心，阿里在杭州设立大数据处理中心。深圳在大数据中心方面的建设显得有所滞后，应该强化相关措施，推动深圳大数据中心的快速发展，注重培育云服务大数据类企业，支持企业做大做强，争取在行业的快速发展过程中深圳的企业能够成长为规模比较大的企业。三是积极布局移动互联网。全球五大电信设备厂商 2014 年收入规模排名：华为、爱立信、阿朗、诺基亚、中兴，国内的两家企业都在深圳。2014 年，深圳基础设施服务 iGDP 指数为 15.18%，华为、中兴合计占了92.13%，华为、中兴对于深圳 iGDP 的重要性不言而喻。随着全球电信市场进入缓慢增长期，阿朗 2013 年确定转型方略：专注于 IP、云和超宽带接入；诺基亚 2013 年则将手机业务变卖，聚焦网络、HERE 地图和技术三大板块；2014 年 4 月 15 日，诺基亚同意以 166 亿美元收购阿尔卡特朗讯；在刚刚结束的年度股东大会上，爱立信总裁兼 CEO 卫翰思明确未来爱立信的投资目标包括 IP 网络、云计算、OSS/BSS、电视与媒体，以及行业与社会。各大电信设备厂商都将目标转向了移动基础设施和大数据应用需求，显示了整个网络基础设施服务的机遇与挑战所在。在整个市场的转型过程中，政府应该支持企业加大研发力度，促进企业研发升级，提升电信设备厂商的竞争力，鼓励企业增加移动终端设备业务的比重，在未来的竞争中把握先机。

三　统一规划，拓宽资源空间，建设互联网经济园区

建立多层次、统一规范的扶持政策，建立深圳发展互联网经济的政策品牌，统一规划建设互联网经济园区，减少深圳市内各区之间的无序竞争，减少互联网企业为实现政策价差在市内的不必要迁移。通过提供"拎包办公"的服务型办公室，为许多仍在发展前期的互联网企业的创业提供便利。通过建设互联网园区的服务体系、信息资源、人脉网络等，有效降低互联网企业孵化成本和风险，有望帮助更多创业者和中小企业融合创新。通过园区各种正式、非正式的交流，让专业知识快速传播和扩散。举办各种形式的沙龙、培训、论坛等，让创业者之间持续互动和分享，促进本地知识网络和外地知识网络的链接和互动。

四　完善配套，填补人才短缺短板，解决互联网发展后顾之忧

人才是城市发展中至为宝贵的核心资源，城市之间的竞争往往表现为对人才的竞争，目前，深圳的高层次人才数量和比例显著落后于北上广，对于互联网经济发展来说人才的作用尤为突出。在引进人才方面建议从下面几个方面加强：一是继续加强深圳各类研究院建设，积极构建深圳与内地知名大学的合作桥梁，拓宽沟通渠道。通过政府搭台、校企合作的方式积极盘活利用内地高校的优质资源，为深圳的企业发展注入动力；同时通过平台的建设，吸引高层次科

研与管理人才，建立新型管理机制和运行机制，形成创新和创业的良好氛围。二是充分发挥深圳市场化程度高、城市的包容性强、毗邻香港对外交流便利等优势，积极吸引寻找机会、追求梦想、希望创业的年轻人以及国内外的人才，包括一些高端人才、领军人及海外留学归国人才，提升深圳对人才的吸引力。三是多举措落实多元人才的安居计划，打消人才的安居顾虑。按照"政府引导、财政支持、市场运作和社会管理"的原则，多种途径筹建人才租赁住房，想方设法拓展房源，解决高端人才的租房需求。在人才集聚区域集中建造一批人才公寓或整合改造人才集聚区域现有社会闲散住房资源，提供给引进的高端人才租住。四是促进分配的增长与公平，确保收入有优势。规范初次分配，依据法律、法规监督与调控企事业单位的收入分配，保障初次分配的效率与公平。鼓励人才以专利、发明、技术、管理、资金等要素投资入股并参与分配，使人才收入形式多样化。另外，还可加大政府再分配的调节功能，以财政返还、补贴、社会福利等方式惠及人才。

五　争取政策试点，发挥港口城市优势，大力发展跨境电商

积极推动主要贸易单证的标准化和电子化进程，促进海关、检验检疫、港口、银行、保险、物流服务的电子单证协同。支持深圳市跨境电子商务企业建立在线通关、结汇、退税申报等应用系统，逐步实现外贸电子商务企业与口岸管理相关部门的业务协同与数据共享，打造阳光跨境通道，解决以往难以快速通关、结汇不规范及退税滞后等制约跨境贸易电子商务发展的瓶颈问题。积极培育一批既懂电子商务又懂对外贸易，集报关、退税、国际物流、海外仓储、汇兑服务于一体的跨境电子商务服务企业，为有意愿开展跨境电子商务活动的传统企业提供培训，提供海外法律与财务咨询、海外售后支持、国际运输、全球仓储等全方位的跨境贸易电子商务解决方案，引导与扶持企业开展国际电子商务，逐步实现一站式集体转型。

六　大胆创新，积极探索互联网经济管理新思路、新办法

一是建立 iGDP 定期核算机制。现有统计机制是针对传统经济核

算建立的，针对互联网等现代服务业发展情况的统计制度仍较为欠缺。建议积极探索建立一套符合互联网经济发展特点的统计制度，设计可充分全面反映互联网经济发展情况的指标体系，定期采集相关指标并定期核算 iGDP，以便掌握深圳互联网经济的发展情况。二是树立新型的管理理念，探讨互联网经济管理新模式。以服务秉承更为开放的理念，立规立法去管理。对于创新企业，有关部门应更多宽容，让企业有更多的时间和试错机会，在资金可得性、知识产权保护、信用体系建设等方面完善基础性工作。实践证明，重审批、轻监管的传统模式，已根本不能适应互联网经济快速创新的特质，政府自身的监管理念、模式和体制机制必须加快创新。与此同时，还要树立底线思维，避免发生系统性风险，特别是金融领域的系统性风险。

第九章

统计体系的发展与完善

统计体系的构建，仅靠监测、评价、分析及专项调查四方面体系是不足以推动产业转型升级与经济结构调整的目的要求，还需要许多方面的基础和保障措施。

第一节　实施完善统计"四大工程"是统计体系建设的基础

统计"四大工程"是指加快建设基本单位名录库、数据采集处理软件系统、联网直报系统、企业一套表制度。实施完善统计四大工程，对于推进统计数据采集、传输、汇总、加工环节的科学化和规范化，提高统计能力提供坚实的基础。要使产业转型升级与经济结构调整统计体系发挥应有的作用，离不开这一基础性工程的建设。

统计监测和评价指标体系离不开统计调查，通过四大工程，可有效提高统计调查的科学性，提高统计数据采集能力，提升统计数据生产能力。

经济运行分析体系，需要借助调查数据展开分析，数据的质量影响分析的效果，分析的结论影响政府的决策，不断完善的统计四大工程，是提高统计数据质量的关键，也是提高政府统计公信力的保障。

第二节　统计管理体制不断完善是统计体系
发挥作用的重要保证

统计管理体制是统计工作一项带有根本意义的基础性制度，它决定着统计资源的投入方式、统计活动的产出质量以及统计工作的总体效益，从根本上决定着整个统计工作建设和发展的水平。现有的统计管理体制下，需要对新常态下的统计体系提供必要的安排，在打破行政管理界限、健全机构、统筹各部门资源明确职责、构建协调有力的统计组织体系上，必须做出一定的改进措施。

构建新常态下的统计监测和评价体系，需要政府统计部门和其他专业统计部门的相互配合与协作。例如，一些转型升级监测指标需要来自许多部门数据的收集整理，一些综合监测指标需要重视和借鉴其他地区和国内外主要数据的动态。新常态下，需要进一步完善现代服务业、高新技术产业、民营经济等新的经济增长点的统计制度建设，经济运行分析体系中需要增加创新驱动、转型升级方面需要发现问题，开展专项评估，需要重视新业态、新产业、新技术、新模式的亮点分析，还需要专项调查体系相配合。在传统体制下，新常态下的统计体系面临着统计管理体制的制约，政府与各部门之间资源协调配合显得尤为重要。政府综合统计部门需要从战略角度指导管理和规范部门、行业统计，在资源有限的情况下，进一步规范工作流程，完善工作标准，健全质量控制和评估办法，实现部门数据高度共享，发挥各部门统计的作用，这样才能使产业转型升级的统计体系发挥作用。

第三节　充分利用现代信息技术，完善指标
数据库建设

以计算机、网络和通信技术等为代表的现代信息技术冲击着整个经济，也对经济转型发展产生着重要的影响。统计体系建设应充分利用现代信息技术，可以为建立统一数据处理平台，加强数据资

源的有效管理及对数据统一规范的收集、传输、存储、加工提供技术基础。

统计数据库是统计信息化建设的基础工作，包括统计元数据库、基础数据库、工作库、发布库、宏观经济数据库、国民经济运行情况进度数据库、基本单位名录数据库、人口数据库及相关的综合数据库和专题数据库等，是统计体系建设不可或缺的组成部分。充分利用现代信息技术，以网络建设为基础，以数据采集、统一软件平台、数据库体系建设为重点，不仅是建设统计"四大工程"的技术条件，也是充分发挥统计监测、评价和分析体系作用的数据基础。

通过统计信息网站的建设，加快统计信息化建设，及时反映统计工作的最新进展情况，使统计工作主题更加明确、内容更加丰富、更新更加快捷，应使网络化工作方式，形成一个网络健全、程序统一、运转高效、方便快捷的统计信息化支撑体系，应成为统计部门数据交换、信息共享和日常工作的主要途径。

第四节　完善的统计体系离不开人才队伍的建设

发挥统计体系的作用，提升统计服务水平，离不开统计人才队伍的建设。随着技术的飞速发展，新技术与服务业的融合，新兴的产业和新型的经济生态和新的运行模式兴起，调查总体对象日趋复杂，无主管部门的企业越来越多，总体急剧扩张，统计工作量越来越大，统计部门在人力、物力、财力方面难以承受。

新常态下，统计工作任务有了新的变化，提供准确可靠的统计数据是统计工作的核心内容，拓宽统计服务领域，扩大服务的信息量，更好地提供统计优质服务已经成为关系到统计前途和命运的大事，统计人员队伍面临着新的挑战。

面对复杂多变的统计对象和社会环境，统计调查的方法手段、统计分析的思维模式、统计工作的行为准则都必须随着形势发展的变化而变化，统计人员需要适应形势变化，增强学习意识、创新意识、服务意识、法律意识、责任意识，要提高观察能力、分析能力、应变能力、协调能力。要依据现状和需要的差距，加强人才队伍的建设，把统计人员的培训管理、提升统计人员素质作为决定统计工作水平、关系统计工作地位的大事来抓。

通过依法设立综合统计机构确保统计人才队伍的健全和稳定，在企事业单位统计机构和统计人员的设置、配备上做出明确规定，确保在统计监测、评价、分析和调查体系有合适的统计人才资源，为推动经济转型发展提供人才保障。

第五节　不断推动统计体系的发展以适应
经济环境条件的变化

新常态下，推动产业转型升级和经济结构调整是当前的重要任务，构建统计体系也是为这一任务而形成的，随着经济发展进入新阶段、改革进入新时期，对统计部门会提出一系列新任务和新要求，需要在原有统计体系基础上施行新型的统计体系。从经济、政治、社会、文化、生态文明建设等领域构建符合新时期需要的统计体系，从更广更深的角度挖掘统计资源，发挥统计工作的作用。

随着经济环境条件的不断变化，监测经济的重点会发生变化，需要不断调整原有统计体系中的监测指标，对经济评价的目的和要求会有方向性变化，评价指标体系及其评价方法也要做出相应的调整，经济运行中的新问题和新亮点需要及时展开分析，需要补充必要的专项调查，甚至需要改革原有的统计方法制度，以适应形势的变化。因此，统计体系的构建不是一成不变的，需要在实践中不断摸索完善，也需要不断探索新形势下的新情况和新问题，使统计体系在统计工作中发挥引领作用，进而使统计成果服务于社会、惠及于民。

统计制度方法体系作为统计工作的规范，为统计工作持续开展提供了制度性保障，包括统计标准体系、国民经济核算体系、统计指标体系、统计调查方法体系和统计制度管理体系。本书构建的统计体系可看成是统计制度方法体系的一个组成部分，也可看成是对现有统计制度方法体系的一个观察视角。在新常态下，为推动产业转型升级和经济结构调整构建的这个统计体系，并未涵盖统计制度方法体系的全部，也没有触及现有统计体制的问题，有其局限性。只是在产业转型升级和经济结构调整这一主题下，以期在监测指标体系、综合评价体系、经济运行分析体系和专项调查体系发挥推动经济转型发展的作用，为统计制度方法体系建设的不断完善做出一点贡献。

参考文献

[1] 深圳市统计局：《深圳统计年鉴（2014年）》，2014年。

[2] 深圳市人民政府：《深圳市人民政府关于加快产业转型升级的指导意见》（深府〔2011〕165号）。

[3] 深圳市人民政府：《深圳市人民政府关于印发深圳市加快产业转型升级配套政策的通知》（深府〔2012〕90号）。

[4] 《上海市产业转型发展监测指标体系和改进运行分析方法的研究（摘要）》。

[5] 国家统计局统计设计管理司《基于需求的反映提质增效转型升级指标体系》，2014年9月。

[6] 上海财政大学课题组：《上海"创新驱动、转型发展"评价指标体系研究》，2014年4月。

[7] 广东省人民政府：《广东群众幸福感测评指标体系》（粤府〔2011〕123号）。

[8] 广东经济增长质量和效益课题组：《广东经济增长质量和效益研究》，2014年12月。

[9] 深圳市社会工作委员会：《深圳市社会建设考核指标体系》（深社委发〔2014〕3号）。

[10] 深圳市统计局：《深圳市民生净福利指标体系》，2009年5月。

[11] 中国统计学会：《综合发展指数研究报告》，2011年6月。

[12] 《2014年度深圳质量评价考核指标体系》（深发改〔2014〕985号）。

[13] 深圳市委、市政府:《深圳市生态文明建设考核制度(试行)》,2013 年 8 月。

[14] 科学技术部发展计划司:《国家创新调查监测和评价指标体系(征求意见稿)》,2013 年 11 月。

[15] 《北京统计年鉴(2014 年)》《上海统计年鉴(2014年)》《广州统计年鉴(2013 年)》《天津统计年鉴(2014 年)》《苏州统计年鉴(2014 年)》。

[16] 吴优、李文江、丁华、左新兵:《创新驱动发展评价指标体系构建》,《开放导报》2014 年 8 月第 4 期。

[17] 于珺:《深圳的经济转型和产业升级》,《开放导报》2013年 4 月。

[18] 石庆焱、赵玉川:《高技术服务业统计体系研究》,《数据》2010 年 1 月。

[19] 向书坚、郑瑞坤:《基于质量指数的经济增长转型测度研究——以深圳经济增长为例》,《当代财经》2012 年第 8 期。

[20] 吴尤可、钟坚:《基于熵值法的创新型城市评价体系构建研究》,《科技管理研究》2011 年第 18 期。

[21] 吴宇、胡树华、代晓晶:《创新型城市创新驱动要素的差异化比较研究》,《中国科技论坛》2011 年第 10 期。

[22] 邹燕:《创新型城市评价指标体系与国内重点城市创新能力结构研究》,《管理评论》2012 年第 6 期。

[23] 高敏雪、盛剑:《基于政府行政管理职能构建统计体系的基本思路与方法》,《统计研究》2012 年第 29 卷第 2 期。

[24] 徐光耀、宋卫国:《2011—2012 全球竞争力指数与中国的创新型国家建设》,《中国科技论坛》2012 年第 7 期。

[25] 高俊光、于渤、杨武:《产业技术创新对深圳产业结构升级的影响》,《哈尔滨工业大学学报》(社会科学版)2007 年第 7期。

[26] 刘欣英:《西部技术创新指标体系的构建及评价》,《统计与决策》2007 年第 4 期。

[27] 中国科学院创新发展研究中心:《2009 中国创新发展报

告》，科学出版社 2009 年版。

［28］李琬、张玉利、胡望斌：《创新型城市第四代创新评价指标体系构建与实证研究》，《科技管理研究》2010 年第 1 期。

［29］深圳市企业联合会与《深圳商报》：《2013 年度深圳企业100 强排序》，2013 年 12 月（http：//www. shenzhenql. com/pbbz/2013/201312/20131219091930jnaua_ 1. html）。

［30］赛迪顾问股份有限公司：《2011—2012 年中国节能环保产业发展研究分析》，2013 年。

［31］许宪春：《中国当前重点统计领域的改革》，《经济研究》2013 年第 10 期。

［32］联合国统计局等编：《国民账户体系 2008》，中国国家统计局国民经济核算司等译，中国统计出版社 2012 年版。

［33］曾五一、王开科：《美国 GDP 核算最新调整的主要内容、影响及其启示》，《统计研究》2014 年第 3 期。

今日立春：怀之恩（代后记）

在丁酉立春到来之际，照例获得佳节延多一天，有幸可松弛沐浴在旭升的春光里，逐页逐注翻读已由中国社会科学出版社王茵等编辑老师编校过的由本人著《构建地方统计指标体系》一书，十分惬意而又集气聚力地进行相应的补订修正。

当书稿的最后一页被翻过时，我终于长长舒了一口气，这才想起来书稿乃立春生，当应说几句春来的话，以及对《构建地方统计指标体系》支持关心的所有领导、同事与朋友的致谢。

为此，我想到：

> 立，始建也
> 五行之气往者过来者续于此
> 春木之气始至
> 故谓立也
> 立春
> 四季轮回的开始
> 孟春的开场

今年立春时间为 2017 年 2 月 3 日 23：34：01，农历正月初七。而我在编校基础上所完成的补正，也正于此时收官。这并非与春巧遇，而是春天必。《构建地方统计指标体系》正是踏着青，迎新春洪福，如约吉祥。

春天必。从绿意内敛的山头，一把雪再也撑不住了，噗嗤一声，将冷面笑成花面，一首渐渐然的歌便从云端唱到山麓，从山麓唱到低低的荒村，唱入篱路，唱入一只小鸭的黄蹼，唱入软溶溶的春泥——软如一床新翻的棉被的春泥。

春盎然。满塘叶黯花残的枯梗抵死苦守一截老根，北地里千宅万户的屋梁受尽风欺雪压犹自温柔地抱着一团小小的空虚的燕巢。忽然有一天，桃花把所有的山村水郭都攻陷了。柳树把皇室的御沟和民间的江头都控制住了。春天有如旌旗鲜明的王师，因为长期虔诚的企盼祝祷而美丽起来。而关于春天的名字，必然曾经有这样的一段故事：在《诗经》之前，在《尚书》之前，在仓颉造字之前，一只小羊在啃草时猛然感到的多汁，一个孩子放风筝时猛然感觉到的飞腾，一双患痛风的腿在猛然间感到舒适，千千万万双素手在溪畔在江畔浣纱时所猛然感到的水的血脉……当他们惊讶地奔走互告的时候，他们决定将嘴噘成吹口哨的形状，用一种愉快的耳语的声音来为这季节命名："春"。至于所有的花，已交给蝴蝶去数。所有的蕊，交给蜜蜂去编册。所有的树，交给风去纵宠。而风，交给檐前的老风铃去——回忆——垂询。

春总在。春天必然曾经是这样，或者，在什么地方，它仍然是这样。穿越烟囱与烟囱的黑森林，我想走访那蹒跚在湮远年代中的春天。

时下大多国人评价一个人成功与否的标准，大体不外乎是通过一些很刚性的指标，比如身份、地位，职业、收入，房子、车子，孩子的教育、本人的游历等等，似乎一旦拥有这些也就可以称之为成功了。

而在国外评价一个人是用"有趣"来界定，如果被人说"没趣"，那将很失败。为此，有人说人生最大的敌人：无趣。

我们身边有很多人很善良，很能干，事业成功，财富不少，只是一点也没趣。有些女人，美是美，靓是靓，也让人很乏味。

然而，我以为《构建地方统计指标体系》是个充盈着春意盎然的超级带趣之事。完成这一趣事的过程，虽专业又细腻，付出艰辛而青涩，但其结果甜而美，应用广而实，不仅管理层研判决策所需，而且为大众认知经济社会之科学度量工具，意义非比寻常，此乃大趣也。

天寒到了极点，即有春。

立春是春破土而出。从冬至始，那是一种在皑皑白雪、冰冻三尺下不断孕育、冲动着的青青之力。

寒月当空，当一切都在厚厚的冬被中熟睡时，反射着月寒的冰面悄然而被龟裂，镌刻着冰冷的大地素肌瞬间就被穿透，于是，当鸡鸣在远方树梢上飘拂的时候，我们就听到了那种神秘的啼哗。

沉沉华省锁红尘，忽地花枝觉岁新。为问名园最深处，不知迎得几多春。

《构建地方统计指标体系》即将问世，这是深圳统计接力棒的结果，要感谢老前辈詹兰芳及前辈邓平、殷勇、李必祥、杨昌斌等先生打下的创新基础与甘为人梯之引领；要感动同个年代、时代的兄弟姐妹们一起撸着袖子加油干，因你们的特立独行构建了无数个创新统计指标，才得以形成一个个地方统计指标体系，特别令我感动与尊重，不以年长与头衔大小，唯是者，敬能仁。

金英翠萼带春寒，黄色花中有几般。

《构建地方统计指标体系》匆匆出炉，如春之初，才启新程，任重道远。春水还瘦，白鸥还未来，蒲影尚深，但水边篱落忽横枝，竹风里忽已渗入青新。竹径枯叶间漏出的笋尖，唤起蒙蒙雨丝，便雨风缥缈迷烟村。此时的飞雪已像轻盈的梦蝶，开始传递还乡的暖意。它们翩翩追逐在被雨风洗净的屋瓦上，又款款旋融进被细纹染绿的池心里。在雪蝶飘飞中，结穗的檐冰开始滴溜了，郍滴溜被玫瑰红的阳光照成珠线，珠线相连而为水帘，风吹帘动，珠红点点，琳琅满目。

凭君与向游人道，莫作蔓菁花眼看。

再次叩谢所有为《构建地方统计指标体系》付出的你、我、他（她），乃在当春时表达最挚诚之谢。

杨新洪

2017 年 2 月 3 日